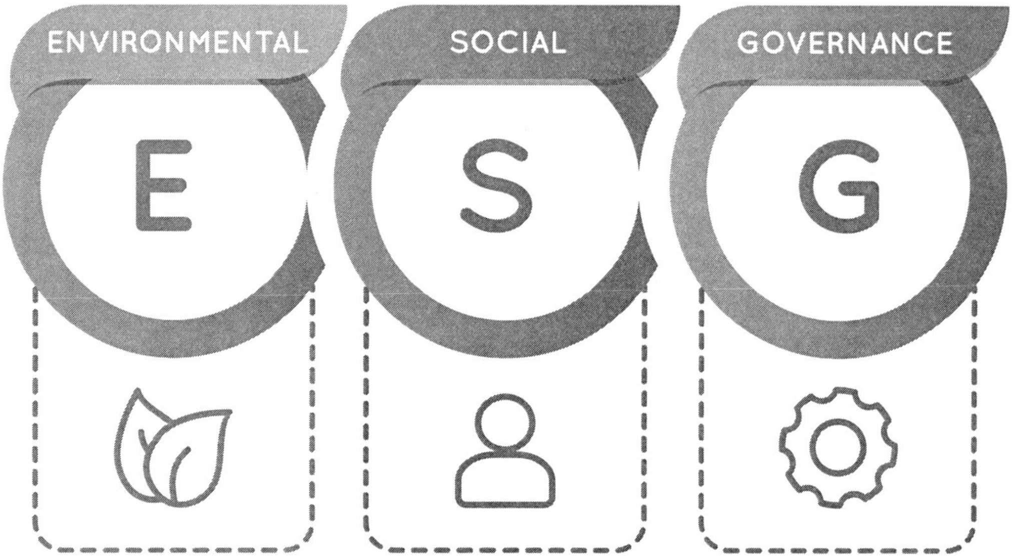

숨겨진 이익도 찾는 고객중심 ESG 활동

개발에서 실행까지

곽영식 · 홍재원 · 이윤경

PnC
publishing and culture
피앤씨미디어

서론

이 책은 ESG를 실행해야 하는 기업의 CEO와
기업에서 ESG 보고서를 작성하는 실무종사자와
대학에서 ESG 관련 지식을 갖고 싶어하는 학생을 위한 것이다.

저자가 이 책을 통해

- CEO에게 말하고 싶은 것은 '돈(이익)도 되는 ESG가 있다'는 것이다.
- 실무종사자나 학생에게 말하고 싶은 것은 'ESG 평가기준 개발에서 공시까지 일련의 절차와 방법이 있다'는 것이다!

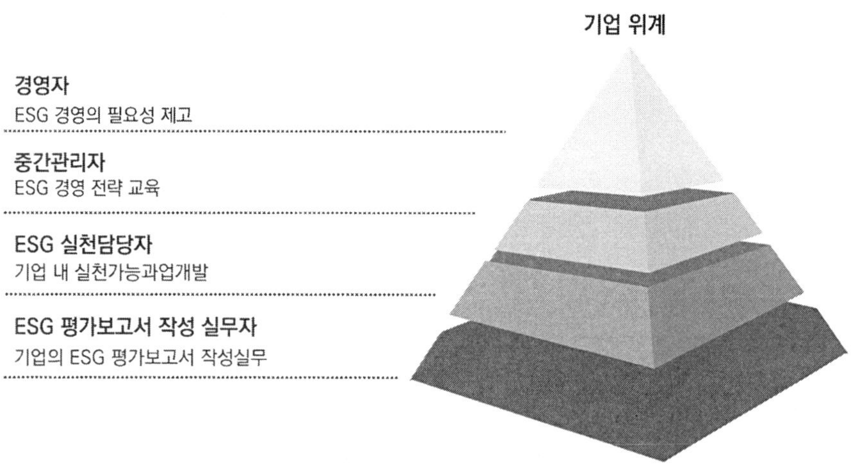

첫째, 이 책은 장기적 이익(long-term profit)을 증가시키고 생존위험을 줄이기 위해 기업이 ESG를 하는 것이라는 기존 관념에서 벗어나, 단기적 이익(short-term profit)도 증가시킬 수 있는 ESG 활동이 있다는 것을 보여준다.

		이익	
		단기적 이익	장기적 이익
위험	크다		
	작다	이 책과 강의의 위치	기존 ESG주장 영역

둘째, 이 책은 단기적 이익도 추구하는 새로운 ESG 활동을 개발하고 ESG 공시보고서에 이 활동을 담는 일련의 방법과 과정을 제시한다. 이 책에서는 SED(Scan－Explore－Develop) 프로그램이라는 과정을 통해 ESG 평가기준을 개발하고, 기업의 미래활동을 기획하며, 이를 ESG 공시보고서에 담는 과정을 반복하여 제시하고 있다. 이를 통해 ESG 경력개발을 추구하는 대학생이나 ESG 보고서작성에 투입된 실무종사자가 기업에서 직접 활용 가능한 업무과정을 설계하는데 실질적인 도움이 될 것이다.

1단계: SCAN	2단계: EXPLORE	3단계: DEVELOP
1.1. 특정 ESG 주제와 원리 소개 1.2. 주제별 기존 사례 소개 1.3. 가상적 기업상황 또는 factbook 소개 1.4. Grouping-consensus-searching information	2.1. Who, What, How 측면에서 미래 기회를 발견하고 수집하며 서로의 의견을 구체화 2.2. 단일안으로 정리 2.3. What to Say: activity identity 또는 조작적 정의 2.4. How to Present(시각화 작업)	3.1. 조별 Who-What-How 결과를 발표 3.2. Brutal Evaluation 3.3. 투표와 시상 3.4. What Do I got to Do 3.5. 평가항목과 조작적 정의, 시각화표현에 대한 decoration

이 책에서는 Chapter3에서 Chapter12에 이르기까지 10번의 SED 프로그램 과정을 각기 다른 사례를 들어 설명하고 있다. 따라서 10개의 주제에 대한 scan과정은 모두 다르고 EXPLORE와 DEVELOP 과정은 chapter간에 동일한 포맷과 내용이 중복되어 사용되고 있다. 이런 중복은 각기 다른 산업 종사자가 개별 chapter 하나만을 이용하여도 새로운 ESG 활동을 설계할 수 있도록 하기 위한 조치이다. 또한 SED 프로그램에 대한 반복학습을 통한 훈련을 목적으로 한다.

또한 이 책은 워크북 형태를 갖고 있다. 이 책을 읽고 SED 프로그램에 참가하여 실제나 가상적인 상황에서 ESG 활동을 개발하는 내용을 독자가 직접 적어서 완성시켜 나가야 한다.

셋째, 이 책은 개별기업 만의 독특한 ESG 평가기준을 개발하고 이것을 ESG 공시보고서에 담을 때 사용할 수 있는 아이디어 원천(idea source)를 제공한다. 그와 동시에 이 원천을 사용한 기존 사례도 제공될 것이다. 이 책에서 사용한 단기적 이익 추구 및 새로운 제품개발 아이디어 원천의 한 축은 '가격'이고 다른 한 축은 '신상품 개발' 기법이다.

먼저, 마케팅 가격전술 중 4가지 측면에서 ESG 가격전술을 준비했다. 가격은 영업이익의 유일한 수단이다. 착한 기업은 영업이라는 측면에서 ESG 활동을 통해 손해만 보면 안 된다. 가격을 통해 단기적 이익과 장기적 이익을 동시에 추구하고 위험을 줄일 수 있어야 한다.

통상적으로 마케팅가격 의사결정은 아래 그림처럼 가격노출 전술을 포함하여 5가지로 구분하는데, 가격노출 의사결정을 제외하고, ESG 성격에 부합하는 4가지에 초점을 두고 이 책을 작성하였다.

[ESG 가격전술의 범위]

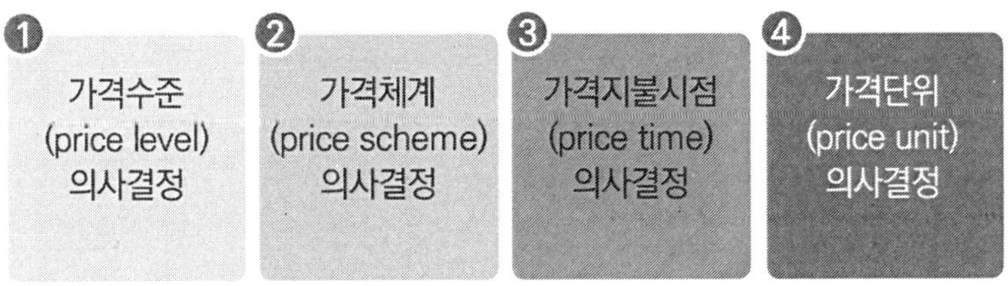

다른 한편의 ESG 활동 아이디어 원천인 ESG 신상품개발 전술 측면에서는 9개를 준비했다. 아래 9개의 신상품 개발기법과 4개의 가격전술이 결합하여 여러분의 ESG 활동의 개발을 도울 것이다.

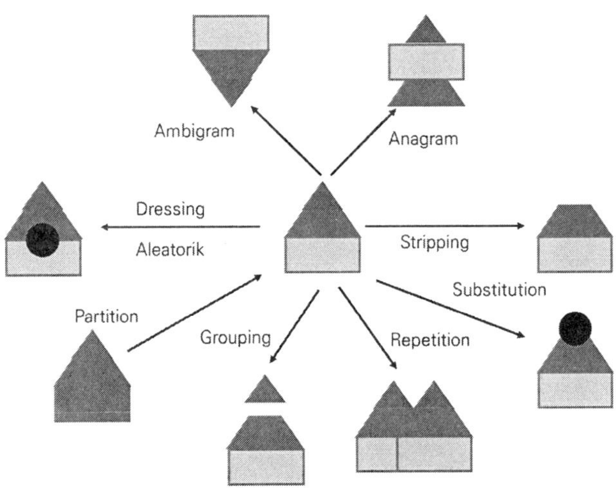

이 책의 Part 1은 세 개의 chapter로 구성되어 있다. Chapter1에서는 기업이 왜 독자적인 ESG 활동을 개발해야 하는지를 다루었다. Chapter2에서는 ESG 활동의 아이디어 원천에 대해 간단히 소개했다. Chapter3에서는 SED 프로그램을 자세히 다루었다.

Part 2는 10개의 SED 프로그램을 진행한다. Chapter3에서 Chapter5까지는 가격수준 의사결정을 통해 새로운 ESG 활동을 개발하는 SED 프로그램을 진행한다. Chapter6에서는 가격체계 의사결정, Chapter7에서 Chapter9까지는 3개의 가격지불 시점변경, Chapter10에서 Chapter12까지는 3개의 가격지불단위 변경을 통한 ESG 활동 및 ESG 평가기준개발을 소개하고 있다.

이 책은 저자들이 기존에 발간한 '마케팅 가격전술'이라는 책에서 제시한 4가지 마케팅 가격전술 의사결정과 '창업자를 위해 미학에서 배우는 신상품 개발기법' 책에서 다루고 있는 9가지 기법을 배경으로 하고 있다. 두 책의 내용을 ESG와 관련하여 다시 제시하도록 허락해 주신 피앤씨미디어 박노일 대표에게 감사의 말을 전한다. 모쪼록 ESG 활동에 전념하는 기업이 숨겨진 이익을 찾아가면서 ESG 활동을 전개하기를 간절히 바라고, 이 책이 그 여정에 도움이 되었으면 한다.

2023. 2.

곽영식, 홍재원, 이윤경

차례

PART 2 SED 프로그램을 이용한 ESG 활동개발과 공시

Chapter 0

ESG 평가기준

이 장의 목적은 개별기업의 독자적인 ESG 평가기준 또는 ESG 활동을 개발하는 것이다. 또한 개발에서 멈추지 않고 공시보고서에 담는 것까지 다룰 것이다.

1. ESG 평가기준의 특징과 분류

2023년 현재 ESG는 한국기업의 입장에서는 필수적으로 관리해야 하는 대상이자 지향점이 되었다. 환경(Environmental), 사회공헌(Social), 지배구조(Governance)로 구성하는 ESG 보고서는 대기업, 중소기업, 중견기업이 2025년부터 필수적으로 공시해야 하는 사항이 되었다. 지난 몇 년 동안 지속가능 보고서를 작성하여 온 대기업을 포함하여 중소 및 중견기업이 ESG 공시에 어려움을 겪고 있는 것도 현실이다.

그림 1 ESG의 대략적 구성요소

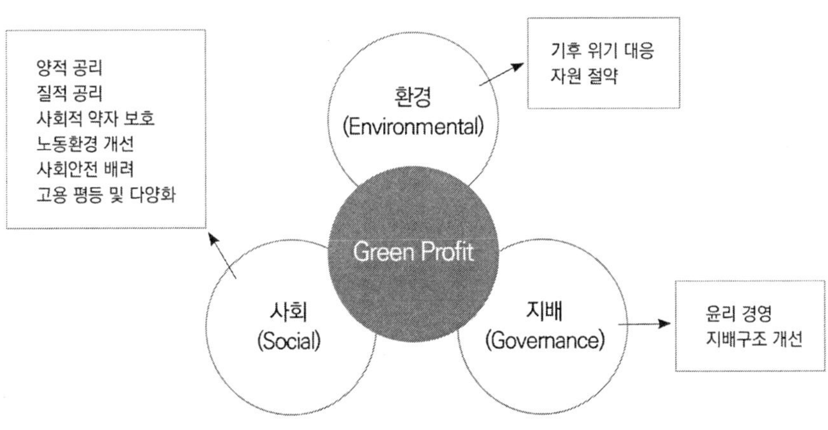

그런데 기업의 ESG 성과를 항목과 기준에서 살펴보면 몇 가지 특징이 발견된다.

첫째, 평가기관에 따라 평가기준 차이가 발생한다. 예를 들어, 모건 스탠리의 MSCI의 구성기준과 한국 ESG 기준원으로 이름을 변경한 한국의 한국기업지배구조원의 평가에서 다루는 기준이 다르다. 예를 들어 환경(E부문)의 기준을 보면 MSCI가 4개테마 14개 이슈를 기준으로 갖고 있는데 반해. 한국 ESG 기준원은 11개의 이슈를 기준으로 하고 있다. [그림 2 참조]. 이런 차이로 인해 개별기업은 어느 평가기관의 기준을 충족시키는 ESG 활동을 개발해야 하는 지에 대한 어려움을 겪는다.

그림 2 모건스탠리(2022)의 MSCI 평가기준 분류

3필라	10테마	37 ESG 키 이슈	
환경 (Environmental)	기후변화	탄소배출 탄소발자국	친환경 파이낸싱 직접투자 기후 변화 취약성
	천연자원	물 부족 생물 다양성 & 부지 사용	원자재 조달
	오염&낭비	유독성 물질 배출 패키징 원자재	전력 낭비
	친환경 기회	클린테크 기회 그린빌딩 기회	신재생에너지 기회
사회 (Social)	인적자본	노무관리 건강 & 안전	인적자본 개발 공급망 노동자 표준
	제조물 책임법	제품 안전성 & 퀄리티 화학제품 안정성 금융상품 안정성	개인 정보 & 데이터 보안성 책임 투자 건강 & 인구구조 위험
	주주 항의	논쟁의 원천	
	사회적 기회	커뮤니케이션 접근성 금융에 대한 접근성	헬스케어 접근 영양 및 건강 기회
지배 (Governance)	기업지배구조	이사회 지불	오너십 회계
	기업 행태	기업윤리 비경쟁 요소 세금 투명성	부정부패 & 불안정성 금융시스템 불안정

둘째, 평가기관에 따라 산업차이와 관계없이 적용되는 평가기준이 있지만, 산업마다 별도로 강조되는 평가기준이 존재하고, 평가기준별로 상대적 중요성에서도 차이가 발생하고 있다. 이런 상대적 중요성으로 인해 개별기업이 속한 산업에서 중요성이 높은 부문에서는 개별기업이 평가항목을 스스로 개발하여 공시함으로써 평가기관으로부터 좋은 평가를 받을 수 있는 기회를 제공한다. 예를 들어 ESG 경영의 대표적인 기업으로 추앙받고 있는 Unilever의 ESG 보고서를 보면 마케팅 활동 중 제품개발 활동에서 고객의 건강을 생각해서 제품개발 이전에 설탕의 양을 줄이는 계획을 세우고 이를 실천하고 있음을 알 수 있다. 2021년의 경우 아이스크림제품 수의 95%이상에서 22g미만의 설탕이 들어가도록 목표를 세웠는데, 결과적으로 89%를 달성하였음을 보고하고 있다. [그림 3 참조]. 따라서 [그림 4]과 같이 평가기관의 평가항목과 개별기업의 ESG 보고서 내용을 종합하면 실제 ESG 평가항목은 크게 세 가지로 구분할 수 있다.

그림 3 Unilever(2022) 마케팅 액티비즘 활동의 계량적 목표와 결과 일부

Unilever의 positive nutrition부문 중 하나	목표치	2021	2020	2019
2025년까지 매출량 기준으로 포장 아이스크림 제품의 95% 이상에서 22g이하의 설탕을 사용하기	95%	89%	-	-

그림 4 ESG 평가항목의 분류와 이 책의 주요 소구점

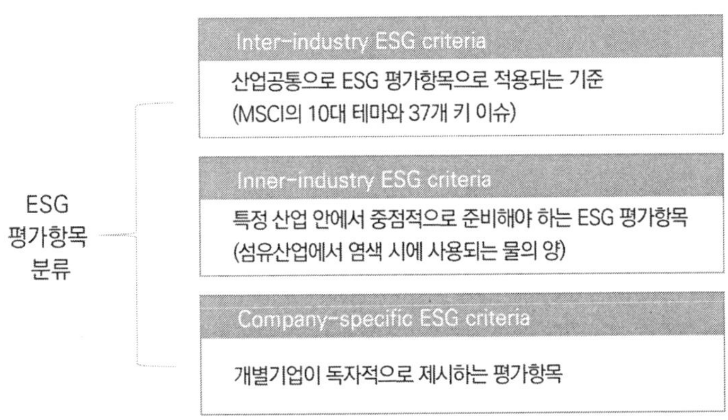

이 특징으로 인해 평가에 대비하는 기업에서는 자신이 속한 산업의 특성기준(industry-specific criteria)와 기업만의 독특한 특성기준(company-specific criteria)를 준비해야 한다.

이 책의 목적은 [그림 4]의 세 가지 ESG 평가항목 분류에서 개별기업이 독자적으로 평가항목을 개발하는 과정을 SED(Scan-Explore-Develop) 프로그램 진행으로 소개하는데 있다. 이 SED 프로그램은 신상품 개발 등 새로운 아이디어를 개발하고 선택하는데 사용해 온 방법이다. 저자들은 이 프로그램을 개별기업의 ESG 평가항목(company-specific ESG criteria) 개발에 적용함으로써 개별기업의 ESG 보고서 작성 시 실무종사자나 ESG 관련 지식과 경험을 습득하고자 하는 대학생을 실질적으로 돕고자 한다.

2. ESG 보고서 작성에 들어갈 세 가지

이 책에서 SED 과정을 통해 도출되는 최종 산출물은 세 가지이다

- What to Say (우리 회사만의 독특한 평가기준으로 무엇을 공시할 것인가?)
- How to Present (우리의 독특한 평가기준을 어떻게 보여줄 것인가?)
- What Do I got to Do (미래에 이 평가기준의 지속가능성을 위해 무엇을 해야 할 것인가?)

위의 세 내용을 최종산출물이 ESG 공시보고서에 삽입될 것이다.

3. 이 책의 구성

이 책의 제목은 '숨겨진 이익도 찾는 고객중심 ESG 활동: 개발에서 실행까지'이므로 철저하게 개별기업의 ESG 활동이 돈이 되는 지를 점검한다.

- Part 1에서는 SED 프로그램의 적용사례를 전체적으로 다룬다. 더나가 신상품개발 원리 9개를 간단히 소개하고, 숨겨진 이익을 찾기 위한 마케팅가격 의사결정의 분류와 방법을 배운다. 즉, 새로운 ESG 활동을 가격과 상품(제품 및 서비스)의 변화에 초점을 맞추고 있다. 또한 상품변화로 인해 매출량, 매출액, 이익이 어떻게 변화하는 지를 추적할 수 있는 기초학습이 이루어진다. 마음이 급한 독자는 Part 2를 먼저 보고 Part 1로 되돌아와도 된다. 아니면 Chapter1의 SED 프로그램 견본사례만을 읽고 반복훈련해도 된다.

이제 본격적으로 우리 회사만의 ESG 평가항목을 개발해야 한다.

Part 2에서는 4가지 마케팅가격 의사결정 기법와 9가지 신상품 개발기법이 결합되어 새로운 ESG 활동을 창출해 가는 일련의 과정을 SED 프로세스에 적용하여, 새로운 ESG 평

가기준(활동항목)을 개발하고 이를 공시내용으로 정리하는 것을 보여준다. 이 책은 워크북으로 구성되어 있다. 독자들은 저자들이 준비한 10개 사례의 SED를 따라오면서 스스로 독자적인 ESG 활동을 개발할 수 있는 기회를 갖게 된다. 다시 한 번 말하지만 10개의 SED가 반복적으로 동일한 프로세스를 보여줄 것이다. 따라서 10개의 SED 프로그램 중 1개만을 집중적으로 별도로 학습하고 실습하여도 이 책의 목적을 달성할 수 있다.

참고문헌

김재필 (2021), ESG 혁명이 온다. 서울: 한스미디어.

김재필 (2021), ESG 혁명이 온다 2: 미래전략과 7가지 트랜드. 서울: 한스미디어.

모건스탠리 (2022), 홈페이지 www.morganstanley.com

Unilever (2022), 홈페이지 www.unilever.com

박재순, 곽영식 (2022), ESG 평가항목 개발을 위한 SFC(scan-focus-create) 프로그램 운영사례, 창업학연구, 8, 22-41.

1

PART

ESG 활동개발을 위한 SED 프로그램 소개와 아이디어 원천

여기서는 독자들에게 SED 프로그램이 어떻게 진행되는지에 대한 감을 제공하기 위한 예제가 Chpater1에 제공된다. Chapter2에서는 Chapter3에서 Chapter12까지 진행되는 10개의 SED 프로그램의 아이디어 원천인 마케팅 가격전술의 분류와 신상품 개발기법에 대해 간단히 살펴본다.

Chapter 1

SED 프로그램의 시작과 절차 사례

이 장에서는 SED 프로그램에 관한 일련의 과정을 사례를 들어 설명하고 있다. 이 장을 통해 독자들은 SED 프로그램 과정을 학습하고, 이 과정 속에서 어떻게 새로운 ESG 활동을 개발하는 지에 대한 프로세스를 이해할 수 있을 것이다.

1. SED 프로그램 진행 전 준비

ESG와 관련된 SED 프로그램은 크게 세 가지 상황에서 이루어진다.

첫째, 기업의 ESG 전담부서 안에서 SED를 실행하여 ESG 활동을 개발하는 경우,

둘째, 기업이 전사적 ESG 활동이 필요함을 인식하고, 회사 각 부서에서 일부 구성원을 모집하여 ESG 전담부서원과 함께 SED 프로그램을 실행하여 ESG 활동을 개발하는 경우,

셋째, 미래의 ESG 활동(평가기준)을 개발하는 전담인력을 훈련시키기 위해 다수의 구성원으로 SED 프로그램을 실행하여, SED−ESG연계 프로그램에 모두가 익숙하게 유도하는 경우이다.

이 책은 세 번째 경우를 상정하고 SED 프로그램을 실행하고자 한다.

1.1. 참가자 구성

기업 내부적으로 SED 프로그램을 실시하는 경우에는 3명에서 5명으로 홀수로 팀이 구성되어 있어야 한다. 하위팀은 다시 홀수 개의 상위팀으로 구성된다. 그래서 가능한 ESG 평가항목을 개발하는 실제 기업에서는 통제범위(span of control)문제를 감안하여 20명 이내로 구성하는 것이 바람직하다.

대학교육에서는 15~20명의 학생을 대상으로 3명 또는 5명으로 1팀이 구성되고, 다시 홀수의 팀으로 구성되어야 한다. 특정산업 내 평가기준을 개발하는 경우 전공이 유사한 학생을 구성하지 말고 이질적인 전공자로 팀원을 구성하는 것이 좋다.

대학교육에서는 참가자 이외에 SED를 진행하는 진행자가 참가하게 된다. 이들은 facilitator의 역할을 한다. 기업에서는 전문적으로 facilitator를 고용하는 것이 바람직하다.

1.2. SED 프로그램 목표를 명확하게 하기

제일 먼저 SED 프로그램을 진행하는 주체나 이 프로그램을 수강하는 객체인 참가자는 SED 프로그램을 실시하는 목표를 서로 공유해야 한다. 진행자는 사전에 이를 참가자에게 공유하는 시간을 갖는다. 전달할 내용은 아래 박스의 내용이다. 예를 들어 대학 내에서 SED 프로그램을 실시한다면

- SED 목표시장 : 울산경남 지역에 거주하는 대학교 3-4학년생
- 목표시장의 욕구 : 개별기업 ESG 평가항목(company-specific ESG criteria) 개발하는 방법을 배우고자 함. 또한 이것을 보고서에 시각화하여 제시하는 방법을 배우고자 함.
- 해결방법이나 기술 : 목표시장의 욕구를 만족시키기 위해 SED 프로그램을 적용시킴

여기에서 SED란 Scan-Explore-Develop의 약자이다. 현상이나 상황을 훑어보고(Scan), 누구를 대상으로 무엇을 어떻게 제공할 지를 초점을 맞추어 공백을 찾아내고(Explore the white space), 구체적인 해결책을 개발(Develop)하는 과정을 거치게 된다.

1.3. 산출물(output)을 명확히 하기(10분 소요)

SED program을 진행하는 facilitator는 참여자들 사이에 SED 프로그램이 진행되기 전에 산출물이 어떻게 나와야 하는 지를 공유(consensus)하여야 한다. 강의자나 진행자는 이번 개별기업 ESG 평가항목 개발을 위한 SED 프로그램의 산출물이 크게 세 부분으로 이루어져 있다는 것을 정확히 전달해야 한다.

이번 프로그램의 산출물은 크게 세 가지이다.

– What to Say (우리 회사만의 독특한 평가기준으로 무엇을 공시할 것인가?)
– How to Present (우리의 독특한 평가기준을 어떻게 보여줄 것인가?)
– What Do I got to Do (미래에 이 평가기준의 지속가능성을 위해 무엇을 해야 할 것인가?)

그림 1-1 SED 프로그램으로 개별기업 ESG 평가항목 개발 후 산출물 이미지 예시

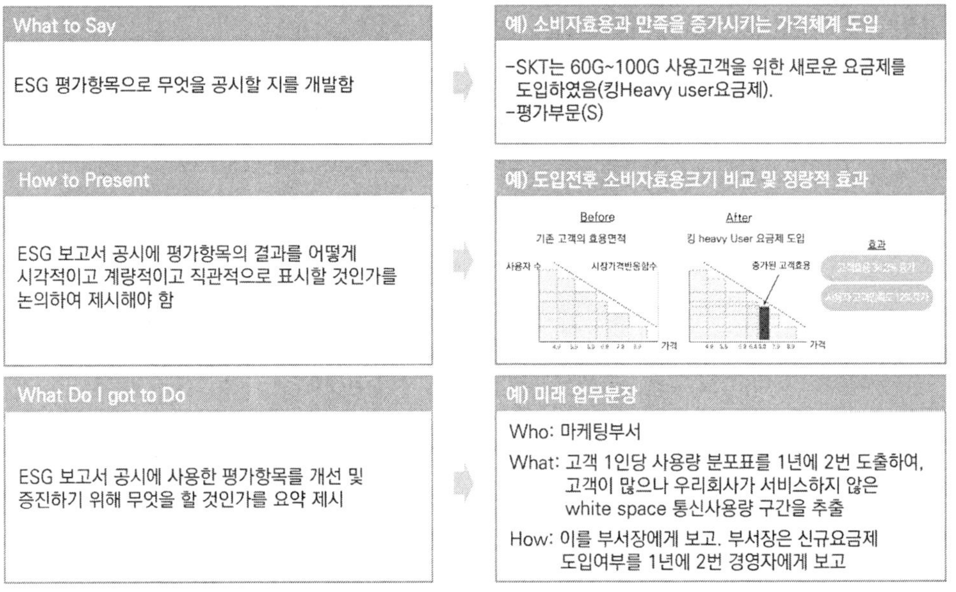

첫째, ESG 평가항목이 ESG 평가자(평가기관)에게 매력적으로 보일 수 있도록 새롭게 개발된 평가항목의 정체성을 명확히 제시하는 것이다(What to Say). 즉, ESG 평가항목으로 무엇을 공시할 것인지를 개발하여 제시한다. 예를 들어 SKT가 '소비자효용과 만족을 증가시키는 새로운 5G 가격체계 도입'이라고 ESG 평가항목을 제시할 수 있다. 가상적인 예를 들어 2022년 말에 SKT는 60GB~100GB를 5G로 사용하는 고객을 위해 새로운 요금제를 도입하였다고 하자. 그 이름은 '킹Heavy user요금제'라고 부르기로 했다고 가정한다. 마지막으로 ESG 중 어느 부문의 개선활동에 해당하는 지를 밝힌다. ESG 중 사회적 부문이면 S 또는 Social이라고 명시하는 것이 ESG 평가자를 돕는 방법이다.

둘째, ESG 보고서 공시에 평가항목의 결과를 어떻게 시각적이고 계량적이고 직관적으로 표시할 것인가를 논의하여 제시해야 한다(How to Present). 이런 작업은 표, 그림, 숫자 등 모든 소통방법이 가능하다. ESG 경영보고서에는 계량적인 수치를 공시하기 때문에 반드시 이를 염두에 두어야 한다. [그림 1-1]는 그래프와 수치를 이용해서 새로운 요금제의 도입전 후 변화를 시각적으로 보여주고 있다.

셋째, ESG 보고서에는 공시를 통한 과거와 현재상황의 보고에 머무르는 것이 아니라 미래에 이 평가항목의 진단과 개선을 위해 무엇을 준비해야 하는지도 담아야 한다. 따라

서 미래에 어느 부서가(who), 무엇을(what) 준비해서 어떻게 실행(how)하고 있을 지를 밝혀야 한다(What Do I got to Do). 즉, 미래의 새로운 고객가치 창출을 위해 무엇이 실행되어야 하는 지를 기술해야 한다. 예를 들어 새로운 가격체계 도입을 검토하기 위해 매해 아래와 같은 활동을 명시하여야 한다.

- Who : 마케팅부서
- What : 고객 1인당 사용량 분포표를 1년에 2번 도출하여, 고객이 많으나 우리회사가 서비스하지 않은 white space 통신사용량 구간을 추출하여
- How : 담당자는 부서장에게 보고, 부서장은 신규요금제안을 1년에 2번 경영자에게 보고함

1.4. SED 프로그램의 구성과 절차

이번 개별기업 ESG 평가항목 개발을 위한 SED 프로그램 구성과 절차를 진행자와 참여자가 공유하고 있어야 한다. 이 구성과 절차를 간단히 소개하고 공유하는 것은 구체적인 1단계 scan작업이 이루어지기 이전에 실시되어야 한다.

그림 1-2 개별기업 ESG 평가항목 개발을 위한 SED 구성

1단계: SCAN	2단계: EXPLORE	3단계: DEVELOP
1.1. 특정 ESG 주제와 원리 소개 1.2. 주제별 기존 사례 소개 1.3. 가상적 기업상황 또는 factbook 소개 1.4. Grouping-consensus-searching information	2.1. Who, What, How 측면에서 미래 기회를 발견하고 수집하며 서로의 의견을 구체화 2.2. 단일안으로 정리 2.3. What to Say: activity identity 또는 조작적 정의 2.4. How to Present(시각화 작업)	3.1. 조별 Who-What-How 결과를 발표 3.2. Brutal Evaluation 3.3. 투표와 시상 3.4. What Do I got to Do 3.5. 평가항목과 조작적 정의, 시각화표현에 대한 decoration

2. SED Program의 1단계 SCAN

SCAN단계는 크게 4개의 과정으로 이루어져 있다. 첫 과정은 주제와 원리가 소개되는 시간이다. 두 번째 과정은 해당 주제에 대한 기존 개별기업의 사례가 진행자에 의해 설명된다. 세 번째 과정은 가상적인 기업상황이나 실제 상황이 팩트북(factbook)형태로 논의에 필요한 정보가 제공된다. 마지막 과정은 수강하는 15~20명의 학생이 스스로 3명 또는 5명으로 팀을 만들게 하고, 서로를 소개하고, 팀원끼리 평가항목 개발 문제를 해결하기 위해 필요한 정보가 무엇인지를 탐색하게 하는 시간이 부여된다.

2.1. 특정 ESG 주제와 원리 소개하기

예를 들어 '가격체계 의사결정(price scheme decision-making)'이라는 주제를 facilitator가 정했다면 먼저 이 주제의 정의와 필요한 개념들을 나열하여 참여자에게 제시한다.

- 가격반응함수(price response function)
- 가격체계 의사결정

2.1.1. 가격반응함수 (3시간 소요: curve expert 실습 제공)

가격반응함수(price response function)란 가격대별 상품의 판매량을 예측하여 표나 수식으로 표시한 것이다. 가격반응함수를 알아내면 [그림 1-3]과 같이 매출액 및 이익 극대화 가격수준을 현재 가격수준과 비교할 수 있다. 실제 강의에서는 가격반응함수를 도출하는 수업을 3시간 정도 진행하게 된다.

그림 1-3 가격반응함수와 판매량, 매출액, 이익극대화 가격수준 도출 사례

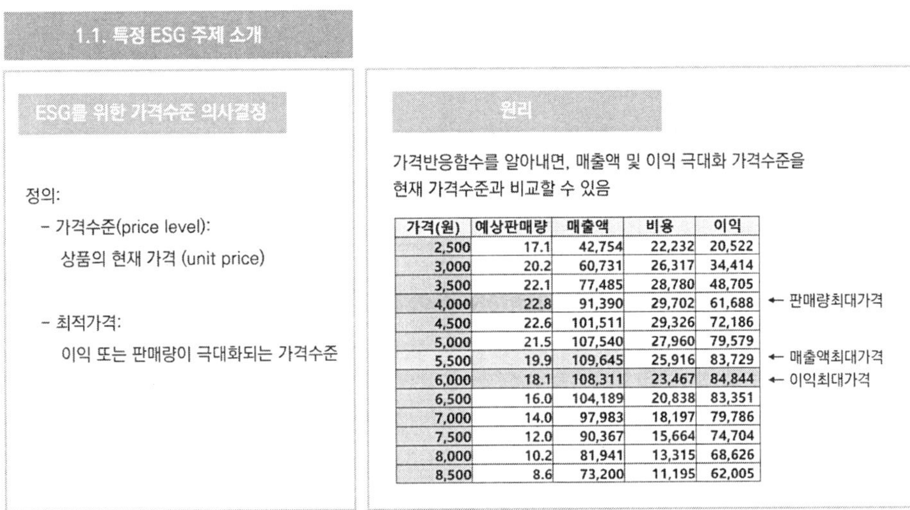

가격(원)	예상판매량	매출액	비용	이익
2,500	17.1	42,754	22,232	20,522
3,000	20.2	60,731	26,317	34,414
3,500	22.1	77,485	28,780	48,705
4,000	22.8	91,390	29,702	61,688
4,500	22.6	101,511	29,326	72,186
5,000	21.5	107,540	27,960	79,579
5,500	19.9	109,645	25,916	83,729
6,000	18.1	108,311	23,467	84,844
6,500	16.0	104,189	20,838	83,351
7,000	14.0	97,983	18,197	79,786
7,500	12.0	90,367	15,664	74,704
8,000	10.2	81,941	13,315	68,626
8,500	8.6	73,200	11,195	62,005

2.1.2. 가격체계의사결정 (1시간 소요)

구매하는 양에 따라 단위당 가격이 달라지는 가격체계(price scheme)를 비선형가격체계(nonlinear pricing)라 하고, 구매하는 양이 달라져도 단위당 가격이 변화하지 않는 가격체계를 선형가격체계(linear pricing)라 한다. [그림 1-4]에는 가격이 변화할 때 시장에서 발견되는 판매량의 변화(가격반응함수)를 우하향하는 직선으로 표시하고 있다. 선형가격체계

에서는 상품의 비용이 '0'이라면, 한 개의 가격을 제시하는 균일가격일 때의 매출과 이익은 [그림 1-4]의 왼쪽 그림과 같이 A가 된다. 반면에 비선형가격체계에서는 시장에 여러 개의 가격을 제시하고 고객이 그중에 자신이 원하는 가격대의 제품을 고르게 하면 [그림 1-4]의 오른쪽 부분과 같이 매출이 증가하게 된다. 따라서 고객이 원하는 가격대를 여러 개 제시하는 비선형가격체계가 제품가격이 균일(선형가격체계)할 때 보다 높은 매출과 이익을 가져올 수 있다.

그림 1-4 가격반응함수와 판매량, 매출액, 이익극대화 가격수준 도출 사례

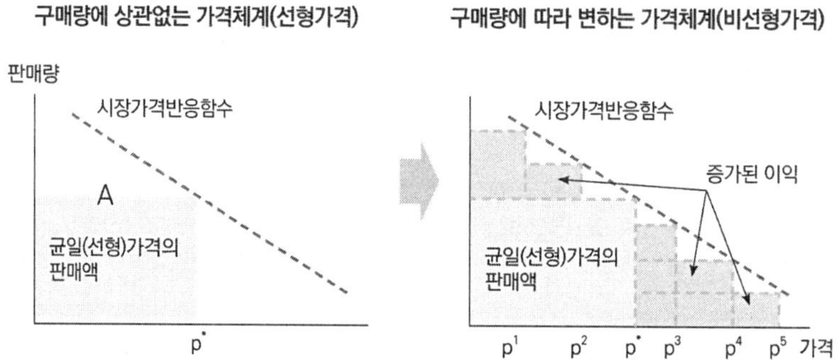

2.2. 특정 ESG 주제가 실제 기업현장에 있음을 사례로 제시 (1시간 소요)

해당 주제에 대한 기존 개별기업의 사례가 진행자에 의해 설명되는 시간이다. 많은 실제 사례가 있음을 나열해 줌으로써 가격체계 의사결정이 많은 기업에서 사용되고 있음을 참여자가 인식하게 한다.

- 오리온 초코파이가 중국에서 포장구매단위가 2개, 6개, 12개, 20개로 이루어져 있음
- 택시요금은 기본요금+주행요금으로 구성되어 있는 비선형가격체계임
- 골프장 이용료는 택시요금과 동일한 구조를 가졌음. 회원권+라운딩피
- 통영 '다찌'집의 가격체계도 비선형가격체계 중 이중요율이다. 다찌집과 반다찌집의 차이는 F(기본값)과 단위당요금(p)이 다를 뿐이다.

위 사례를 모두 인터넷으로 검색하게 하고, 수강생이 아직 많은 비선형가격체계가 도입되지 않은 산업도 존재한다는 것을 알게 한다. 예를 들어 중국 극장업에서는 기본료+영화1편 관람료로 구성되어 있는 비선형가격체계를 도입했는데, 한국 극장업은 이런 제도

가 없음을 알게 한다.

이제 우리가 관심있어 하는 기업의 사례를 제시한다. [그림 1−5 참조]. 2022년 8월에 SKT등 통신 3사가 5G요금제를 하나씩 더 추가하였다. 10GB~31GB사이의 사용량을 가진 고객을 위한 새로운 요금제를 출시하였다. 이것을 비선형가격체계의 원리로 생각해 보면, 비선형가격체계의 복잡성을 하나 더 추가한 것이다. 해당 사용량대의 고객은 이 새로운 요금체계가 기존 요금체게보다 저렴하여 좋아보인다. 하지만 기업도 이익을 얻었다.

그림 1-5 우리가 ESG 평가항목을 개발해야 하는 대상의 가격체계 의사결정 상황

SKT, KT, LGT의 2022년 5G 새로운 요금체계 제공

2022년 8월에 SKT와 KT 등의 한국 내 통신사업자들은
기존 5G요금제도에 하나의 요금제도를 추가했다고 발표했다.
SKT는 5G요금제를 5종류에서 6종류로
KT는 4개 종류에서 5종류로
LGT는 4개 종류에서 5종류로 증가시켰다.

통신 3사의 5G중간요금제

- 고객이 선택할 수 있는 가격의 종류를 증가시켜 기업의 이익도 증가시키고
- 고객이 선택할 수 있는 가격의 종류를 증가시켜서 고객만족 증가(self-selection)를 도왔음!

SK텔레콤		KT		LG유플러스	
데이터	월정액	데이터	월정액	데이터	월정액
8GB	49,000	5GB	45,000	6GB	47,000
10GB	55,000	10GB	55,000	12GB	55,000
24GB	**59,000**	**30GB**	**61,000**	**31GB**	**61,000**
100GB	69,000	110GB	69,000		
150GB	79,000			150GB	75,000
무제한	89,000	무제한	80,000	무제한	85,000

통신 3사의 5G 요금제

2.3. ESG 평가항목 개발대상인 특정기업 상황에 관한 팩트북 제시와 질의응답 (30분 소요)

이제 ESG 평가항목을 개발하기로 한 가상적이거나 실제 존재하는 기업상황의 팩트북(factbook)을 facilitator가 제시하거나 참여자가 탐색하는 시간이다. [그림 1−6]은 SKT를 가정하여 2022년 8월의 새로운 5G요금제 도입 후에 각 언론이 제시한 문제점들을 파악하여 정리한 것이다. 이 정리된 팩트북 이외에 수강생이 통신업계의 요금제도에 대한 정보를 획득하는 시간을 갖게 한다. 팩트북 형태로 제공되는 현황은 다음과 같다.

– SKT의 고객측면에서는 24GB~100GB 사이에 요금제가 없어서 선택이 불가능하다. 경쟁자측면에서는 KT나 LGT는 31GB대 새로운 요금제를 제시해서 상대적으로 SKT의 요금제가 비싸보이게 되어 있다. 신문·방송에서 이를 비판하는 기사 발생하고 있다.

- 현행 요금제는 0~10GB까지는 담합 수준이다. SKT는 24GB~100GB 사이에 요금제가 없어서 선택이 불가능하다는 비판은 당연한 것이 되었다. 이 구간에 요금제는 사용량분석을 통해 미래에 개발할 수 있는 여지가 있음을 알게 되었다.

그림 1-6 SKT를 주체로 하여 해당기업의 요금제도의 현황과 경쟁사반응 등을 정리

가격체계의사결정에 관한 현상나열

SKT를 가정

고객측면: 24GB~100GB 사이에
요금제가 없어서 선택이 불가능하다.
신문/방송에서 이를 비판하는 기사 발생

경쟁자측면: KT나 LGT는 31GB로
새로운 요금제를 제시

통신 3사의 5G중간요금제

- 0~10GB까지는 담합 수준임
- SKT는 24GB~100GB 사이에 요금제가 없어서 선택이 불가능하다는 비판은 당연한 것임
- 이 구간에 요금제는 사용량분석을 통해 미래에 개발할 수 있는 여지가 있음

	SK텔레콤		KT		LG유플러스	
	데이터	월정액	데이터	월정액	데이터	월정액
	8GB	49,000	5GB	45,000	6GB	47,000
	10GB	55,000	10GB	55,000	12GB	55,000
고객들이 지적한 공백 구간	**24GB**	**59,000**	**30GB**	**61,000**	**31GB**	**61,000**
	100GB	69,000	110GB	69,000		
	150GB	79,000			150GB	75,000
	무제한	89,000	무제한	80,000	무제한	85,000

통신 3사의 5G 요금제

2.4. Grouping-consensus-searching information(2시간 소요)

진행자는 15~20명의 참여자들이 스스로 3명 또는 5명으로 팀을 만들게 유도한다. 반드시 홀수로 구성원의 수가 이루어져야 한다. 서로를 소개하고, 팀별로 '문제에 직면한 회사 상황인 팩트북'을 소리내지 않고 읽는 시간을 부여한다. 마지막으로 팀원끼리 평가항목 개발 문제를 해결하기 위해 필요한 정보가 무엇인지를 탐색하게 하는 시간이 부여된다. 이 사례에서는 가격체계 의사결정이라는 주제를 갖고 있으므로 24GB~100GB사이에 새로운 요금제를 만들기 위한 정보를 탐색하도록 진행자가 참여자들을 유도하게 된다. 마지막으로 진행자는 팀별 평가를 수행할 것이며 최종 우승자에게는 시상이 있음을 알려준다.

그림 1-7 SCAN의 4단계 진행과정

Grouping

• 참가인원을 5명 이내로 홀수로 조 구성
• 자체 팀장 선출(조 자체)
• 소요시간 (20분)

Consensus

• 팀별로 조원들 상호소개
• 팀별로 원리와 factbook를 reading
• 소요시간 (30분)

Searching information

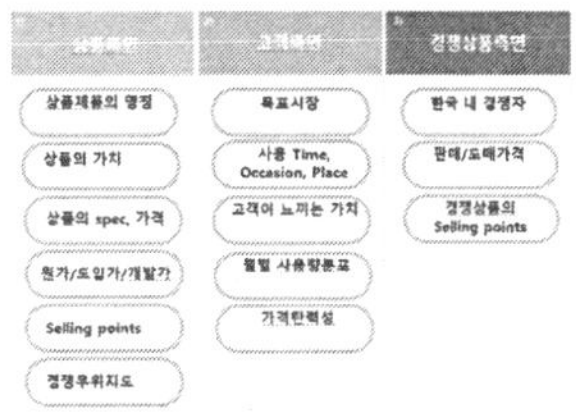

• 팀별 산출물로 작성해야 할 기준목록을 교육받거나 개발하거나 (소요시간 1시간)
• 시상내역발표

그림 1-8 SCAN 진행 이미지 사례

Scan 단계

Pic1. 진행자가 '원리' 설명

Pic2. 진행자가 기존 사례 소개

Pic3. 팀별 factbook 설명

Pic4. 팀 구성 및 상호소개

Pic5. 참가자들의 자료검토

Pic6. 필요한 정보 추출단계

3. SED Program의 2단계 EXPLORE

EXPLORE 단계도 크게 4개의 과정으로 이루어져 있다. 첫 과정에서는 Who–What(why)–

How 분석 틀을 진행자가 참가자에게 학습시킨다. ESG 평가항목을 개발했을 경우에 목표시장(Who)과 목표시장의 어느 욕구를 해결할 것인지를 발의하고(What 또는 Why), 기업이 어떻게 그 욕구를 해결하는 해결책을 마련했는지(How)를 팀 안에서 다양한 기회를 발견하고 수집하며 서로의 의견을 구체화하는 과정이다. 두 번째 과정은 팀 내 개인이 제시한 의견(Who–What–How안)을 단일안으로 정리하는 과정이다. 세 번째 과정은 ESG 보고서에 어떤 평가항목을 제시할 것인가를 단일안에서 추출하여 정체성을 밝히는 단계이다. 'What to Say' 결정과정 또는 'activity identity 정리과정'이라고 말할 수 있다. 마지막단계는 이 'What to Say' 항목을 시각화하는 작업으로 'How to Present' 과정이라고 정의한다.

3.1. Who-What(Why)-How 분석 틀 (2시간 소요)

3.1.1. Who-What(Why)-How 분석

EXPLORE 단계의 첫 과정은 Who–Why–How 분석 틀을 진행자가 참여자들에게 학습시키는 과정이다. Who(상품을 구매하는 사람을 記述(목표시장)), What 또는 Why(목표시장의 고객이 상표를 구매하는 이유, 욕구, 가치), How(그 욕구를 만족시키기 위해 기업이 제공하는 상품 또는 技術)를 그림으로 그리거나 표에 작성하도록 안내하는 과정이다.

그림 1-9 Who-What-How 분석 사례

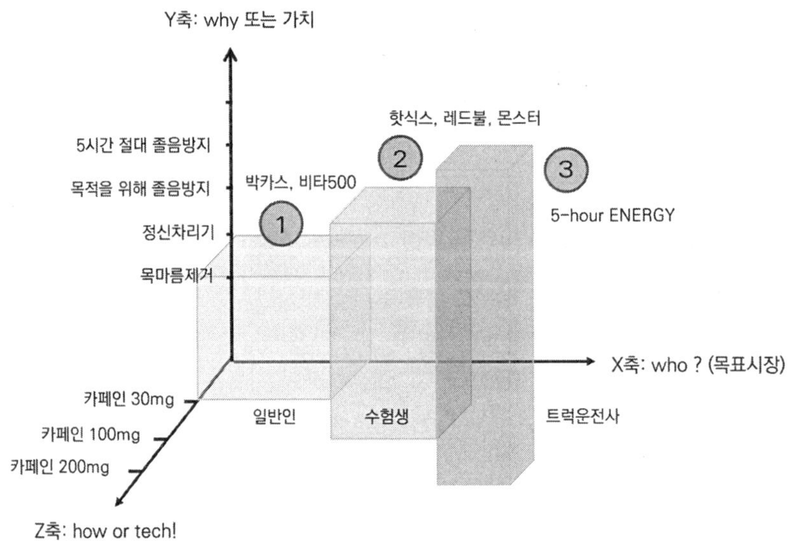

개별기업의 ESG 평가항목도 이 Who－What－How 분석 틀에서 정체성을 부여하도록 참가자를 유도하는 과정이다. 위의 [그림 1－9]의 에너지드링크 사례를 보면 x축에는 목표시장을 나열하고 있다. 에너지드링크는 일반인 수험생 트럭운전사를 대상으로 판매 가능함을 보여주고 있다. y축에는 목표시장이 에너지드링크를 마시는 이유를 제시하고 있다. 목마름제거, 정신차리기, 목적을 위해 졸음방지, 절대 졸지 않기 등의 다양한 욕구를 나열하고 잇다.

마지막으로 z축에는 목표시장의 욕구를 해소시키기 위해 에너지드링크에 들어간 카페인의 양을 표시하고 있다. 30mg에서 200mg의 카페인양을 z축에 보여주고 있다. 이제 마지막으로 에너지드링크 시장에 들어가서 경쟁하는 상표들을 xyz의 3차원에 표시하면 5－hour Energy라는 미국고속도로 화물트럭운전기사들을 목표시장으로 5시간 내에는 절대 졸음이 안 오는 200mg이라는 엄청난 양의 카페인을 가진 조그마한 용량(50ml)의 포지셔닝을 볼 수 있다. 이 상품이 시각적으로 누구를 위한 상품이고 어떤 효능이 있는지가 명확히 이해된다. 우리는 SED과정에서 Who－What－How 분석 틀을 적극활용할 것임을 참여자들에게 전달해야 하고, 위의 표를 강력하게 이해시켜 놓아야 한다.

3.1.2. 'Explore white space' 설명하기 (15분)

진행자는 참여자들에게 공백(white space)의 개념을 설명한다 (15분). 공백이란 [그림 1－9]에서 아직 우리회사나 경쟁사가 진입하지 않은 공간을 말한다. 이 공간을 찾아내는 것을 'explore white space!'라고 이름지은 것이다. 이 공간을 찾아내면 새로운 ESG 활동의 상품을 안착시킬 공간을 확보하는 셈이다. 교수자는 참가자인 팀원들에게 'white space'라는 공간창출을 지속적으로 요구한다.

3.1.3. 기업상황에 걸맞는 개인별 Who-What-How 분석

이제 진행자는 참여자에게 2.3. ESG 평가항목 개발대상의 특정개별기업 상황을 팩트북을 중심으로 상기시킨다. 참가자들은 ESG 평가항목 개발을 Who－What－How 분석을 통해 실시하게 된다. 팀원 각자가 x, y, z축에 무엇이 들어가고 새로운 상품(ESG 활동)이 어떻게 포지셔닝해야 하는 지를 작성하게 된다. 즉, 주어진 회사상황 과제에서 white space를 탐색(explore)하는 시간을 부여하게 된다. (1시간 30분 소요)

3.2. 팀 내 단일 Who-What-How안 결정하기 (1시간 소요)

두 번째 과정은 팀 내 개인이 제시한 의견(Who－What－How안)을 팀의 단일안으로 정리하는 과정이다. 팀 내 개인이 개발한 기존 대안(option) 중 하나를 선택하거나 또는 개발된 기존 대안의 각 구성요소를 조합하여 새로운 대안을 개발하여 단일안으로 정리하도록 유도하게 된다. 팀 안에서 다양한 Who–What–How안이 개발되도록 유도하는 것이 관건이다. [그림 1–10 참조].

그림 1-10 단일안이 탐색되는 과정의 개념도

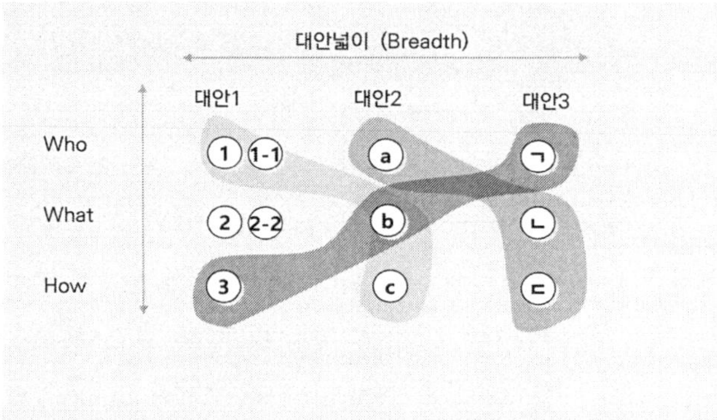

그림 1-11 어느 팀이 가상적으로 SKT의 5G요금제의 공백을 찾아낸 경우

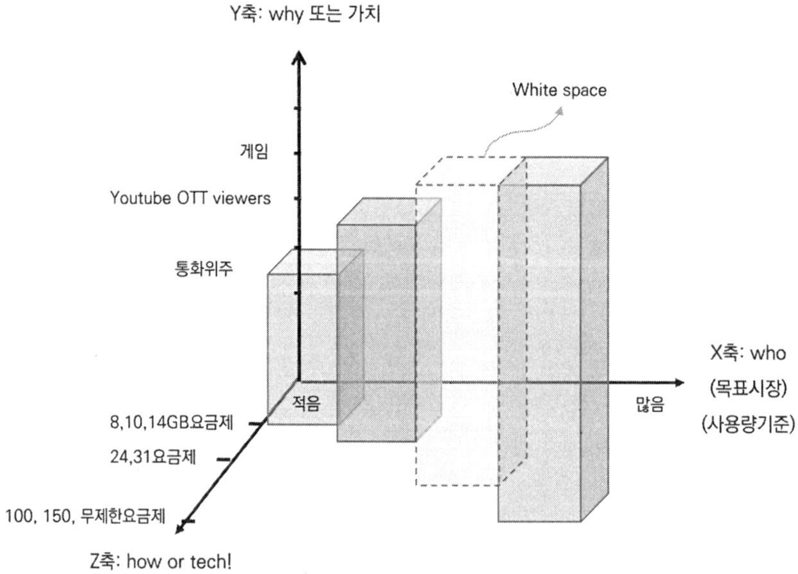

3.3. What to Say(activity identity)를 정하는 단계 (30분 소요)

세 번째 과정은 ESG 보고서에 평가항목을 무엇이라고 제시할 것인가를 단일안을 기초로 정체성을 밝히는 단계이다. [그림 1－11]과 같이 특정 팀이 공백을 찾아내고 이 공백을 대상으로 상품을 개발하기로 했다고 치자. 그러면 목표시장은 60GB~100GB를 사용하는 집단으로 게임을 주로 하는 고객을 대상으로 새로운 요금제를 개발하면 된다. 팀원들은 이 요금제를 '킹 Heavy user요금제'라고 가상적으로 명명하였다. 구체적으로는 60GB~100GB미만까지 월 64,000원의 요금제라고 명시하면 더 구체성이 부여될 것이다.

그림 1-12 'What to Say' 정리하기 사례

3.4. How to Present과정 (1시간 30분 소요)

마지막단계는 앞의 'What to Say' 항목을 시각화하는 작업으로 'How to Present' 과정이라고 정의한다. [그림 1－13]을 시각적으로 이미 표현했으므로 평가기관의 독자는 이미 무엇을 독자들에게 말하려 하는지 알고 있게 된다. 이 단계는 이것을 더 설득적으로 계량적으로 보여주는 단계이다.

[그림 1－14]은 새로운 요금제 전후로 증가하는 구매자효용(소비자효용 또는 구매효용)을 가격반응함수를 기반으로 보여주고 있다. 새로운 요금제의 요금과 그로 인한 효용의

증가를 표시하고 있다. 또한 몇 %의 효용이 증가했는지와 얼마의 사용자 고객만족도가 증가했는지를 가상적으로 표시하고 있다. 이 [그림 1-14]이 ESG 보고서에 포함되는 최종 형태가 된다.

그림 1-13 새로운 가격체계도입에 따른 Social효과

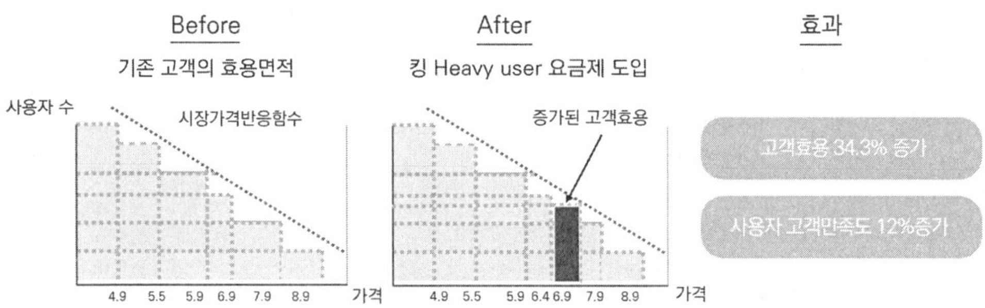

그림 1-14 EXPLORE 단계의 진행 이미지 사례

Focus 단계

Pic1. Who-What-How 학습

Pic2. 팀 내 결과물 공유

Pic3. 팀 내 단일안 선택

Pic4~5. 참가자의 시각화 작업

4. SED Program의 3단계 DEVELOP

DEVELOP 단계도 크게 5개의 과정으로 이루어져 있다. 첫 번째 과정에서는 팀별로 Who－What(why)－How 분석 결과를 발표하는 단계이다. 두 번째 과정은 개별팀 발표에 대해 다른 팀에서 질의응답을 실시하는 Brutal evaluation이 실행된다. 세 번째 과정은 팀별 발표안에 대해 제일 실행가능하고 효과적 효율적인 안에 관하여 투표를 실시한다. 여기에서 가장 좋은 평가를 받은 팀에 대한 시상이 진행된다. 네 번째 과정은 선정된 ESG 평가항목을 기업이 미래에 통제하고 관리하기 위한 업무분장을 토론하는 시간(What Do I got to Do)이다. 마지막 단계는 우승한 팀이 자신의 ESG 평가항목(What to Say)과 시각화결과(How to Present)를 더욱 가다듬는 시간이다.

그림 1-15 DEVELOP 단계의 진행 이미지 사례

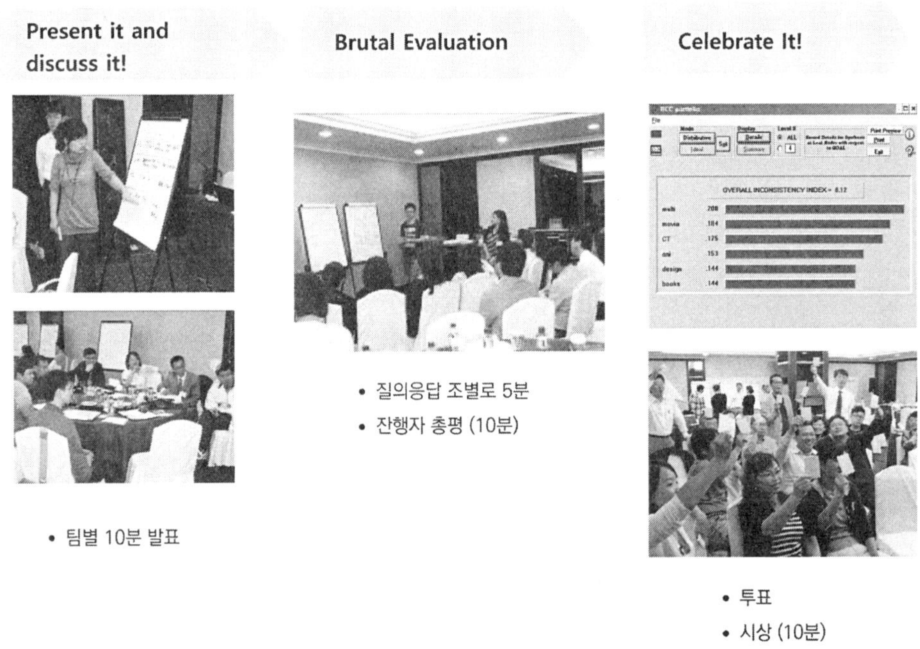

4.1. 팀별 'Who-What-How 안' 발표 (발표 10분씩 x 팀 수)

첫 번째 과정에서는 팀별로 자신들이 정리한 Who－What(why)－How 분석 결과를 발표하는 단계이다. 발표 중 질의응답은 실시하지 않는다.

4.2. Brutal evaluation과정 (질의응답 5분 × 팀 수)

두 번째 과정은 개별팀 발표에 대해 다른 팀에서 질의를 하고 질문을 받은 팀에서 응답하는 과정이다. 비판적인 질문을 하지 않고, 궁금한 것만을 질문하도록 진행자가 사전에 통제한다. 마지막으로 진행자가 결과물에 대한 총평을 실시한다.

4.3. 투표 및 시상 (소요 30분)

세 번째 과정은 개별팀 발표에 대해 모든 진행자와 참여자들이 가장 좋은 결과물에 대해 투표를 실시한다. 최다득표를 얻은 결과물에 대해 시상을 실시한다.

4.4. What Do I got to Do (30분 소요)

DEVELOP 단계의 네 번째 과정은 전체 참여자를 대상으로 앞으로 우리 회사가 이 평가항목을 유지 및 발전시키기 위해서 해야 할 일을 정리하는 것이다(What Do I got to Do). 주로 업무분장을 실시하게 된다. 어느 부서의 어느 직급 레벨에서(Who), 무엇을(What), 어떻게 관리하고, 보고하고, 의사결정해야 하는 지(How)를 정리하게 된다. ESG 전략부서에서 정리된 아래 사항을 실행부서에 공문으로 발송하여 시행하게 한다.

그림 1-16 DEVELOP 단계 중 'What Do I got to Do' 단계 사례

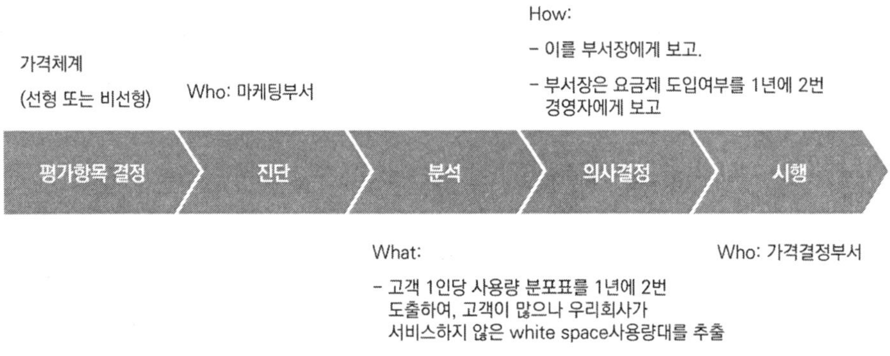

4.5. Decoration 또는 visual improvement (별도 24시간 부여)

다섯 번째 과정은 담당자가 최종선택안을 ESG 보고서에 담기 위해 결과물을 decoration하는 과정이다. 평가항목의 정확한 정의, 시각적 표현을 decoration하여 공시보고서에 직접 사용할 수 있는 상태로 정리하는 단계이다. 주로 우승팀이 이를 담당하게 된다. 진행자

자는 별도로 1일의 시간을 우승팀에게 부여하여 우승으로 당선된 산출물을 향상시킬 수 있는 시간을 부여한다. 이상으로 SED 프로그램을 마치게 된다.

그림 1-17 가상적인 회사의 가격체계를 ESG 보고서에 넣기로 한 최종산출물

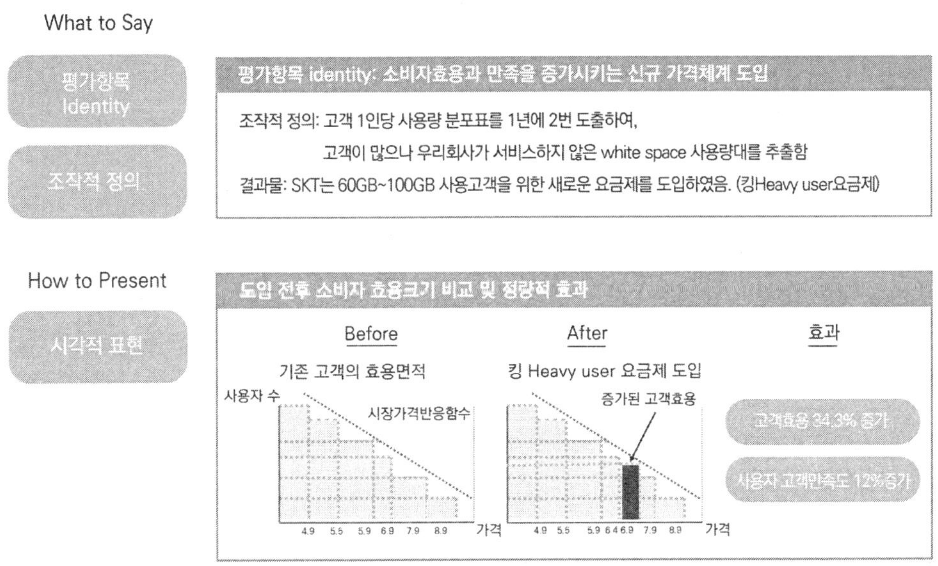

5. 마무리

이 장을 통해 저자들은 SED 프로그램의 절차를 소개했다. SED의 각 단계에 소요되는 시간은 어떤 주제를 선택했는가에 따라 다소 시간이 다를 수 있지만 일반적으로 1박 2일 정도의 시간이 소요되는 과제임을 알 수 있었다. 이제 독자들이 필요한 것은 우리 회사의 어느 활동에서 숨겨진 이익도 찾아내면서, 동시에 ESG 활동으로 대외적으로 내세울 수 있는 기회를 찾는 작업이다. 다음 장에서는 ESG 활동의 아이디어를 제공하는 이익원천을 다룬다.

Chapter 2

SED 프로그램에서 사용할 ESG 활동개발 아이디어 원천

그림 2-1 가격전술과 신상품개발기법이 만나 ESG 활동을 개발할 수 있는 도구

구분	가격수준 의사결정	가격체계 의사결정	가격지불시점 의사결정	가격지불단위 의사결정
Dressing (더하기)	Chapter 4: Brewdog Pink IPA			Chapter 12: 핸드폰 보상판매
Stripping (빼기)	Chapter 3: 반값치킨			
Ambigram (거꾸로하기)	Chapter 4: Brewdog Pink IPA		Chapter 7: 주택산업 Chapter 8: 전기가스요금 Chapter 9: 에너지바우처	
Partition (분할하기)	Chapter 5: 런던올림픽 Pay-your-age pricing	Chapter 6: BTS ARMY 멤버쉽		Chapter 15: 런던올림픽 Pay-your-age pricing
Aleatorik (격자놀이)				
Repetition (반복 모방)	Chapter 3: 반값치킨			Chapter 12: 핸드폰 보상판매
Substitution (대체하기)				Chapter 10: 커피값을 무게로 Chapter 11: 비행운임이 무게
Grouping (묶어주기)				Chapter 12: 핸드폰 보상판매

• 신상품개발기법 중 Anagram (순서바꾸기)는 이 책에서 다루지 않음

이 장에서는 SED 프로그램에서 참가자들이 중점적으로 개발하는 신상품개발 방법과 아이디어 원천을 정리하여 제시한다. 첫째는 마케팅 가격전술을 분류하여 보여줌으로써 ESG 활동개발에 가격전술을 사용할 수 있는 기회를 제공한다. 이를 통해 숨겨진 이익을 찾아내어 단기적 이익도 확보할 수 있는 기회를 발견한다. 둘째는 신상품 개발기법 8가지를 소개한다. 이 둘을 합쳐서 ESG 신규활동을 설계할 수 있는 도구를 [그림 2-1]처럼 제

공한다. 이 장에서는 이 도구를 활용하여 10개의 사례를 분석하고, ESG 활동을 개발하는 SED 프로그램을 실시하는 과정을 소개하고자 한다.

저자들은 Chapter2에서 가격의 중요성과 마케팅에서 다루는 가격의사결정의 분류를 설명한다. 이 책의 제목에서 알 수 있듯이 ESG 활동을 하면서 숨겨진 이익을 획득하기 위해서는 영업이익의 근본적인 원천인 가격(pricing)을 잘 다루어야 한다. 더불어 신상품개발기법의 8가지의 정의와 ESG 활동사례를 소개한다. 각 SED 프로그램이 진행될 때마다 마케팅 가격의사결정과 신상품 개발기법이 어떻게 ESG 활동개발에 사용되었는지를 밝힐 것이다.

1. 가격의 중요성: 이익을 창출하는 가격 1)

경영은 사업(業)을 효과적(effective)이고 효율적(efficient)으로 운영하기 위해 사람, 물건, 돈을 질 짜서 배치하는 것이다. 경영학에서는 사람 및 조직과 관련된 효율적 방안을 배우는 것이 인사조직관리이고, 돈과 관련되어 재무관리와 투자론을 배우며, 상품과 관련해서는 생산방안을 모색하는 생산관리, 고객과 상품거래를 통해 가치를 창조하는 마케팅을 배운다.

이 경영과정에서 회사에 돈이 들어오는 원천(source)는 단 두 개 분야이다. 경영의 이익은 '영업이익'과 '자본이익'으로 구분되는데, 영업이익은 마케팅의 '가격(pricing)'에서만 창출되고, 자본이익은 '재무관리'에서만 창출된다. 경영의 나머지 요소의 행위들은 모두 '비용(cost)'을 발생시킬 뿐이다.

따라서 영업이익의 최선봉에 상품의 가격이 있는데, 우리가 구체적인 상품가격을 어떻게 얼마에 매겨야 하는 지에 대해서는 학교에서 거의 배우지 않는다. 대부분의 사람들은 기업에 들어가서야 그 산업과 그 회사의 관습과 경영자 판단에 의한 가격을 학습하게 된다.

그림 2-2 이익창출 원천인 가격

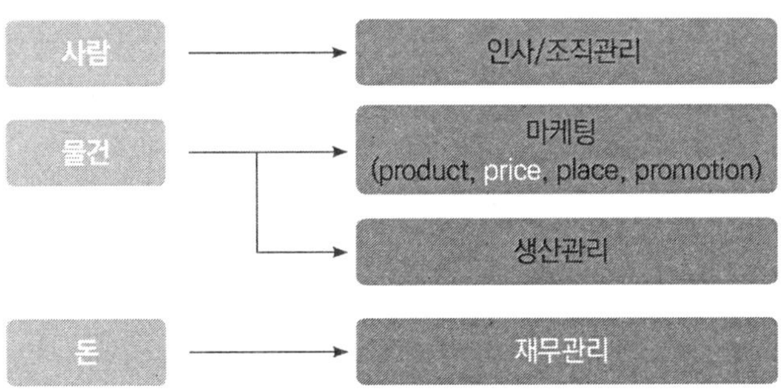

1) 곽영식 · 홍재원 · 이윤경(2021), "마케팅가격전술", 서울: 피앤씨미디어에서 발췌.

그리고 가격수준(price level)마다 성과를 내는 정도에서 차이가 발생한다. 어느 가격수준은 손해를 볼 수 있고, 어느 가격수준은 이익을 최대로 하고, 어느 가격은 판매량을 최대로 할 수 있다. 또한 어느 가격은 고객을 창출하지 못하는 경우도 있다. 그래서 우리는 마케터가 자신의 취급하는 상품마다 [그림 2-3]처럼 가격대별 판매량, 판매액, 비용, 이익을 알고 있어야 한다. 그래야 자신의 회사목적에 맞는 가격수준을 결정할 수 있기 때문이다.

ESG 활동을 개발하는 과정에서는 신상품의 가격을 책정하거나 기존 상품의 가격을 변경해야 하는데, 이 과정에서 반드시 새로운 가격수준이 회사의 매출량, 이익에 얼마의 영향을 미치는 지를 점검해야 한다.

그림 2-3 가격마다 판매량과 이익창출능력이 다르다! (가상적인 사례)

가격(원)	예상 판매량	판매액	비용	이익	
2,500	17.1	42,754	22,232	20,522	
3,000	20.2	60,731	26,317	34,414	
3,500	22.1	77,485	28,780	48,705	
4,000	22.8	91,390	29,702	61,688	← 판매량 최대가격
4,500	22.6	101,511	29,326	72,186	
5,000	21.5	107,540	27,960	79,579	
5,500	19.9	109,645	25,916	83,729	← 매출액 최대가격
6,000	18.1	108,311	23,467	84,844	← 이익 최대가격
6,500	16	104,189	20,838	83,351	
7,000	14	97,983	18,197	79,786	
7,500	12	90,367	15,664	74,704	
8,000	10.2	81,941	13,315	68,626	
8,500	8.6	73,200	11,195	62,005	

2. 가격의사결정의 종류

경영자와 실무마케터가 기업활동과정에서 가격관련하여 내려야 할 의사결정은 아래와 같이 정리할 수 있다. ESG 활동을 개발하는 과정에서 관련되지 않은 가격노출 의사결정을 제외한 네 가지 의사결정이 ESG 활동개발에 사용될 수 있다.

그림 2-4 가격의사결정의 분류

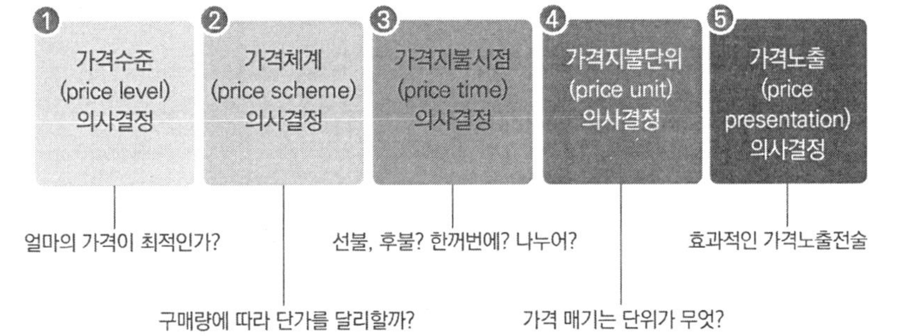

2.1. 가격수준 의사결정

이 의사결정은 상품의 가격을 높게 매길까 낮게 매길까에 관련된 것이다. 이 의사결정은 포지셔닝과도 관련되어 있다. 이 가격수준은 경영자의 感에 의해 결정할 것이 아니고, 반드시 구매자 시각에서 [그림 2-6]과 같은 가격반응을 파악한 후 설정해야 할 문제이다.

그림 2-5 가격수준 의사결정의 종류

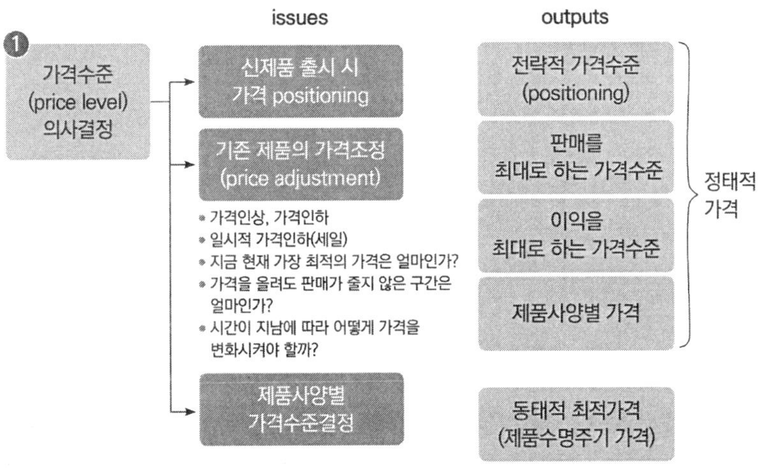

즉, 가격수준 의사결정은 크게 1) 신제품 출시가격, 2) 기존 제품의 가격변경(price adjustment)로 구분된다. 두 의사결정은 반드시 아래와 같이 가격반응함수에 의한 판매량, 판

매액, 이익을 최대로 하는 가격수준을 확인한 다음에 이루어져야 한다. 이 책에서는 ESG 활동에 신상품 및 기존상품변경을 시도할 것이므로 반드시 가격반응함수의 도출이 필요하다.

그림 2-6 가격반응함수에 의한 판매량, 판매액, 이익 최대가격수준결정

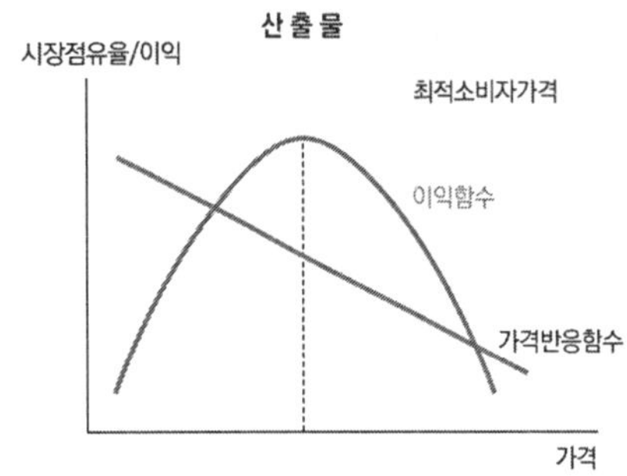

가격(원)	예상판매량	판매액	비용	이익
2,500	17.1	42,754	22,232	20,522
3,000	20.2	60,731	26,317	34,414
3,500	22.1	77,485	28,780	48,705
4,000	22.8	91,390	29,702	61,688
4,500	22.6	101,511	29,326	72,186
5,000	21.5	107,540	27,960	79,579
5,500	19.9	109,645	25,916	83,729
6,000	18.1	108,311	23,467	84,844
6,500	16	104,189	20,838	83,351
7,000	14	97,983	18,197	79,786
7,500	12	90,367	15,664	74,704
8,000	10.2	81,941	13,315	68,626
8,500	8.6	73,200	11,195	62,005

← 판매량 최대가격 (4,000)
← 매출액 최대가격 (5,500)
← 이익 최대가격 (6,000)

기존제품의 가격조정(price adjustment)이 이루어지는 것의 바탕에도 고객이 얼마의 가격을 지불할 지를 계량적으로 측정하는 것이 필요하다. 다양한 기업은 다양한 ESG 활동의 상황에서 가격조정이 필요할 때가 있다.

- 대형마트에서 반값치킨을 출시하여 고객만족을 높이고 닭 생산자의 매출을 증가시켜 주려 하는데 기존 제품에서 50% 할인하여 판매했을 때 과연 판매량이 얼마나 증가하고 이익을 어떤 수준일까?
- 오리온은 초코파이가 소득이 적은 사람들에게 식사대용으로 사용되는 경우가 있는 것을 발견하고, 제품의 크기를 증가시키려 했다고 상상해 보자. 즉, 상품이 사회적 필수품으로 사용되고 있음을 발견했다고 생각해 보자. 중국에서 팔리는 초코파이의 크기를 10% 증가시키려 했을 때 중국목표시장 고객이 얼마나 더 가격을 지불할 용의가 있을까?
- 2020년에 오리온이 컵밥의 용량을 20% 증가시켰는데 얼마의 가격을 인상해야 하나?
- 마트에서 판매하는 우유의 소비기간이 가까이 다가올수록 고객의 불안감이 증가하므로 가격을 인하하여 소비자잉여를 증가시키려 하는데 과연 이 우유회사는 얼마나 가격을 인하해야 하나?

이 책에서는 ESG 활동개발을 위한 양적인 가격수준의사결정 사례와 질적인 가격수준의사결정 사례를 3개 제공하고 있다.

2.2. 가격체계 의사결정

가격체계 의사결정은 고객이 한꺼번에 구매하는 양이 많아지면 단위당 가격을 낮출까, 높일까, 동일하게 할까에 대한 의사결정을 내리는 것을 말한다. 다시 말해 가격체계 의사결정은 1) 선형가격체계를 유지할 지(한 상품에 한 가지 가격만 매기는 경우) 2) 비선형가격체계(구매량이 달라지면 한 개를 구매할 때 지불가격이 달라지는 경우)를 구축할 지를 의사결정하는 것이다. 많은 기업들이 비선형가격체계를 많이 개발하여 사용하지 않는 경우가 많으므로 이 책을 통해 마케터가 아직 사용하고 있지 않은 비선형가격체계를 개발하도록 유도할 예정이다.

그림 2-7 가격체계 의사결정의 구분

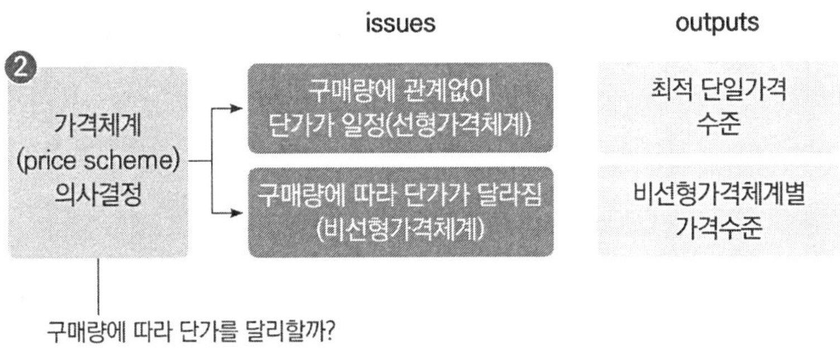

그림 2-8 선형가격체계와 비선형가격체계의 매출액 차이

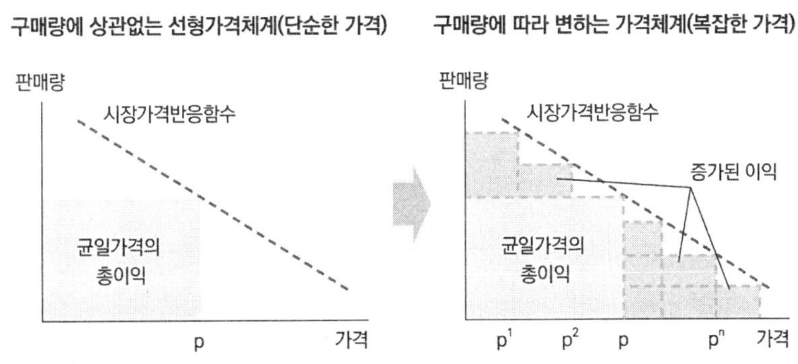

선형가격체계(linear pricing)는 단일상품에 대해 단일한 가격을 매기는 것을 말하고, 비선형가격체계(non－linear pricing)는 단일상품에 대해 고객에 선택할 수 있는 많은 가격

옵션을 제공하는 것을 말한다. 비선형가격체계는 판매자의 이익을 선형가격체계보다 증가시킨다. [그림 2-8]의 왼쪽 그림과 같이 선형가격체계는 단일가격수준과 해당판매량의 곱하기 값만큼 판매자가 매출액을 가져가게 된다. 반면에 비선형가격체계는 [그림 2-8]의 오른쪽과 같이 여러 가격수준의 다양한 판매량의 매출액을 판매자의 것으로 가져갈 수 있어서, 단일 가격체계보다 판매액을 증가시킬 수 있으며 이익증가도 기대할 수 있게 된다.

따라서 ESG 활동을 개발하려는 회사는 고객이 선택할 수 있는 가격옵션을 많이 제공하면 할수록 판매액과 이익을 증가시킬 수 있는 기회를 갖게 된다.

- SK Telecom 등 통신 3사는 통신요금을 낮추라는 사회적 욕구를 충족시키기 위해 2022년 여름에 5G의 요금제도를 하나씩 더 추가하였다. 10GB~31GB사이의 사용량을 가진 고객을 위한 새로운 요금제를 출시한 것이다. 비선형가격체계의 원리로 생각해 보면, 비선형가격체계의 복잡성을 하나 더 추가한 것이다라고 판단할 수 있다. 해당 사용량대의 고객은 이 새로운 요금체계가 기존 요금체계보다 저렴하여 좋아보인다. 하지만 기업도 이익을 얻었다.

즉, 고객시각에서 가격이 불공정하다고 느끼게 되는 구매량관련 현상을 타개하기 위해 사회적으로 바람직하고 지속가능한 가격전술을 개발할 때 선형가격체계를 비선형가격체계로 변경하면서 고객에게 가격옵션을 추가하여 제공하고, 동시에 기업의 이익도 증가시킬 수 있는 기회를 갖게 한다. 이 책의 Chapter1에서 SED 프로그램 절차를 소개하면서 가격체계의사결정 사례로 통신사 사례를 제시한 바 있다. Chapter6에서 추가적으로 HYBE사의 BTS 팬클럽 ARMY멤버십 가격에 대한 가격체계의사결정의 변경을 다루고 있다. 이를 통해 전 세계 팬에게 공정한 가격을 제공하는 과정을 설계하게 된다.

2.3 가격지불시점 의사결정

가격지불시점 의사결정이란 선불(先拂: advance payment)을 받는 게 기업이 더 유익한가, 아니면 후불(後拂: deferred payment) 받는 게 기업이 더 유익한가를 따지는 것을 말한다. 산업별, 제품별로 판매자와 소비자가 제품 및 서비스를 제공하는 시점과 가격이 지불되는 시점의 차이를 연구할 필요가 있다. 한편, 판매자는 구매자로부터 가격을 한꺼번에 받을지 여러 기간에 나누어 받을지도 결정해야 한다. 또한 고객이 지불한 돈의 일부를 환불해 주는 것도 이 의사결정에 속한다.

그림 2-9 가격지불시점 의사결정의 종류

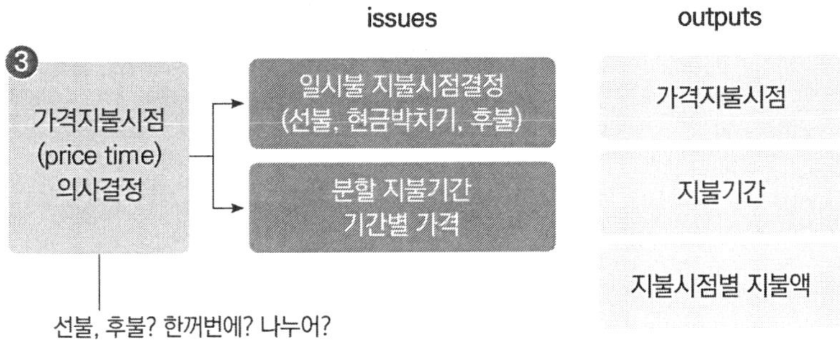

새로운 ESG 활동은 기업이 자신의 상품에 대해 가격지불시점의 변경을 통해 환경 및 사회적으로 바람직한 가격전술 개발을 목표로 한다. 이 책에서는 건설업, 에너지공급업에 해당하는 3개 사례를 SED 프로그램에 적용시켜 소개하고 있다.

2.4 가격지불단위 의사결정

마케터는 고객이 가격을 지불하는 단위를 무엇으로 삼을지를 결정해야 한다. 기업마다 업종마다 독특한 가격지불단위(price unit)을 가지고 있다. [그림 2-10]을 보면 매우 다양한 가격지불단위가 산업별로 존재함을 알 수 있다. 하지만 특정기업은 다른 산업이나 다른 기업이 사용하는 가격지불단위를 활용하고 있지 않다. 우리가 미처 사용하고 있지 않은 가격지불단위를 도입하여 활용하면 이익이 증가할 것이다.

한편, 특수한 가격지불단위를 사용함으로써 ESG 활동을 설계하고 고객만족을 실천할 수 있는 경우도 있다. 특수한 가격지불단위 전술에는 아래 기법이 있다. 이 중 보상판매를 이 책에서 다룰 예정이다.

- 복수고객 가격전술: 가격지불단위를 사람과 사람(주로 사회적 약자)을 묶어주는 전술을 취함으로써 ESG를 강화하는 전술
- 보상판매(trade-in pricing): 고객들이 이미 구입해서 사용하고 있는 구모델에 대한 가치 공제의 한 형태로, 신모델 구입시 구모델의 중고가치에 해당하는 금액만큼을 구모델로 대신 지급하도록 하는 것을 의미한다. 전 세계적 측면에서 자원순환 및 재배치의 주요수단이지만 아직 활성화되지 않은 산업이 많다.
- 다발가격매김(price bundling): 제품과 제품을 한꺼번에 사면 제품을 별도로 살 때보다 다른 가격을 매김으로써 고객의 선택폭을 넓히는 가격전술이다.

그림 2-10 다양한 가격지불단위

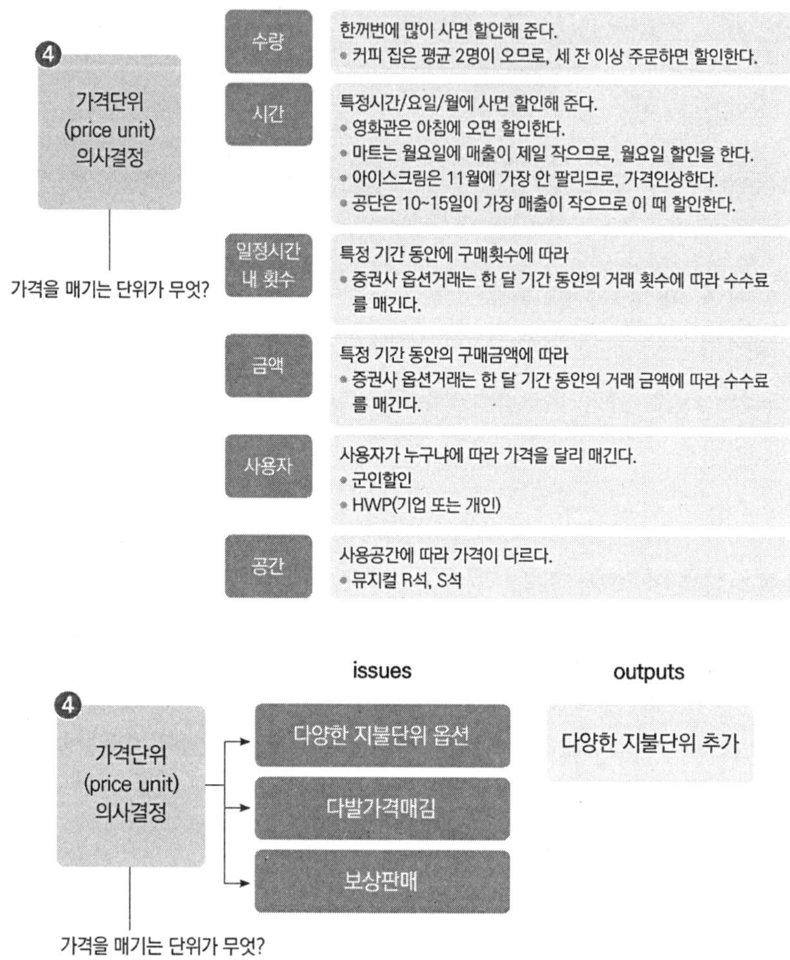

이 책에서는 4개의 가격지불단위 변경사례가 소개하며 독자들을 훈련시킬 것이다.

2.5. 가격노출 의사결정(price presentation or price display)

기업이 가격을 고객들에게 가격을 어떻게 보여주어야 판매나 이익이 증가할까를 다루는 영역이다. ESG 활동과는 크게 관련이 없어서 이 책에서 SED 프로그램에 사용하지 않는다.

그림 2-11 가격노출의사결정의 종류

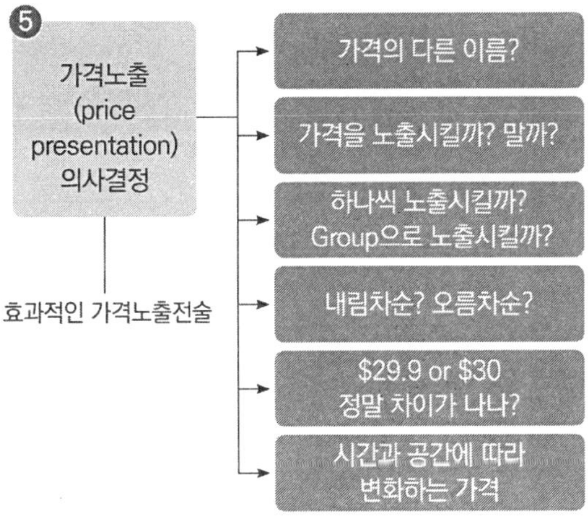

3. 기존 상품과 거리(distance)를 만들기 위한 9가지 신상품 창작기법[2]

ESG 활동을 새롭게 설계하기 위해 신상품(제품이나 서비스)를 개발해야 한다. 이 책에서는 오랜 기간 동안 미술, 음악, 건축, 영화, 공연, 문학 등의 다양한 분야에서 사용되어 온 9가지 미학적 창작기법을 활용하고 있다. 이 9가지 창의 개발기법 중 8개가 개별회사의 독특한 ESG 활동을 개발하는데 사용되고 있음을 이 책에서 보여줄 예정이다. 마지막으로 SED 참가자는 이 기법들을 사용하여 자기 회사만의 독특한 ESG 활동으로 활용하게 될 것이다. 이 책에서 다루고 있는 미학적 창작기법은 ESG 활동 설계를 위한 기법과 동일하며 [그림 2-12]와 같다.

[그림 2-12]에서 제시한 9가지 창작기법 중 ESG 활동설계에 가장 복잡하게 적용될 anagram(순서바꾸기)는 이 책의 SED 프로그램 적용에서 제외하였다. 이 기법은 reengineering에 가까운 기법으로 전문적이고 복잡한 설계의 변동이 불가피하기 때문에 단기적인 효과를 목적으로 하는 이 책의 범위에 벗어난다고 저자는 판단했다.

2) 곽영식(2016), "창업을 위해 미학에서 배우는 신상품개발", 서울: 피앤씨미디어에서 발췌.

그림 2-12 이 책에서 ESG 활동개발기법으로 사용할 미학적 창작기법

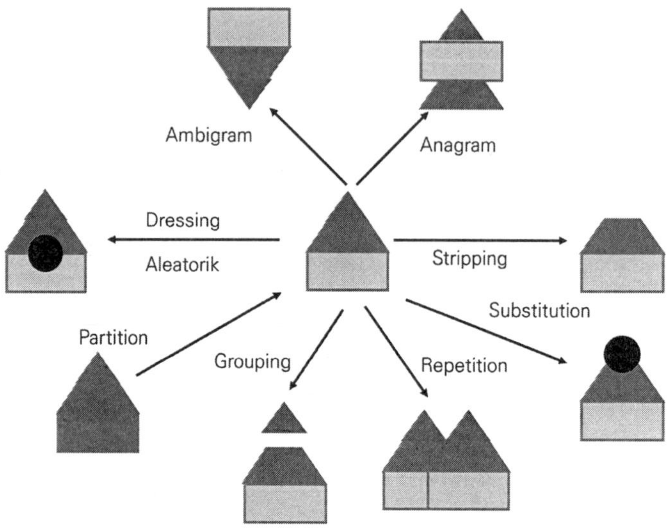

3.1. Dressing

기존에 존재하는 것에 무엇인가(something)를 더해서 새롭게 차별화된 것을 dressing이라 한다. 이 기법을 고대 이집트 복식을 예를 들어 소개한다. 고대 이집트의 왕은 머리에 왕을 상징하는 태양빛 모양의 관을 쓰고, 화려한 목도리를 착용했으며, 주름이 많은 치마를 입고, 그 위에 삼각 에이플론(삼각으로 이루어진 앞치마 같은 것)을 입고 있다. 반면에 이집트의 일꾼이나 노예의 모습이라고 제시된 것을 보자. 그들은 윗몸에는 아무것도 걸치지 않고 '로인클로스(loincloth)'라고 불리는 옷으로 아랫도리만을 감싸고 있다. 이 '로인클로스'는 장방형의 천을 허리에 걸치는 남자의 의복으로 초기에는 왕에서부터 노예까지 폭넓게 사용되었다(Boucher 1987).

여기에서 주목할 점은 왕이 노예계층에 비해 많은 것을 입었다는 사실이다. 많은 것을 입었다는 것은 기본 형태에 무엇인가를 더했다(dressing)는 것이다. 의상학의 하위학문 중의 하나인 복식(服飾)사회심리학에서 다루는 이슈 중의 하나가 바로 dressing에 의한 사회계층간 차별화이다. 이 dressing을 layering이라고도 부른다. layering은 층을 더 한다는 뜻이다. 즉, 사회계층 중 특정계층이 어떤 옷을 기본적으로 입고 있으면, 다른 사회계층은 여기에 더 복잡한 장식을 하거나, 몇 겹의 옷을 더 입어서 차별화를 시도하여 美를 추구하는 것이 layering이다. 즉, 다른 계층보다 더 많은 차별적인 복식을 입음으로써 자신의

계층이 다름을 부각시키는 것이 layering이자 dressing이다. 위의 사례에서 이집트 왕은 노예들이 입는 '로인클로스' 이외에 머리와 목과 몸 등에 장식 및 다른 옷을 더함으로써 dressing을 통한 차별화를 시도하고 있음을 보여주었다. 이집트복식에서는 왕과 왕비 등의 지배층이 피지배층과의 차별화를 위해 옷을 더 입었던 것이다(Kaiser 1996).

위의 사례에서 보듯이 기존 제품·서비스·콘텐츠에 무엇인가를 더함으로써 새롭고 차별적인 제품, 서비스, 콘텐츠를 만드는 생각의 기술 또는 창작기법이 바로 'dressing'이다.

의상학에서의 차별화기법(layering 또는 dressing)
남들이 옷 입은 것에, 나는 더 입어서 차별화를 시도한다.

경영학에서의 차별화기법(layering 또는 dressing)
남들에게 없는 무엇인가를 하나 또는 그 이상을 추가함으로써 차별화를 시도한다.

이것을 ESG 활동과 연계하여 생각해 보자. 아이폰의 'Product RED'캠페인이 대표적이다. 기존 상품에 빨간색이라는 색을 dressing했다. 이 제품을 구매하면 수익금 중 일부를 불우한 환경에 있는 사람을 돕게 된다. 이렇게 형태-색상-콘텐츠 중 무엇인가를 기존 상품에 dressing함으로써 ESG 활동을 개발할 수 있게 된다.

3.2. Stripping(빼기)

기존의 것에서 무엇인가를 제거함으로써 새롭게 차별화를 달성하는 stripping기법이 ESG 활동의 방법이 될 수 있으며, SED 프로그램의 한 가지 원천이 될 수 있다. 예를 들어 복식의 경우에, dressing의 반대개념으로 사회계층 중 특정계층 또는 특정인이 어떤 옷을 기본적으로 입고 있으면, 다른 사회계층이나 다른 사람이 여기에서 하나 또는 몇 개의 구성요소를 제거함으로써 새로운 것을 만들어 내는 것이 eating이자 stripping이다(Kaiser 1996; Schmitt and Brown, 2001). 이런 연장선상에서 기존 제품에, 기존 서비스에, 기존 콘텐츠에서 무엇인가를 제거함으로써 새롭고 차별적인 제품, 서비스, 콘텐츠를 만드는 것이 eating이나 stripping이다.

의상학에서의 차별화기법(eating 또는 stripping)
남들이 옷을 입으면, 나는 벗어 버려서 차별화를 시도한다.

경영학에서의 차별화기법(eating 또는 stripping)
남들이 하는 무엇인가에서 하나 또는 그 이상을 제거함으로써 차별화를 시도한다.

Stripping 기법은 광고회사에서 창의적인 아이디어를 내려할 때 사용하는 SCAMPER나 공학에서 사용하는 TRIZ에서 창의적 사고기법 중 'eliminate(제거하라)'에 해당하는 사고이다. 블루오션에서도 중요한 새로운 비즈니스 개발기법으로 제시되어 있다.

- 16세기 이후 스타킹은 길어지거나 짧아져 갔다. 발목만 살아남은 경우가 있고, 발목만 제거되기도 한다. 스타킹의 역사는 고객의 사용상황에 맞추어 dressing과 stripping이 이루어진 반복의 역사를 대변한다.

그림 2-12 스타킹 변천은 발과 다리에 닿는 면적과 부분에 대한 dressing과 stripping의 변화

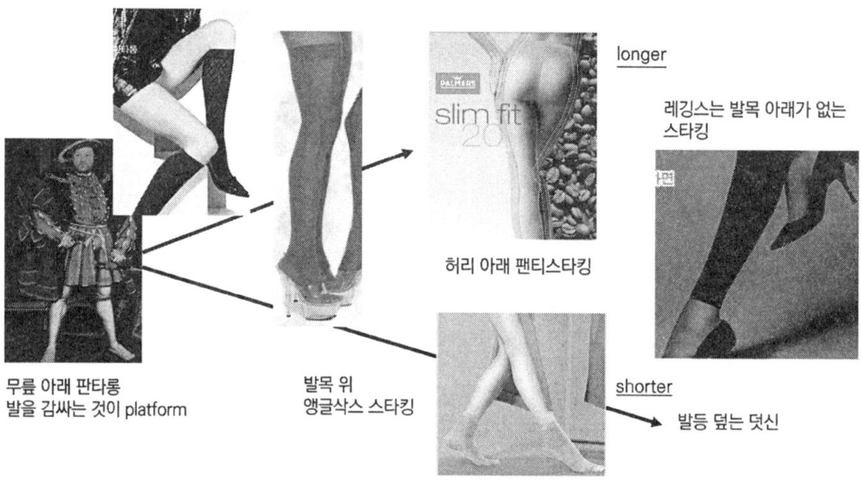

이 stripping기법은 ESG 활동을 개발하는데 많이 사용되는 기법이다.

- 중국 농부산천(農夫山泉)이라는 생수는 한국 삼다수 생수보다 뚜껑의 길이가 짧다. 그 만큼 플라스틱이 사용되는 양이 적어져서 환경을 보호하게 한다.
- Unilever는 2021년까지 인류의 건강에 나쁜 영향을 주는 설탕의 사용량을 줄이겠다고 ESG 보고서에 공시한 바 있다.

3.3. Partition(분할)

현재 상태를 어떤 기준으로 몇 개로 분할(partition)하느냐에 따라 새로운 것이 될 수 있음을 보여준다.

- 기존 분할을 새로운 분할 기준으로 변경하거나
- 분할되지 않은 것을 분할시키기

이 책에서는 기존 분할을 새로운 분할 기준으로 변경한 사례로 사용량에 따라 요금이 달라지는 분할기법을 가격정책에 반영하고 있는 전기 및 수도요금제, BTS 팬클럽 멤버십 가입비 등을 다룰 예정이다. 전기가스요금의 경우에는 사용량에 따라 요금을 받지 않고 사용시간, 사용계절 등으로 가격지불단위를 변경하는 등의 시간 분할을 사용하는 것으로 SED 프로그램을 진행할 예정이다.

3.4. Substitution(대체)

ESG 활동에 가장 많은 사례가 등장하는 곳이 바로 대체분야이다. 기존에 사용하던 재료나 구성요소를 새로운 것으로 대체함으로써 현재 시장기회를 갖게 되었고, 미래에도 대체를 통해 새로운 시장기회를 발견할 수 있음을 보여준다. 너무나 당영한 ESG 및 SDGs 사례이므로 여기에서는 자세히 다루지 않는다.

- 마셔도 되는 천연소재 식기세척제를 개발한 사례
- 육류를 대체한 대체육을 사용한 햄버거

3.5. 알레아토릭(Aleatorik, 격자놀이)

알레아토릭(Aleatorik)이란 예술에서 창작의 전부 또는 일부를 우연에 맡기는 방법을 말한다. 알레아토릭에서 '알레아'는 라틴어로 '주사위'라는 뜻이다. 가령, 미리 많은 악보나 소재를 나열해 놓았다가 주사위를 던져서 주사위가 가르치는 순서의 악보나 소재 순으로 전체를 완성해 나가는 일종의 놀이나 암호를 일컬어서 알레아토릭이라 한다(진중권 2005).

알레아토릭은 여러 형태이다. 알레아토릭을 이용하여 창작이 이루어지는 과정과 결과물을 보면, [표 2-1]과 같이 세 가지 성격으로 나눌 수 있다. 첫째는 사전적 의미의 알레아토릭으로 사전에 정해 놓은 것들에 무작위 순서를 부여함으로써 우연에 의해 창작을 하는 경우이고, 둘째는 창작과정에 우연성을 가미하여 사후적으로 나온 산출물을 창작물로 여기는 것이고, 셋째는 관계없는 것들끼리 격자놀이를 통해 관계있는 것으로 묶어주는 행위이다.

예를 들어 '라면' 만들기 TV프로그램의 출전자들이 선보인 라면을 보자. 모두 의도적 격자놀이를 통한 알레아토릭을 시도하고 있다.

표 2-1 라면과 알레아토릭으로 강제결합된 다양한 새로운 라면

	알레아토릭 소재	새로운 라면이름 (격자놀이의 산출물)
식물성 소재	우엉 도토리묵 녹차 오채	우엉라면 다이어트 웰빙라면 전기밥솥 녹차라면 오채라면
동물성 소재	닭 순대 돈까스	꼬꼬면 순대뚝배기라면 상하이 돈까스 볶음면
해산물 소재	게장 해산물 장어	양념게장라면 해산물 볶음라면 장어라면

이 책에서 다루고 있는 SED 프로그램에서는 헌 제품과 새 제품을 묶어주는 보상판매 등을 다룰 예정이다. 이를 통해 재활용을 통한 환경부문에 공헌하는 ESG 활동을 구체적으로 설계하게 된다.

3.6. Ambigram(거꾸로 하기)

'글자를 뒤에서부터 거꾸로 읽는 게 아니라, 아예 위와 아래를 뒤집어놓고 읽을 수 있는 단어나 문장을 만드는 것', '글자나 그림을 180도 돌려보아도 위아래가 같은 모습으로 읽혀지는 것' 이것을 앰비그램(ambigram)이라 한다. 즉, 기존의 것을 거꾸로 하는 것이다.

진중권(2005)은 이를 글자나 그림의 위 아래를 뒤집어 놓고 보는 일종의 물구나무 세우기라고 정의하고 있다. 몇 가지 사례를 들어보자.

[다빈치 코드]의 저자 댄 브라운의 소설 중에 [천사와 악마]라는 것이 있다. 이 소설에서는 살해당하는 시신마다 정교한 '앰비그램'이 낙인 찍혀 있다. 작가인 댄 브라운이 만든 것은 아니고, 디자이너인 존 랭던이라는 사람이 댄 브라운의 부탁을 받고 소설 [천사와 악마]를 위해 만든 것이다. 댄 브라운이 이 디자이너의 이름을 따서 소설 속의 주인공인 로버트 랭던의 이름을 지었다는 설도 있다. [그림 2-14]는 이 소설의 첫 희생자의 몸에 새겨져 있던 '일루미나티'라는 문구의 앰비그램이다. 참고로 air라는 단어의 앰비그램도 첨부하였다. 바로 읽거나 거꾸로 읽거나 동일한 글자가 된다.

그림 2-14 앰비그램의 디자인 사례(일루미나티, air)

[illuminati] [air]

이 책에서는 SED 프로그램에서 사회적 약자를 위해 선불정책을 가진 회사가 후불정책으로 가격지불시점을 반대로 한 사례를 준비했다. 그 반대로 후불제 정책을 가진 전기회사가 선불제 바우처 제도를 도입한 사례도 준비했다.

3.7. Grouping(묶어주기)

기존의 것을 몇 개의 묶음으로 새롭게 구성하는 과정이 묶어주기(grouping)기법이다. 이 grouping을 이용하여 제품이나 서비스를 판매하는 '거래단위'의 변화를 시도할 수 있고, 이런 변화는 서비스 개선 및 비즈니스모델을 창출하는 힘이 됨을 보여준다.

이 책에서는 기존 ESG 활동에서 발견되는 다양한 보상판매를 통해 사회적 기업으로 거듭날 기회를 가진 핸드폰 판매회사 사례를 준비했다.

3.8. Repetition(반복)

이 책에서 SED 프로그램을 위해 준비한 마지막 아이디어 원천기법은 기존의 것이 일정한 시간을 두고 다시 나타나거나 동일한 것이 몇 번 동시에 나타나는 반복(repetition)이다. 이런 현상을 이용하여 다른 회사나 다른 산업에서 멋지게 설계한 ESG 활동을 모방하여 우리 회사의 것으로 만들어 보는 시도를 할 수 있다. 아래는 환경이나 사회측면에서 ESG 활동을 설계하거나 설계하지 않는 몇 개의 사례를 보여준다.

- 자원 재활용을 보상판매기법으로 실천한 기업을 모방하지 않는 답답한 사례
- 몇 세기 동안 회귀하는 복고패션으로 자원낭비가 줄어드는 현상
- 팬클럽 (브랜드시민)의 압력으로 스트리밍 서비스를 줄이는 노력으로 레코드나 CD 발매를 증가시키고 있는 BTS가 속한 회사인 HYBE
- 럭비 옷에서 착안하여 자원낭비가 최소화된 제품을 설계하는 파타고니아

3.9. 정리

이 책에서 독자는 미학의 주제였던 형태－색상－콘텐츠가 아름다움의 재료가 되어서 9가지 다양한 미학창작기법에 의해 가공되어 새로운 아름다움으로 피어남을 목격하게 될 것이다. 또한 이런 아름다움 창작기법이 경영활동에 새로운 활력을 주는 멋진 ESG 상품·조직·비즈니스 개발도구가 됨을 확인할 수 있게 된다.

창의적 생각을 갑자기 많이 만들어 낼 수 있는 천재는 몇 명 되지 않는다. 이 책은 평범한 사람을 대상으로 한 책이다. 참고로 [그림 2－15]은 이 책에서 다루어진 미학창작기법의 원천을 소개하고 있다. 이 책은 독자들의 흥미를 불러일으키기 위해 기원 전부터 21세기까지 미술 음악 건축, 문학, 패션, 영화 등에 나타난 다양한 예술창작기법을 채용하였다.

그림 2-15 이 책에서 다루어진 창작기법(생각기술)의 예술분야별 원천

분야	15세기 이전	15~17세기	18~19세기	20세기 이후
미술	• 서예의 stripping과 dressing • 붓의 aleatorik	• 다빈치의 grouping • 미술에서의 종의 합성	• 한국문인화의 stripping • 인상파의 stripping	• 몬드리안의 분할 • 최소영의 물감 대체 청바지 • 피카소의 aleatorik
음악		• 화성 대위법	• 모짜르트의 aleatorik • 오페라의 종의 합성	• Jazz의 stripping • 클래식의 dressing • 오페라의 aleatorik • 실용음악의 repetition
건축	• 고딕양식 dressing • 알람브라의 repetition	• 르네상스양식의 stripping	• 한국 원림설계의 anagram	• 아돌프로스의 stripping • 주방설계를 위한 stripping
문학	• 동양의 회문놀이			• 현대소설의 분절 • 한국소설의 anagram
패션 (복식)	• 이집트복식의 dressing	• 한국복식의 stripping	• 구두의 dressing과 stripping • 중국복식의 dimensional thinking	• 서양복식의 anagram • 복고풍의 repetition
영화				• 비선형플롯 anagram decoupage

참고문헌

곽영식 · 홍재원 · 이윤경 (2021), 마케팅가격전술, 서울: 피앤씨미디어.

곽영식 (2016), 창업을 위해 미학에서 배우는 신상품개발, 서울: 피앤씨미디어.

김위찬 · 그레 마보안 (2005), 블루오션전략, 서울: 교보문고.

김호종 (2007), 실용트리즈의 창의성과학, 서울: 두양사.

김효준 (2009), 창의성의 또 다른 이름 트리즈, 서울: 인피니티북스.

니카이 다카요시 (2008), 잠자기 전 5분, 서울: 전나무숲, 윤혜림 옮김.

박강 · 김병재 · 장혁수 · 김영욱 · 박용원 (2005), 공학문제해결의 길라잡이: 창의공학, 서울: 인터비젼.

알트슐러, 겐리흐 (2005), 그러자 갑자기 발명가가 나타났다. 서울: 인터비젼. 박성균 옮김.

윤석철 (1991), 프린시피아 메네지멘타, 서울: 경문사.

Abell, D.F. (1980), Defining the Business: The Starting Point of Strategic Planning, NJ:Prentice Hall.

Schmitt, B. and Brown, L. (2001), Build your own garage: Blueprints and tools to unleash your company's hidden creativity. NY: Free Press.

Simon, H. (2015), Confessions of the Pricing Man, Copernicus Books.

PART 2

SED 프로그램을 이용한 ESG 활동개발과 공시

이제 본격적으로 ESG 활동을 새롭게 설계해 보자. 각 chapter에서 다루고 있는 마케팅가격전술과 신상품개발기법을 소개하면 다음과 같다.

Chapter3에서는 양적(quantitative) 분석에 의한 가격수준의사결정과 신상품개발기법 중 '모방 및 반복'과 stripping기법이 어우러진 '반값치킨 사례'를 제시하면서 참여자가 '대형마트의 마케터'나 '식품회사의 마케터'로서 ESG 활동을 설계하는 것을 돕는 SED 프로그램을 소개한다.

Chapter4에서는 질적(qualitative) 분석에 의한 가격수준 의사결정과 신상품 개발기법 중 dressing과 ambigram기법이 어우러진 'Brewdog PINK PIA'사례를 제시하면서 참여자가 '대기업의 마케터'로서 사회적으로 선량한 상품을 ESG 활동의 일환으로 개발하는 SED 프로그램을 소개한다.

Chapter5에서는 마케팅가격수준 의사결정 중 질적인 가격수준책정과 신상품개발 기법 중 '분할(partition)'을 결합하여 ESG 활동을 설계하는 과정을 보여준다. 2012년 런던 올림픽 조직위원회가 선보인 'Pay-Your-Age Pricing Plan'를 소개한다. Chapter4에서는 공정하고 질적인 가격수준이 단일하게 고객에게 제시되었다면 Chapter5에서는 지불가능하고 접근가능한 여러 개의 가격수준이 고객에게 제시되는 과정을 SED 프로그램을 통해 선보이게 된다. 이를 통해 가능한 많은 사람들이 상품을 즐길 수 있도록 배려하는 회사의 노력을 소개한다.

Chapter6에서는 마케팅가격수준 의사결정 중 가격체계 의사결정과 신상품개발 기법 중 'dressing'. 'stripping' 또는 '분할(partition)'을 결합하여 ESG 활동을 설계하는 과정을 보여준다. 2012년 런던 올림픽 조직위원회가 선보인 'Pay-Your-Age Pricing Plan을 HYBE가 팬클럽가입비에 적용하는 모습을 소개한다. BTS멤버쉽은 현재 2개의 가격플랜이다. 이를 다수로 확대하여 판매량과 이익을 증가시킬 수 있는 기회를 제공한다. 동시에 고객들에게 기존 멤버쉽 가격정책보다 공정한 가격체계를 제공한다.

Chapter7에서는 마케팅가격 의사결정 중 가격지불시점의사결정과 신상품개발 기법 중 'ambigram'을 결합하여 ESG 활동을 설계하는 과정을 보여준다. 아파트 분양시장은 선분양 후시공의 선불제를 사용한다. 이를 후불제로 변경할 수 있는지를 검토한다. 대학교 등록금도 선불제이다. 이를 후불제로 바꿀 수 있을까? 이런 과정을 통해 이 장에서는 고객에게 사회적으로 바람직한 가격지불시점이 제시되는 과정을 SED 프로그램을 통해 선보이게 된다.

Chapter8은 Chapter7에 이어서 마케팅가격 의사결정 중 가격지불시점 의사결정과 신상품개발 기법 중 'ambigram'을 결합하여 ESG 활동을 설계하는 과정을 보여준다. 기존에 후불제를 시행하는 전기 가스 산업자가 선불할 인제를 도입하는 것을 검토할 예정이다. 이를 통해 에너지 자원을 절약하는 ESG 부문 중 환경(Enviornmental)부문의 활동을 SED 프로그램을 통해 선보이게 된다.

Chapter9는 마케팅가격 의사결정 중 가격지불시점 의사결정과 신상품개발 기법 중 'ambigram'에 의한 가격지불주체의 변경을 결합하여 ESG 활동을 설계하는 과정을 보여준다. 이 chapter는 공공요금에 초점을 맞추고 있다. 기존에 후불제를 시행하는 전기 가스 산업자가 선불할인제도를 도입한 에너지 바우처제도를 소개한다. 이 제도는 가격을 지불하는 주체가 상품을 구매하는 수요자에 머무는 것이 아니라 상품을 공급하는 판매자에 까지 확대한 제도이다. 이렇게 공급자와 수요자가 고통을 분담하여 사회적 약자를 위한 바람직한 가격지불제도를 만드는 과정을 SED 프로그램을 통해 선보이게 된다. 이를 통해 사회안정망을 확보하는 ESG 부문 중 사회(social) 부문의 활동을 설계하는 과정을 보여준다.

Chapter10은 마케팅가격 의사결정 중 가격지불단위 의사결정과 신상품개발 기법 중 '대체(substitution)' 개념을 결합하여 ESG 활동을 설계하는 과정을 보여준다. 기존 커피 프랜차이즈 산업에서 사용하는 '크기'라는 가격지불단위를 '무게 또는 양'으로 대체하여 새롭게 제시함으로써 ESG 부문 중 환경(Enviornmental) 부문의 활동을 SED 프로그램을 통해 보여주고 있다.

Chapter11은 Chapter10과 동일하게 마케팅가격 의사결정 중 가격지불단위 의사결정과 신상품개발 기법 중 '대체(substitution)' 개념을 결합하여 ESG 활동을 설계하는 과정을 보여준다. 기존 비행운수업에서 사용하던 '연령'기준의 가격지불단위를 대체하여 '무게'기준을 사용하는 사모아항공사례를 제시함으로써 ESG 부문 중 환경(Enviornmental) 부문과 사회적(social) 영역 활동개발 사례를 보여주고 있다.

Chapter12는 마케팅가격 의사결정 중 가격지불단위 의사결정과 신상품개발 기법 중 '알레아토릭(aleatorik, combination, 결합하기)'과 '묶어주기(grouping)' 개념을 도입하여 ESG 활동을 설계하는 과정을 보여준다. 기존에 사용하던 가격지불단위에 보상판매를 추가하여 새롭게 제시함으로써 ESG 부문 중 환경(Enviornmental)부문 활동개발 사례를 SED 프로그램을 통해 보여주고 있다.

Chapter 3

반값치킨의 양적(quantitative)접근의 가격수준 의사결정으로 ESG 활동 설계하기

그림 3-1 이 chapter의 강의개발 교안

Key 교육목표	마케팅 가격의사결정 중 가격수준(price level) 변경 타산업이나 동종산업의 가격수준 변경전술을 '모방'하여 ESG 활동 개발하기			
	주제 및 원리 소개	What to Say	How to Present	What Do I got to Do
서비스 level	• 마케팅의 가격수준 의사결정 원리를 소개 • 모방하기	• 기존 상품의 새로운 가격수준	• 가격반응함수에서 새로운 가격이 새로운 판매량과 이익을 제공	• 정기적인 가격반응 함수 도출 및 이익계산
기대효과	가격반응함수에 대한 이해 모방에 대한 효과 이해	새로운 가격이 오히려 판매량, 이익을 증가시킬 수 있음을 인식	가격반응함수. 가격수준-판매량-이익 비교표	가격수준의 정기적인 점검 필요성 제고
Key words	가격반응함수 (price response function) 모방	새로운 가격수준 (new price level)		가격의 일시적 최적성, 가격의 동태적(dynamic) 성격

이 장은 마케팅가격 의사결정 중 가격수준 의사결정과 신상품개발 기법 중 '반복 및 모방(repetition)'과 빼기(stripping)을 도입하여 ESG 활동을 설계하는 과정을 보여준다. 기존에 사용하던 가격수준과 다른 가격수준을 제공하기만 해도 ESG 부문 중 사회(social) 부문 활동개발이 가능함을 보여준다.

그림 3-2 이 chapter에서 다루는 ESG 활동개발 기법의 가격전술 내 포지셔닝

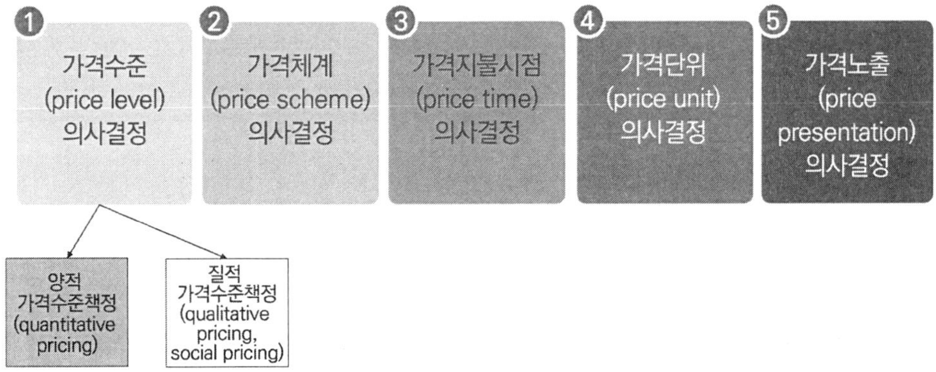

1. SED 프로그램 진행 전 준비

1.1. 참가자 구성

이 chapter는 유통 기업을 위해 작성되었다. 대형마트나 백화점 등의 유통기업이나 식품회사, 가전 전문점 등에서 사용할 수 있는 ESG 활동 개발과정으로 소개하고 있다.

ESG 전담부서를 비롯하여 전국에서 근무하는 과장급 이상의 실무진를 모아서 SED 프로그램을 진행하는 것이 좋겠다는 저자들의 합의가 있었다. 물론 3명에서 5명으로 홀수로 팀이 구성되어 있어야 하고 3팀 이상의 팀이 구성되어 있기를 권고한다. 사기업이 이 SED 프로그램을 진행하므로 전문 facilitator를 고용하는 것을 권고한다.

1.2. SED의 목표를 명확하게 하기 (5분 소요)

진행자인 facilitator는 참가자들에게 SED 프로그램의 정의를 설명한다. SED의 이름은 Scan－Explore－Develop의 약자임을 전달한다. 현상이나 상황을 훑어보고(scan), 누구를 대상으로 무엇을 어떻게 제공할 지를 초점을 맞추어 공백을 찾아내고(explore the white space), 구체적인 해결책을 개발(develop)하는 과정을 거치게 된다고 설명한다. 그리고, facilitator는 SED 프로그램의 목표를 명확하게 아래 박스와 같이 전달한다.

참가자는 facilitator의 지시에 따라 SED 프로그램을 진행하면서 현재 상품의 가격수준(price level)을 변경함으로써 개별기업 ESG 평가항목(company-specific ESG criteria) 개발하는 일련의 절차와 방법을 습득하게 된다. 이를 통해 ESG 활동에 적합한 새로운 상품에 새로운 가격수준을 도입하면서, 동시에 이익을 증가시키는 기회를 찾을 수 있음을 공유한다.

1.3. 산출물(output)을 명확히 하기 (10분 소요)

SED 프로그램을 진행하는 facilitator는 수강자나 참여자들 사이에 SED 프로그램이 진행되기 전에 산출물이 어떻게 나와야 하는 지를 공유(consensus)하여야 한다. facilitator는 이번 개별기업 ESG 평가 항목개발을 위한 SED 프로그램의 산출물은 크게 세 부분으로 이루어져 있다는 것을 정확히 전달해야 한다. 이번 프로그램의 산출물은 크게 세 가지이다.

- What to Say : ESG 보고서에 무엇을 담을 것인가? ESG 평가항목의 개발
- How to Present : ESG 활동의 결과를 어떻게 시각적으로 전달할 것인가?
- What Do I got to Do : 위의 ESG 활동을 어떻게 미래에 개선해 나갈 것인가?

그림 3-3 SED 프로그램으로 개별기업 ESG 평가항목 개발 후 산출물 이미지 예시

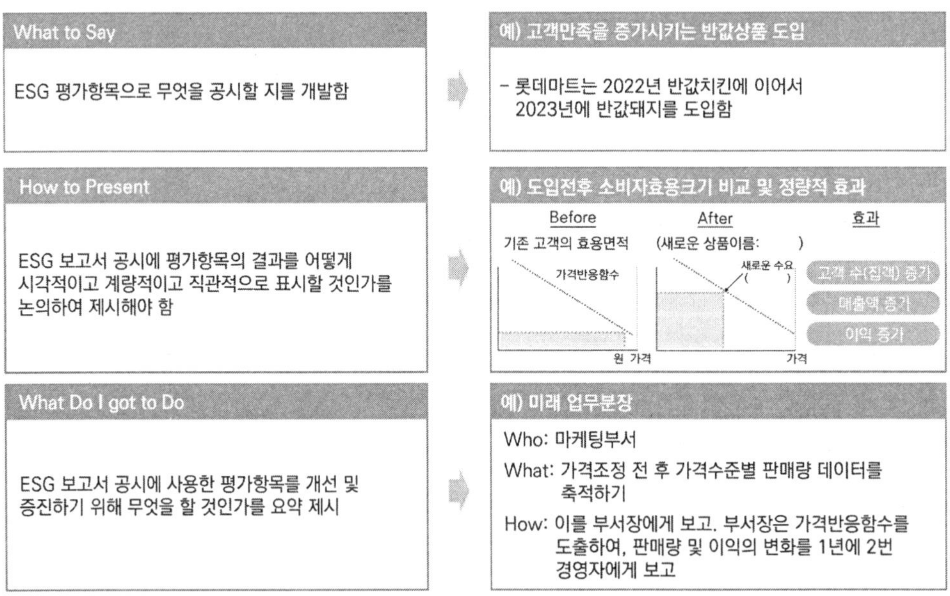

1.4. SED 프로그램의 구성과 절차

facilitator는 개별기업 ESG 평가항목 개발을 위한 SED 프로그램 구성과 절차를 참여자와 공유해야 한다. [그림 3-4 참조].

그림 3-4 개별기업 ESG 평가항목 개발을 위한 SED 구성

1단계: SCAN	2단계: EXPLORE	3단계: DEVELOP
1.1. 특정 ESG 주제와 원리 소개 1.2. 주제별 기존 사례 소개 1.3. 가상적 기업상황 또는 factbook 소개 1.4. Grouping-consensus-searching information	2.1. Who, What, How 측면에서 미래 기회를 발견하고 수집하며 서로의 의견을 구체화 2.2. 단일안으로 정리 2.3. What to Say: activity identity 또는 조작적 정의 2.4. How to Present(시각화 작업)	3.1. 조별 Who-What-How 결과를 발표 3.2. Brutal Evaluation 3.3. 투표와 시상 3.4. What Do I got to Do 3.5. 평가항목과 조작적 정의, 시각화표현에 대한 decoration

2. SED Program의 1단계 SCAN

2.1. 특정 ESG 주제와 원리 소개하기 (3시간 소요)

이번 SED의 주제는 가격수준 의사결정(price level decision making)을 통해 ESG 활동을 개발하는 것이다. 먼저 이 주제의 정의와 필요한 개념들을 나열하여 참여자에게 제시한다.

- 가격수준 의사결정
- 가격반응함수(price response function)
- 모방 반복

2.1.1. 가격수준 의사결정

이 가격수준 의사결정은 상품의 가격을 높게 매길까 낮게 매길까에 관련된 것이다. 기존제품의 가격조정(price adjustment)을 수행 할 때는 가격수준마다 몇 명의 고객이 우리 상품을 구매할 지를 측정하는 것에 바탕을 두어야 한다. [그림 3-5]를 보면 가격대별로 예상 판매량이 존재한다. 가격대 곱하기 예상 판매량을 하면 판매액인 예상 매출액이 도출된다. 예상 매출액에서 해당 판매량을 생산하기 위해 투입되는 직접비를 차감하면 이익이 도출된다. 이것을 요약한 표가 [그림 3-5]이다. 이 표에서 마케터는 판매량이 최대로 되는 가격수준, 매출액이 최대로 되는 가격수준, 이익이 최대로 되는 가격수준을 발견할 수 있다.

그림 3-5 가격반응함수에 의한 판매량, 판매액, 이익 최대가격수준결정

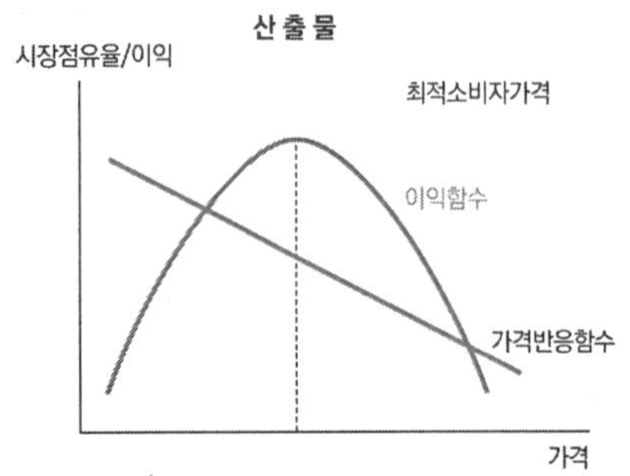

가격(원)	예상판매량	판매액	비용	이익
2,500	17.1	42,754	22,232	20,522
3,000	20.2	60,731	26,317	34,414
3,500	22.1	77,485	28,780	48,705
4,000	22.8	91,390	29,702	61,688
4,500	22.6	101,511	29,326	72,186
5,000	21.5	107,540	27,960	79,579
5,500	19.9	109,645	25,916	83,729
6,000	18.1	108,311	23,467	84,844
6,500	16	104,189	20,838	83,351
7,000	14	97,983	18,197	79,786
7,500	12	90,367	15,664	74,704
8,000	10.2	81,941	13,315	68,626
8,500	8.6	73,200	11,195	62,005

← 판매량 최대가격 (4,000)
← 매출액 최대가격 (5,500)
← 이익 최대가격 (6,000)

2.1.2. 가격반응함수 (2시간 소요: curve expert 실습 제공)

가격반응함수(price response function)란 가격대별 상품의 판매량을 예측하여 수식으로 표시한 것이다. 즉, [그림 3-5]의 첫째줄인 가격과 둘째줄인 판매량의 관계를 수식으로 표시한 것이다. 가격대별 상품의 판매량을 측정하는 방법은 크게 네 가지로 분류할 수 있다.

첫째, 전문가들에게 묻는 방법
둘째, 가격실험을 하는 방법
셋째, 과거의 판매데이터를 이용하는 방법
넷째, 고객에게 묻는 방법이다

하지만 SED 프로그램 진행상 '과거의 판매데이터를 이용하여 가격반응함수'를 도출하는 과정 만을 설명한다. 과거의 데이터를 이용하는 방법은 회사에서 축적해 놓은 과거의 판매 데이터를 이용하여 가격을 책정하는 것으로써, 시기별로 가격변화와 판매량변화를 추적하여, 매출이나 이익이 가장 큰 가격대를 찾는 방법이다. 따라서 이 방법은, 과거 데이터가 없는 신제품에는 사용될 수가 없고 이미 판매되고 있는 제품에만 적용될 수 있다. 특히, 이 방법은 일정한 기간 동안 꾸준히 팔린 제품에 적당하며 그 기간 동안 가격변경을 최소한 2번 이상을 단행했을 때에만 분석이 가능하다.

[그림 3-6]의 왼편은 어느 의류브랜드의 주별 판매데이터이다. x축을 가격으로 하고 y축을 판매량으로 하여 이 판매데이터를 그림으로 표시하면 [그림 3-6]의 오른편이다. 이 점들을 가장 잘 설명하는 함수꼴을 찾아달라고 curve expert에 의뢰분석했더니 오른편과 같은 실선이 도출되었다. 실선이 가격반응함수이다.

그림 3-6 어느 의류브랜드의 주별 판매데이터를 이용한 가격반응함수 도출

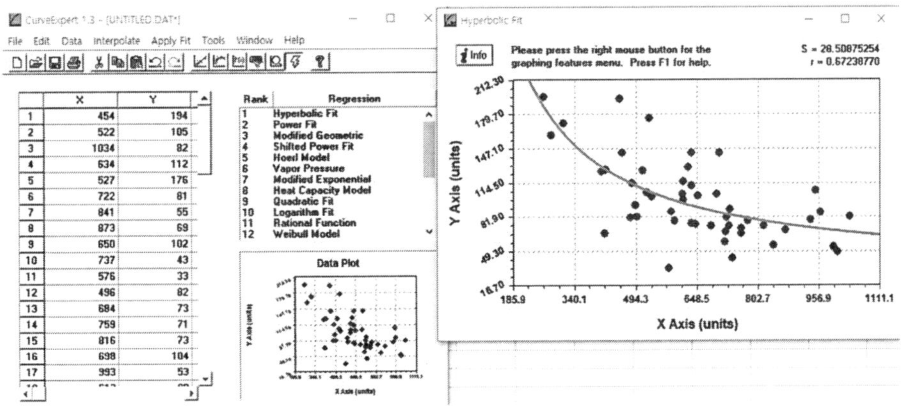

그 결과 가격의 변화에 따른 판매량의 변화를 추정하여 가격할인 및 세일 시의 가격 인하 폭과 판매량의 변화를 사전에 예측할 수 있었다. 논의를 쉽게 하기 위해 [그림 3-6]의 Hyperbolic fit이 아닌 선형함수로 가격과 판매량의 관계를 설명하는 식을 도출한 결과를 보면 아래와 같이 도출되었다.

판매량 y = 179.0114 - 0.125235 x 가격

위의 결과를 토대로 가격대별 판매량 및 판매액, 이익을 도출해 보면, 이 상표는 700원일 때 가격 많은 판매액을 기대할 수 있고, 800원일 때 이익이 극대화된다.

표 3-1 어느 의류브랜드의 가격반응함수에 의한 판매량, 판매액, 이익 산출사례

가격	판매량	판매액	비용	이익
150	160	24,034	24,034	-
200	154	30,793	23,095	7,698
250	148	36,926	22,155	14,770
300	141	42,432	21,216	21,216
350	135	47,313	20,277	27,036
400	129	51,567	19,338	32,229
450	123	55,195	18,398	36,797
500	116	58,197	17,459	40,738
550	110	60,573	16,520	44,053
600	104	62,322	15,581	46,742
650	98	63,446	14,641	48,804

700	91	63,943	13,702	50,241
750	85	63,814	12,763	51,051
800	79	63,059	11,823	51,235
850	73	61,677	10,884	50,793
900	66	59,670	9,945	49,725
950	60	57,036	9,006	48,030
1,000	54	53,776	8,066	45,710
1,050	48	49,890	7,127	42,763

실제 SED 프로그램 진행 시에는 참가자들이 위의 표를 스스로 도출할 수 있도록 facilitator가 curve expert와 excel로 훈련을 제공한다. 참가자들은 가격수준(가격대)별 이익의 변화를 추적할 수 있음을 알게 된다.

2.1.3. 모방과 반복(repetition)

반복(repetition)이란 기존의 것이 일정한 시간을 두고 다시 나타나거나 동일한 것이 몇 번 동시에 나타나는 것을 말한다. 모방이란 반복의 한 형태로써 타자의 것과 비슷하거나 동일한 것을 생산하는 것을 말한다. 많은 문화는 반복 모방을 한다.

- 1602~3년 카라바조가 그린 [십자가에서 내린 그리스도]라는 작품과 1614년 루벤스가 그린 [그리스도의 매장], 폴 세잔이 1900년에 그린 [십자가에서 내린 그리스도]의 스케치를 인터넷에서 검색해 보라. 카라바조의 구도를 루벤스와 세잔이 모방하고 있다.
- 1333년 마르티니와 매미가 그린 [수태고지]라는 그림을 검색해 보라. 그 그림에서 왼편에 있는 가브리엘 천사의 망토에 있는 패턴이 1920년 버버리(Burberry)의 노바 체크 무늬로 반복 모방되었다.

기업과 국가활동에서도 반복과 모방은 활발하다. 한국의 대통령 선거의 공약으로 제시되었던 반값 등록금은 사기업 상품에서 많이 모방되었다. 근본적으로 정상가격에서 가격수준을 낮추어 할인(stripping, 빼기)한 것이다.

- 반값 등록금－반값 치킨－반값 피자－반값 돼지－쿠팡 반값 소고기－반값 택배

실제 SED 프로그램 진행 시에는 참가자들이 사회적으로 바람직안 ESG 활동을 반복 모방할 것인지에 대한 의사결정을 하게 된다. 이전에 배운 가격수준변화에 따른 이익변화를 curve expert와 excel로 점검하는 시간을 갖게 된다.

2.2. 가격수준의사결정이 ESG 주제가 될 수 있는 실제 사례 (1시간 소요)

해당 주제에 대한 기존 개별기업의 사례가 facilitator에 의해 설명되는 시간이다. 아래 사례를 보면 2022년 여름에 한국에서 큰 이슈가 되었던 대형마트 간의 반값치킨 경쟁사례가 나열되고 있다. facilitator는 아래 사례 이외에 다른 사례가 있는지를 참가자가 인터넷에서 검색할 수 있도록 유도한다.

- 롯데마트는 2022년에 한통치킨(반값치킨)을
- 이마트 트레이더스는 두 마리 치킨을
- 홈플러스는 당당치킨을 출시함

facilitator는 참가자들에게 기업이 치킨의 가격을 반값으로 할인했을 때 마케터가 가격인하 실행 이전에 점검해야 하는 이슈를 나열하여 설명한다.

그림 3-7 가격수준 의사결정인 반값(half price)이 화두였던 대형마트의 치킨판매 경쟁

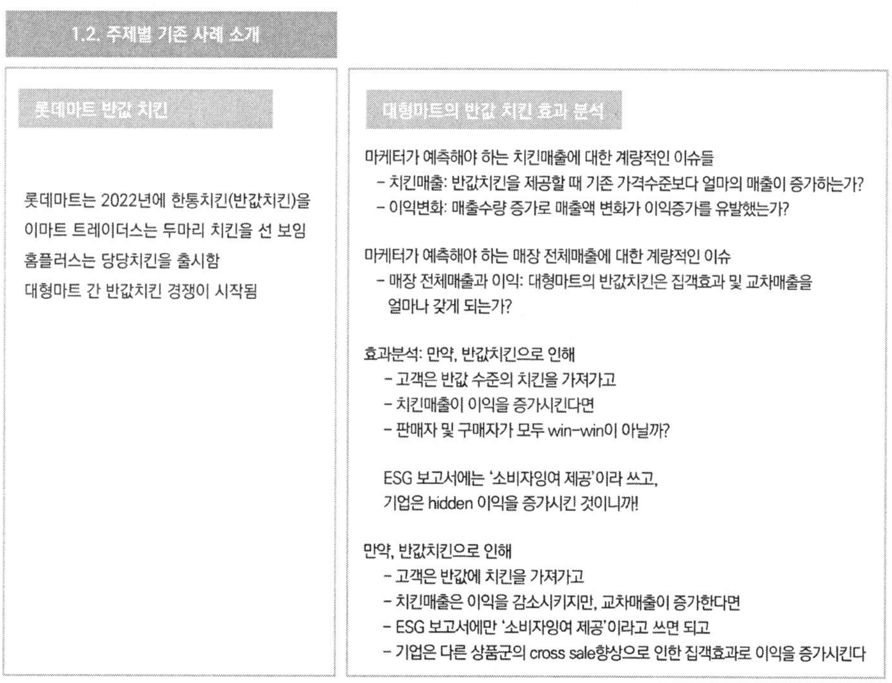

- 마케터가예측해야 하는 치킨매출에 대한 계량적인 이슈들
- 치킨매출: 반값치킨을 제공할 때 기존 가격수준보다 얼마의 매출이 증가하는가?
- 이익변화: 매출수량 증가로 매출액 변화가 이익증가를 유발했는가?

- 마케터가 예측해야 하는 매장전체매출에 대한 계량적인 이슈
- 매장전체매출과 이익: 대형마트의 반값치킨은 집객효과 및 교차매출을 얼마나 생산하는가?

- 효과분석: 만약, 반값치킨으로 인해
- 고객은 반값수준의 치킨을 가져가고
- 치킨매출이 이익을 증가시킨다면
- 판매자 및 구매자가 모두 win－win이 아닐까?
- 더불어 증가된 생산량으로 인해 고용을 증가시킨다면 사회적 고용효과라고 쓰면 되지 않을까?

그러면 ESG 보고서에는 '소비자잉여 제공' 및 '고용증대'라 쓰고, 기업은 hidden 이익을 증가시켜서 매우 만족스러운 것이다

- 하지만, 반값치킨으로 인해
- 고객은 반값에 치킨을 가져가고
- 치킨매출은 이익을 감소시키지만, 교차매출이 증가한다면
- ESG 보고서에만 '소비자잉여 제공' 및 '고용증대'라고 쓰면 되고
- 기업은 다른 상품군의 cross sale향상으로 인한 집객효과로 이익을 증가시켰으니 만족스런 결과이다.

이제 이런 반값치킨이 양적인 분석에 의해 얼마의 효과를 갖고 왔는지를 facilitator가 가격반응함수를 도출하여 제시해 준다. 신문에서 검색되는 어느 대형마트의 판매실적 데이터를 통해 '반값치킨' 가격으로 판매량, 매출액, 이익의 변화를 추적해 보자. 인터넷 검색결과, 어느 대형마트가 17,000원 치킨을 전국매장에서 하루에 4,000마리 판매하고 있었는데, 9,000원으로 가격을 인하하자 10,000마리로 판매가 증가했다면, 가격반응함수는 다음과 같다.

그림 3-8 어느 대형마트의 판매데이터로 가격반응함수 도출하기

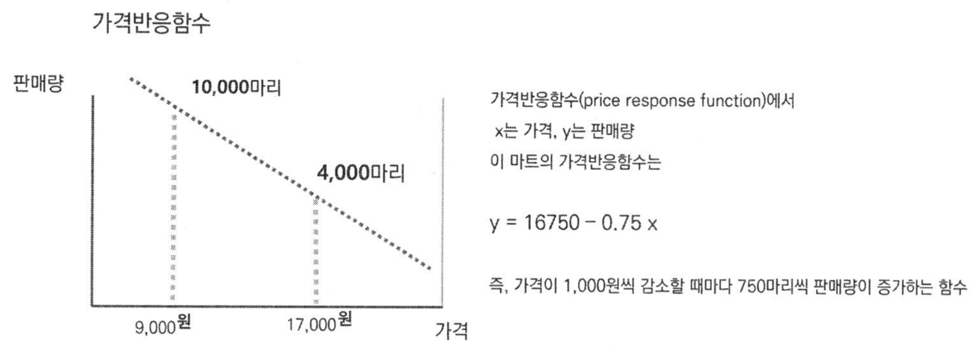

이 대형마트의 가격반응함수(price response function)를 이용하여 17,000원부터 5,000원 사이에 가격수준별 하루의 예상판매량, 매출액, 비용, 이익을 계산하면 아래와 같다! 이때 단위당 비용은 닭 한 마리를 2,000원으로 계산하였다. 그 결과, 가격반응함수에 의한 양적분석에 의하면 해당 대형마트는 반값치킨 출시를 통해, 매출액과 이익이 모두 증가하였음을 알 수 있다 [표 3-2 참조]. 기존 17,000원일 때의 매출액 68백만원에 비해 반값치킨 9,000원의 매출액은 90백만원으로 증가하였고, 이익도 6천만원에서 7천만원으로 증가하였다.

근본적으로 반값치킨제공을 통해 고객들에게 낮은 가격수준의 상품을 제공(social)하였고, 부수적으로 1) 사입하는 닭 수량의 증가를 통해 농가에 수입을 증가시키고(social), 2) 반값치킨 판매를 위해 전국 매장에서 수십명의 임시직 사원을 고용할 수 있었다(social). 따라서 아주 성공적인 돈도 버는 ESG 활동을 반값치킨을 통해 실행한 것이다.

표 3-2 어느 대형마트의 판매데이터로 가격대별 판매량, 매출액, 이익 계산

가격(원)	예상판매량	매출액	비용	이익	
17,000	4,000	68,000,000	8,000,000	60,000,000	← 과거 판매가격(가격수준)
16,000	4,500	72,000,000	9,000,000	63,000,000	
15,000	5,000	75,000,000	10,000,000	65,000,000	
14,000	5,500	77,000,000	11,000,000	66,000,000	
13,000	6,000	78,000,000	12,000,000	66,000,000	
12,000	7,000	84,000,000	14,000,000	70,000,000	
11,000	8,000	88,000,000	16,000,000	72,000,000	
10,000	9,000	90,000,000	18,000,000	72,000,000	← 이익 최대가격
9,000	10,000	90,000,000	20,000,000	70,000,000	← 현재 판매가격
8,000	11,000	88,000,000	22,000,000	66,000,000	매출액 최대가격
7,000	12,000	84,000,000	24,000,000	60,000,000	
6,000	13,000	78,000,000	26,000,000	52,000,000	
5,000	14,000	70,000,000	28,000,000	42,000,000	← 판매량 최대가격

그림 3-9 어느 대형마트의 반값치킨의 양적효과와 ESG 활동효과

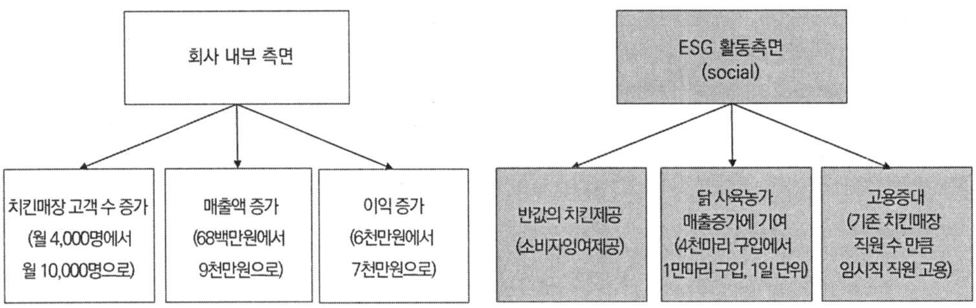

2.3. ESG 평가항목 개발대상의 팩트북 제시 및 과제부여 (30분 소요)

위와 같이 반값치킨 제공 프로젝트가 성공하자 식품유통업계에서 반값치킨의 유행을 업태측면과 제품 카테고리측면에서 반복 및 모방하였다.

- 대형마트에서는 다른 품목으로 반값 가격할인을 확대했다.
- 대형마트 뿐만 아니라 편의점과 같은 다른 업태에서도 반값 상품이 등장했다.
- 일반 식당이나 e-commerce상에서도 반값 돼지, 반값 소고기(쿠팡) 등이 광고로 노출되고 있다.

그림 3-10 대형마트의 반값열품과 다른 업태의 반값상품 등장

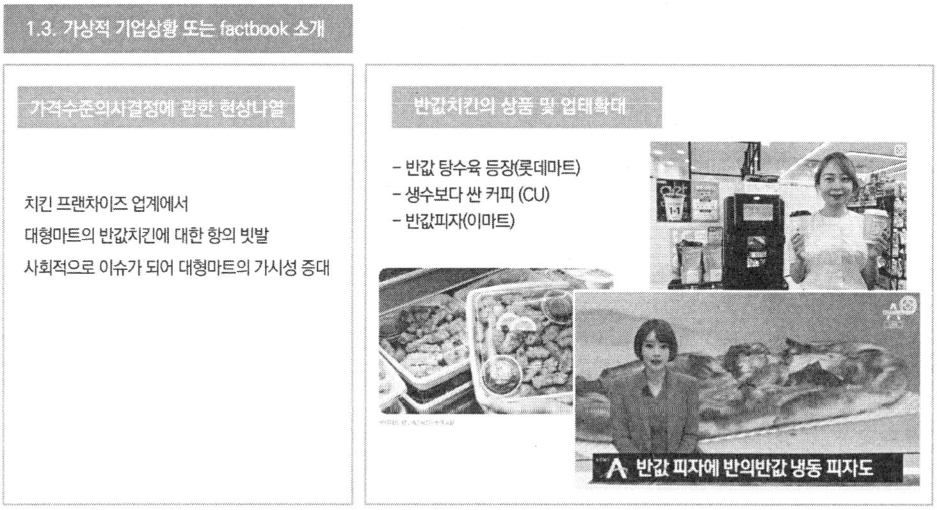

이제 facilitator는 참가자들에게 가상적인 상황과 과제를 부여하게 된다. 대형유통업체의 경영자들은 새로운 품목으로 반값열풍을 확산시키라고 담당자들에게 지시하게 된다. 이 때 회사의 이익도 증가하면서 동시에 고객만족 종업원만족 협력사만족을 일으켜서 ESG 보고서 공시에 활용하라고 지시하게 된다. 참가자는 이 과제를 해결하여 품의도 하여야 한다.

그림 3-11 참가자에게 부여하는 과제

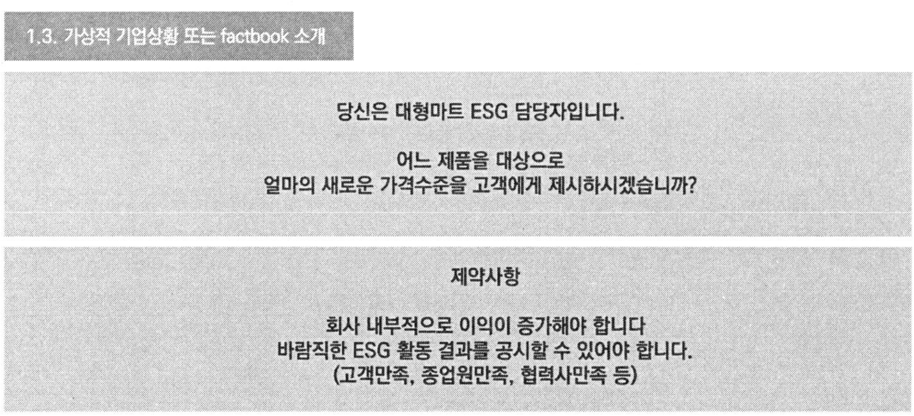

위의 지시사항을 보면 치킨 이외의 다른 제품 카테고리로 대상을 반복하고 반값이라는 현상을 모방하라는 지시이다. 다시 말하자면 지난 대통령 선거기간 동안 '반값등록금'이라고 등장한 '반값'이라는 익숙한 단어가 치킨에 반영되어 가격수준을 낮추는 stripping으로 적용되었던 것이다.

2.4. Grouping-consensus-searching information (2시간 소요)

이제 facilitator는 참가자 스스로 3명 또는 5명으로 팀을 만들게 유도한다. 홀수로 구성원의 수가 이루어져야 하고 홀수의 팀이 구성되어야 한다. 팀이 구성된 후에 팀원들은 서로를 소개하고, 팀별로 '문제에 직면한 회사 상황인 팩트북'을 소리내지 않고 읽는 시간을 부여한다. 마지막으로 팀원끼리 평가항목개발 문제를 해결하기 위해 필요한 정보가 무엇인지를 탐색하게 하는 시간이 부여된다. 이 사례에서는 가격수준 의사결정이라는 주제를 갖고 있으므로 facilitator는 이 주제를 학습할 수 있는 참고서적이나 동영상을 제공할 수도 있다. 가령 곽영식·홍재원·이윤경(2021)의 마케팅가격전술 책의 가격반응함수도출에 관한 chapter를 제공한다.

그리고 각 팀원은 [그림 3-12]의 빈칸에 자신이 생각한 반값품목의 기존 가격과 새로운 가격을 명시하고 그렇게 생각한 이유를 작성하여 정리한다.

그림 3-12 Scan의 마지막 단계로 가격수준 의사결정을 내려 정리하는 장표

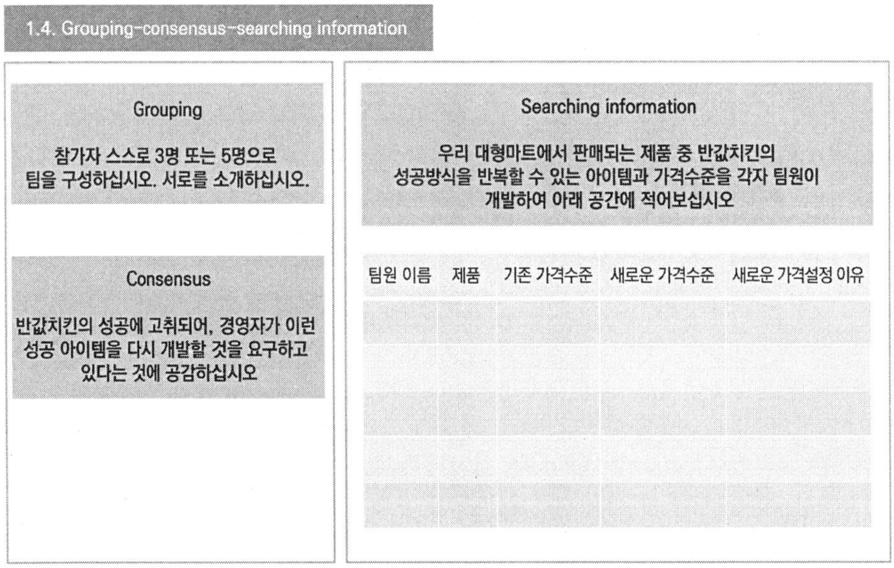

3. SED Program의 2단계 EXPLORE

EXPLORE 단계도 크게 4개의 과정으로 이루어져 있다. 첫 과정에서는 Who–What(why)–How 분석 틀을 교수자가 참가자에게 학습시킨다. ESG 평가항목을 개발했을 경우에 목표시장(Who)과 목표시장의 어느 욕구를 해결할 것인지를 발의하고(What(Why)), 기업이 어떻게 그 욕구를 해결하는 해결책을 마련했는지(How)를 팀 안에서 다양한 기회를 발견하고 수집하며 각자의 의견을 구체화하는 과정이다. 두 번째 과정은 팀 내 개인이 제시한 의견(Who–What–How안)을 단일안으로 정리하는 과정이다. 세 번째 과정은 ESG 보고서에 어떤 평가항목을 제시할 것인가를 단일안에서 추출하여 정체성을 밝히는 단계이다. 'What to Say' 결정과정 또는 activity identity정리과정이라고 말할 수 있다. 마지막 단계는 이 'What to Say' 항목을 시각화하는 작업으로 'How to Present' 과정이라고 정의한다. 이런 과정을 참가자들에게 facilitator가 설명하여 준다.

3.1. Who-What(why)-How 분석 틀 (2시간 소요)

3.1.1. Who-What(why)-How 분석

EXPLORE 단계의 첫 과정은 Who–Why–How 분석 틀을 facilitator가 팀원에게 학습시키는 과정이다. Who(상품을 구매하는 사람을 記述(목표시장)), What 또는 Why(목표시장의 고객이 상표를 구매하는 이유, 욕구, 가치), How(그 욕구를 만족시키기 위해 기업이 제공하는 상품 또는 技術)를 그림으로 그리거나 표에 작성하도록 안내하는 과정이다. 아래 사례는 표로 정리한 경우이다.

[그림 3–13]은 중국의 어느 식품기업에서 새로운 껌을 개발하기 위해 실시한 Who–What–How 분석의 결과를 보여준다. 각기 다른 목표시장을 위해 제공하는 상품을 정리하고 그 마케팅 방법을 정리하여 보여주고 있다.

이 SED 프로그램에 참가자들이 반값으로 만들 상품을 누구(Who)를 목표시장으로 하고, 왜 그들이 반값 상품을 구매하는 지 이유를 나열하고(What or Why), 그래서 우리가 제공하는 반값상품을 어떻게 전달해야겠다고 구체화한다(How). 참가자들은 상품의 스펙이나 홍보 및 광고활동 등을 적게 된다.

그림 3-13 개인이 개발한 3가지 껌 대안 (Who-What-How 분석 틀)

Be Divisible for Share

		Option 1	Option 2	Option 3
What	맛	체리+민트	신선한 과일	커피
	모양	하트	원형	Stick
	크기	1.6g	1.6g	1.25g*2
	포장	두 개의 구멍으로 두 알씩	소형 종이 갑 (4알 포장) 낱개포장	소형 포장 두 개를 합쳐 큰 포장으로
	용량	55g*2	1.6g*4알	2.5g
Who		10-15세	16-30세	31-40세
How	유통채널	학교 매점 + 편의점	오락 장소 / 술집	술, 담배 or 식품 전문 매장
	선전	학교 내 매체	온라인 광고	담배 갑 뒷면 / 지하철 광고
	판촉	학교 내 판촉	기념일, 명절 이용 프로모션	교환 구매

3.1.2. 'Explore White Space' 설명하기 (15분)

진행자인 facilitator는 팀원들에게 공백(white space)의 개념을 설명한다 (15분). 공백이란 아직 시장참여자가 진입하지 않은 공간을 말한다. 이 공간을 찾아내는 작업을 'explore white space!'라고 부른다. 이 공간을 찾아내면 새로운 ESG 활동의 상품을 안착시킬 공간을 확보하는 셈이다. facilitator는 참가자인 팀원들에게 'white space'라는 공간창출을 지속적으로 요구한다.

3.1.3. 팀원 각자가 기업상황에 걸맞는 Who-What-How 분석

이제 진행자는 참가자에게 2.3. ESG 평가항목 개발대상의 상황에 대한 factbook을 상기시킨다. 참가자들은 ESG 평가항목 개발을 Who−What−How 분석을 통해 실시하게 된다. 팀원 각자가 x, y, z축에 무엇이 들어가고 새로운 상품(ESG 활동)이 어떻게 포지셔닝해야 하는 지를 작성하게 된다. 즉, 주어진 회사상황 과제에서 white space를 탐색(explore)하는 시간을 부여하게 된다. (1시간 30분 소요)

이 white space를 Who−What−How 분석 틀에 넣고, 이것을 시각적으로 3차원에 삽입한다. [그림 3−14 참조]. x축에는 목표시장에서 공백으로 삼을 수 있는 대상을 찾아 넣는다(Who). y축에는 아직 기존 상품이 공략하지 않는 목표시장의 새로운 욕구나 기존 욕구를 표시한다(What or Why). z축에는 공백의 목표시장을 만족시키기 위한 새로운 ESG 활동 또는 상품을 표시한다.

그림 3-14 White space를 각 팀원이 그린 사례

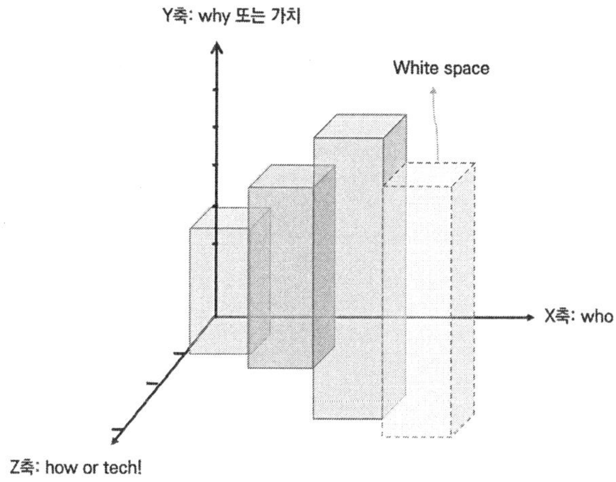

3.2. 팀 내 단일 Who-What-How안을 결정하기 (1시간 소요)

두 번째 과정은 팀 내 개인이 제시한 의견(Who－What－How안)을 팀의 단일안으로 정리하는 과정이다. 팀 내 개인이 개발한 기존 대안(option) 중 하나를 선택하던지 또는 개발된 기존 대안의 각 구성요소를 조합하여 새로운 대안을 개발하여 단일안으로 정리하도록 유도하게 된다.

그림 3-15 팀의 단일안을 white space로 표시한 사례

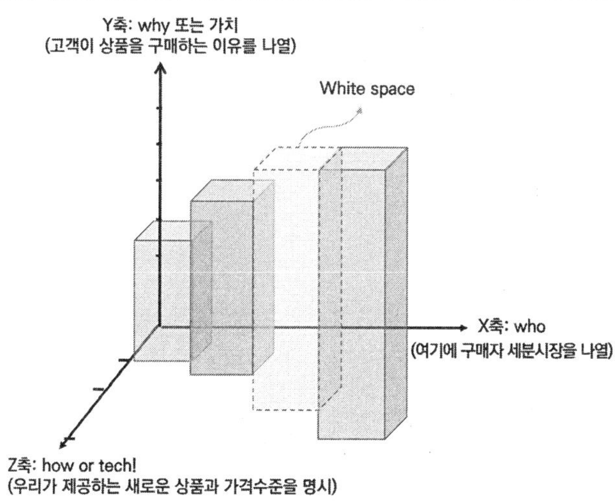

3.3. What to Say(activity identity)를 정하는 단계 (30분 소요)

세 번째 과정은 ESG 보고서에 이전에 도출된 단일안을 기초로 상품의 정체성(identity)을 밝히는 단계이다. 고객과의 소통을 원활히 할 수 있는 좋은 이름을 짓는 것이다. ESG 평가기관이 모든 기업의 활동을 자세히 살피고 있다고 장담할 수 없기 때문에, 평가자가 짧은 시간에 직관적으로 읽고 이해할 수 있는 이름을 짓는 것이 중요하다.

그림 3-16 팀의 단일안에 대한 ESG 활동의 이름과 정체성 정리하기

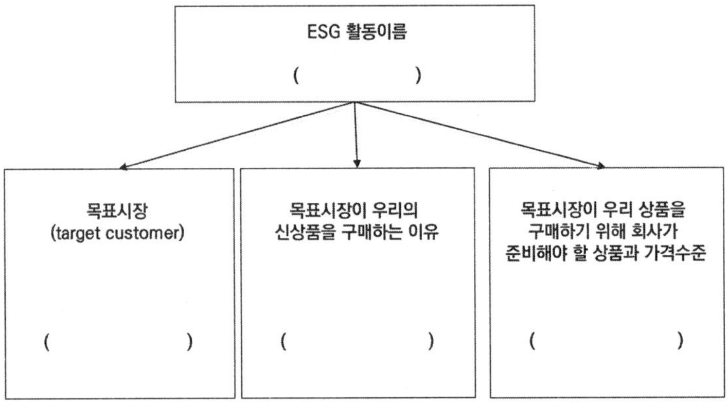

3.4. How to Present과정 (1시간 30분 소요)

마지막단계는 앞의 'What to Say' 항목을 시각화하는 작업으로 'How to Present' 과정이라고 정의한다.

그림 3-17 How to Present의 산출물 이미지 예시

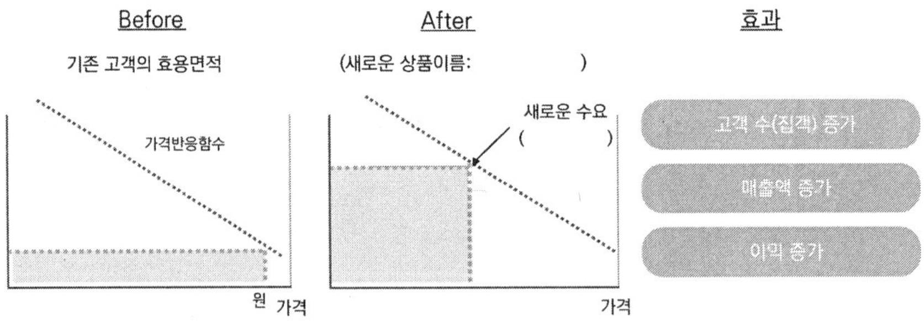

이 chapter을 시작하면서 우리는 가격반응함수에 대한 많은 학습시간을 투자한 바 있다. 참가자가 [그림 3-17]과 같이 시각적으로 가격반응함수를 이용하여 계량적인 효과를 표현해 보기를 바란다. facilitator는 반드시 양적인 가격반응함수를 도출할 것을 요구하고, 그 효과를 숫자로 표시할 수 있도록 도와주어야 한다. 이 때 사용되는 비용 등은 이해타당한 근거가 있어야 한다.

그림 3-18 How to Present의 산출물 이미지를 위해 도출한 가격반응함수와 가격대별 판매량과 이익변화 추적 사례

도입 전후 소비자 효용크기 비교 및 정량적 효과

가격(원)	예상판매량	매출액	비용	이익	
17,000	4,000	68,000,000	8,000,000	60,000,000	← 과거 판매가격(가격수준)
16,000	4,500	72,000,000	9,000,000	63,000,000	
15,000	5,000	75,000,000	10,000,000	65,000,000	
14,000	5,500	77,000,000	11,000,000	66,000,000	
13,000	6,000	78,000,000	12,000,000	66,000,000	
12,000	7,000	84,000,000	14,000,000	70,000,000	
11,000	8,000	88,000,000	16,000,000	72,000,000	
10,000	9,000	90,000,000	18,000,000	72,000,000	← 이익 최대가격
9,000	10,000	90,000,000	20,000,000	70,000,000	← 반값치킨 현재 판매가격
8,000	11,000	88,000,000	22,000,000	66,000,000	매출액 최대가격
7,000	12,000	84,000,000	24,000,000	60,000,000	
6,000	13,000	78,000,000	26,000,000	52,000,000	
5,000	14,000	70,000,000	28,000,000	42,000,000	← 판매량 최대가격

[그림 3-17]는 새로운 상품의 새로운 가격 전후로 증가하는 구매자효용(소비자효용 또는 구매효용)과 매출액과 이익의 변화를 가격반응함수를 기반으로 보여주고 있다. 이 [그림 3-17]가 ESG 보고서에 포함되는 최종형태가 된다. 이 SED 프로그램 참가자는 [그림 3-18]과 같은 가격반응함수를 반드시 도출해야 한다.

4. SED Program의 3단계 DEVELOP

DEVELOP 단계도 크게 5개의 과정으로 이루어져 있다. 첫 번째 과정에서는 팀별로 Who-What(why)-How 분석 결과를 발표하는 단계이다. 두 번째 과정은 개별팀 발표에 대해 다른 팀에서 질의응답을 실시하는 Brutal evaluation이 실행된다. 세 번째 과정은 팀별 발표안에 대해 제일 실행가능하고 효과적 효율적인 안에 투표를 실시한다. 여기에서 가장 좋은 평가를 받은 팀에 대한 시상이 진행된다. 네 번째 과정은 선정된 ESG 평가항목

을 기업이 미래에 통제하고 관리하기 위한 업무분장을 토론하는 시간(What Do I got to Do)이다. 마지막 단계는 우승한 팀이 자신의 ESG 평가항목(What to Say)과 시각화 결과(How to Present)를 더욱 가다듬는 시간이다.

4.1. 팀별 'Who-What-How 안' 발표 (발표 10분씩 x 팀 수)

첫 번째 과정에서는 팀별로 자신들이 정리한 Who－What(why)－How 분석 결과를 발표하는 단계이다. 발표 중 질의응답은 실시하지 않는다. 이번 SED 프로그램의 발표안에 들어갈 내용은 아래와 같을 것이다.

－ Key message : 과제에 근거하여 어느 상품을 반값으로 공급하겠다!
－ Who : 이 새로운 상품의 목표시장은 누구이다.
－ What or Why : 이 새로운 상품은 목표시장의 무슨 욕구를 만족시키거나 무슨 가치를 제공할 것이다.
－ How : 이 목표를 만족시키기 위해 반값상품을 어떻게 제공하겠다.

4.2. Brutal evaluation과정 (질의응답 5분 x 팀 수)

두 번째 과정은 개별팀 발표에 대해 다른 팀에서 질의를 하고 질문을 받은 팀에서 팀장이 응답을 실행된다. 비판적인 질문을 하지 않고, 궁금한 것만을 질문하도록 facilitator가 사전에 통제한다. 마지막으로 facilitator가 전체발표자의 결과물에 대한 총평을 실시한다.

4.3. 투표 및 시상 (소요 30분)

세 번째 과정은 개별팀 발표에 대해 모든 참가자(facilitator 포함)가 가장 좋은 결과물에 대해 1인 1표의 투표를 실시한다. 최다득표를 얻은 결과물에 대해 시상을 실시한다.

4.4. What Do I got to Do (30분 소요)

DEVELOP 단계의 네 번째 과정은 전체 구성원을 대상으로 앞으로 우리 회사가 이 평가항목을 유지 및 발전시키기 위해서 해야 할 일을 정리하는 것이다(What Do I got to Do). 주로 업무분장을 실시하게 된다. 어느 부서의 어느 직급 레벨에서(Who), 무엇을(What), 어떻게 관리하고, 보고하고, 의사결정해야 하는 지(How)를 정리하게 된다. ESG 전략부서에서 정리된 아래 사항을 실행부서에 공문으로 시행하게 한다. facilitator는 모든 참가자들을 모아 놓고 [그림 3－19]를 함께 채워가는 시간을 갖게 된다.

[그림 3-18]과 같이 지속적으로 가격대별 판매량의 변화를 추적하는 이유는 시간이 지남에 따라 고객의 가격반응이 변화하기 때문이다. 동일한 가격수준에서 고객이 구매할 수 있는 판매량이 시시각각 변화하기 때문이다. 이를 가격의 동태적 성격(dynamic pricing)이라 부른다.

그림 3-19 DEVELOP 단계 중 'What Do I got to Do' 단계 사례

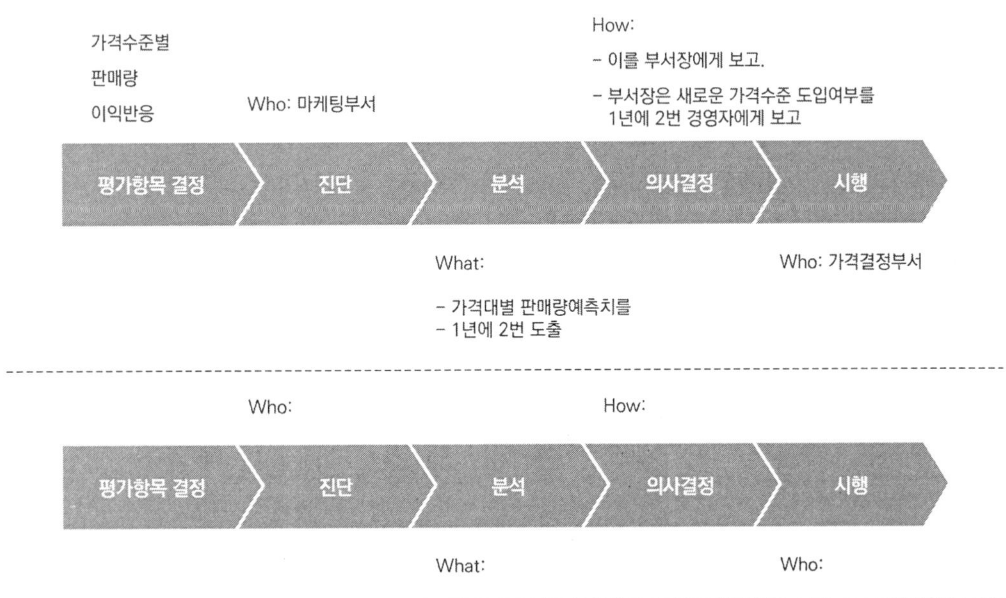

4.5. Decoration 또는 visual improvement (별도 24시간부여)

다섯 번째 과정은 담당자가 최종선택안을 ESG 보고서에 담기 위해 결과물을 decoration 하는 과정이다. 평가항목의 정확한 identity, 조작적 정의, 시각적 표현을 decoration하여, 공시보고서에 직접 사용할 수 있는 상태로 정리하는 단계이다. 주로 우승팀이 이를 담당하게 된다. facilitator는 별도로 1일의 시간을 우승팀에게 부여하여 우승으로 당선된 산출물을 향상시킬 수 있는 시간을 부여한다. 이상으로 SED 프로그램을 마치게 된다.

4.4와 4.5의 순서를 바꾸어 실행해도 된다. 참가자들에게 최종 ESG 활동보고서 산출물을 공유하고 나서, 미래에 무엇을 할 지를 고민하게 해도 된다.

그림 3-20 가상적인 회사의 가격수준의사결정으로 ESG 보고서에 넣기로 한 최종산출물 이미지

What to Say

평가항목 Identity

조작적 정의

평가항목 identity: 반값 전기장판

조작적 정의: 차상위계층만을 대상으로 (Who)
그들의 따뜻한 겨울 난방을 위해 (What)
반값 전기료가 나오지만, 가격은 기존 장판의 절반인 전기장판을 제공 (How)

How to Present

시각적 표현

도입 전후 소비자 효용크기 비교 및 정량적 효과

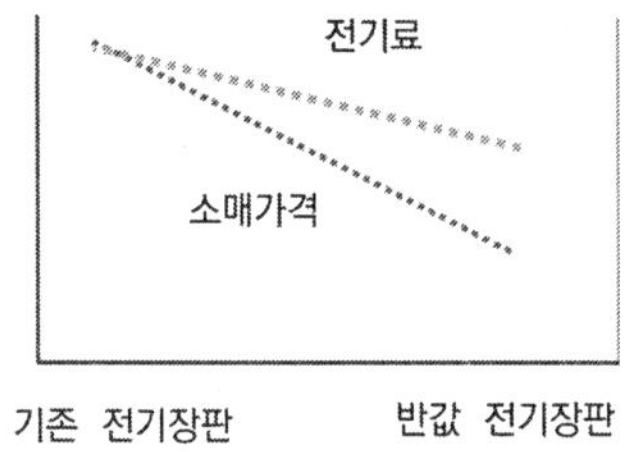

그림 3-21 ESG 최종보고서에 넣을만한 이미지 1

What to Say

평가항목 Identity

조작적 정의

평가항목 identity: (   )

조작적 정의:

결과물:

How to Present

시각적 표현

도입 전후 소비자 효용크기 비교 및 정량적 효과

그림 3-22 ESG 최종보고서에 넣을만한 이미지 2

How to Present

시각적 표현

도입 전후 소비자 효용크기 비교 및 정량적 효과

가격 (원)	예상판매량	매출액	비용	이익	
					← 과거 판매가격 (가격수준)
					← 이익최대가격
					← 현재 판매가격 매출액 최대가격
					← 판매량최대가격

5. 마무리

저자는 이 chapter에서 단순한 가격수준 변경만으로도 ESG 활동을 설계할 수 있다는 사실을 부각하려고 했다. 기업에서 ESG 보고서를 작성할 때 ESG 활동개발을 어렵게 생각하기보다는 쉬울 수도 있는 일이라고 즐겁고 행복하게 접근해 보자.

참고문헌

곽영식 · 홍재원 · 이윤경 (2021), 마케팅가격전술, 서울: 피앤씨미디어.

헤르만 지몬, 유필화 (2022), 이익이란 무엇인가, 서울: 쌤앤파커스.

Chapter 4

BREWDOG 맥주의 질적(qualitative) 접근의 가격수준 의사결정으로 ESG 활동 설계하기

그림 4-1 이 chapter의 강의개발 교안

Key 교육목표	마케팅 가격의사결정 중 가격수준(price level) 변경 SDGs와 ESG관련 이슈를 바탕으로 질적인 가격수준 변경을 시도			
	주제 및 원리 소개	What to Say	How to Present	What Do I got to Do
서비스 level	• 가격수준의사결정에서 양적인 측정 이외 질적인 접근	• 사회적 가치를 담은 기존 상품의 새로운 가격수준	• 선한 가치를 시각화	• 정기적인 SDGs의 사회적 이슈 탐색
기대효과	질적인 가격수준 의사결정의 활용 인식	선한 가격을 제시할 수 있는 능력 제고	직관적으로 선한 가격을 시각화하는 능력을 배양	사회적 가격수준의 정기적인 점검 필요성 제고
Key words	SDGs, Marketing activism	사회적 가격 (social pricing)		주기적 사회적 가격책정

Chapter4에서는 질적(qualitative) 분석에 의한 가격수준 의사결정과 신상품 개발기법 중 dressing과 ambigram기법이 어우러진 'Brewdog PINK PIA'사례를 서술하고 있다. 양성평등을 이슈로 가격수준 변경을 시도하여 사회적으로 선량한 상품을 ESG 활동의 일환으로 개발하는 모습을 담고 있다. 이 SED 프로그램 참가자는 이익을 가격반응함수로 찾는 양적인 가격수준 의사결정에서 벗어나서 사회적 가격수준을 제공하는 ESG 부문 중 사회(social)부문 활동개발의 가능성을 배우게 된다.

그림 4-2 가격의사결정 중 이 chpater에서 다루는 ESG 활동 개발기법의 포지셔닝

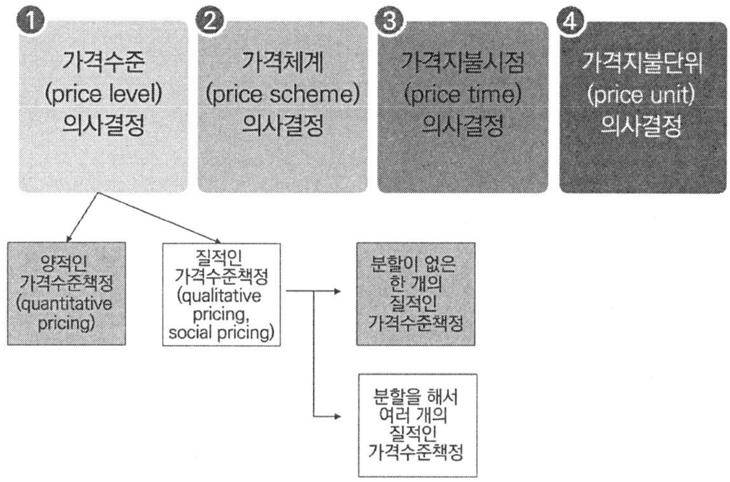

1. SED 프로그램 진행 전 준비

1.1. 참가자 구성

이 chapter는 우리 회사가 판매하는 상품이 성별구별없이 구매되는 모든 산업을 대상으로 준비되었다. ESG 전담부서를 비롯하여 과장급 이상의 실무진를 모아서 SED 프로그램을 진행하는 것을 권고한다. 3명에서 5명으로 홀수로 팀이 구성되어 있어야 하고 3팀 이상의 팀이 구성되어 있기를 제안한다. 이 SED는 전문 facilitator를 고용하는 것을 추천한다.

1.2. SED의 목표를 명확하게 하기 (5분 소요)

facilitator는 참가자들에게 SED 프로그램의 정의를 설명한다. SED의 이름은 Scan－Explore－Develop에서 가져왔음을 전달한다. 현상이나 상황을 훑어보고(scan), 누구를 대상으로 무엇을 어떻게 제공할 지를 초점을 맞추어 공백을 찾아내고(explore the white space), 구체적인 해결책을 개발(develop)하는 과정을 거치게 된다고 설명한다. 그리고 아래와 같은 목표가 프로그램에 있음을 환기시킨다.

참가자들은 facilitator의 지시에 따라 SED 프로그램을 진행하면서 현재 상품을 구매하는 고객의 성별을 구분하거나 그 반대로 성별구별을 없앰으로써 사회적으로 바람직한 개별기업 ESG 평가항목(company-specific ESG criteria) 개발할 수 있음을 배우게 된다. 또한 SED 프로그램 진행의 절차와 방법에 익숙해 진다.

1.3. 산출물(output)을 명확히 하기 (10분 소요)

SED program을 진행하는 강의자는 수강자나 참여자들 사이에 SED 프로그램이 진행되기 전에 산출물이 어떻게 나와야 하는 지를 공유(consensus)하여야 한다. facilitator는 이번 개별기업 ESG 평가항목개발을 위한 SED 프로그램의 산출물은 크게 세 부분으로 이루어져 있다는 것을 정확히 전달한다.

- What to Say : ESG 보고서에 무엇을 담을 것인가? ESG 평가항목의 정확하고 신선한 개발
- How to Present : ESG 활동의 결과를 어떻게 시각적으로 전달할 것인가?
- What Do I got to Do : 위의 ESG 활동을 어떻게 미래에 개선해 나갈 것인가?

그림 4-3 SED 프로그램으로 개별기업 ESG 평가항목개발 후 산출물 이미지 예시

What to say ESG 평가항목으로 무엇을 공시할 지를 개발함	**예) 성평등을 고취시키는 가격을 가진 맥주** - BrewDog은 OECD국가의 여성이 동일직급에서 남성의 80%의 임금을 받는데 착안하여, PINK IPA를 세계여성의 날에 출시하며 기존 가격의 80% 수준에서 가격책정
How to present ESG 보고서 공시에 평가항목의 결과를 어떻게 시각적이고 계량적이고 직관적으로 표시할 것인가를 논의하여 제시해야 함	**예) 성평등지수를 감안한 여성용 맥주 가격** 비싼 여성용 맥주  남녀평등 맥주가격 
What do I got to do ESG 보고서 공시에 사용한 평가항목를 개선 및 증진하기 위해 무엇을 할 것인가를 요약 제시	**예) 미래 업무분장** Who: 마케팅부서 What: 사회적 이슈를 1년에 2번 수집하기 How: 이를 부서장에게 보고. 부서장은 ESG 활동이 가능한 사회적 이슈를 1년에 2번 경영자에게 보고

1.4. SED 프로그램의 구성과 절차

facilitator는 개별기업 ESG 평가항목 개발을 위한 SED 프로그램 구성과 절차를 참여자와 공유해야 한다. [그림 4-4 참조].

그림 4-4 개별기업 ESG 평가항목 개발을 위한 SED 구성

1단계: SCAN	2단계: EXPLORE	3단계: DEVELOP
1.1. 특정 ESG 주제와 원리 소개 1.2. 주제별 기존 사례 소개 1.3. 가상적 기업상황 또는 factbook 소개 1.4. Grouping-consensus-searching information	2.1. Who, What, How 측면에서 미래 기회를 발견하고 수집하며 서로의 의견을 구체화 2.2. 단일안으로 정리 2.3. What to Say: activity identity 또는 조작적 정의 2.4. How to Present(시각화 작업)	3.1. 조별 Who-What-How 결과를 발표 3.2. Brutal Evaluation 3.3. 투표와 시상 3.4. What Do I got to Do 3.5. 평가항목과 조작적 정의, 시각화표현에 대한 decoration

2. SED Program의 1단계 SCAN

2.1. 특정 ESG 주제와 원리 소개하기

이번 SED의 주제는 양적인 분석에 의해 가격수준의사결정(price level decision making)을 진행하는 것이 아니라 질적인 판단에 의해 ESG 활동을 개발하는 것이다. 먼저 이 주제의 정의와 필요한 개념들을 나열하여 참여자에게 제시한다.

- 사회적 가격책정(social pricing)
- 질적인 가격수준(qualitative price level)
- SDGs(sustainable development goals)와 마케팅 액티비즘(marketing activism)

2.1.1. 사회적 가격책정

판매자가 구매 또는 소비하는 사람들에게 공정한 가격을 부과하는 가격정책. 또는 판매자가 구매자 간에 가격에 대한 공정성을 느끼게 하는 가격수준을 매기는 것을 사회적 가격책정이라 한다.

2.1.2. 질적인 가격수준(qualitative price level)

사회적 가치를 감안하되 양적인 분석을 감안하지 않은 가격수준을 말한다. 가격반응함수를 알아내면, 매출액 및 이익 극대화 가격수준을 현재 가격수준과 비교할 수 있다. 하

지만, 이렇게 도출된 가격수준은 고객이 지불하고자 하는 가격(willingness to pay)만을 고려한 것이다. 하지만, 고객에게 공정한 가격(fairness to pay)은 반영하지 않고 있다.

따라서 양적인 가격반응함수를 먼저 고려하지 않고 사회적 가치에 의해 가격을 매기는 것이 필요할 때가 있다. [그림 4-5 참조].

그림 4-5 질적인 가격수준을 반영하지 않는 양적인 가격수준 결정

가격(원)	예상판매량	매출액	비용	이익	
2,500	17.1	42,754	22,232	20,522	
3,000	20.2	60,731	26,317	34,414	
3,500	22.1	77,485	28,780	48,705	
4,000	22.8	91,390	29,702	61,688	← 판매량최대가격 (많은 고객)
4,500	22.6	101,511	29,326	72,186	
5,000	21.5	107,540	27,960	79,579	
5,500	19.9	109,645	25,916	83,729	← 매출액최대가격
6,000	18.1	108,311	23,467	84,844	← 이익최대가격
6,500	16.0	104,189	20,838	83,351	
7,000	14.0	97,983	18,197	79,786	(못 사는 사람이 존재하는 가격수준)
7,500	12.0	90,367	15,664	74,704	
8,000	10.2	81,941	13,315	68,626	
8,500	8.6	73,200	11,195	62,005	

2.1.3. SDGs(sustainable development goals)와 마케팅 액티비즘(marketing activism)

그렇다면 사회적 가치를 가졌다는 것은 무엇을 의미하는가? 이 프로그램은 마케팅 영역에서 가격전술 및 신상품개발과 관련지어 설명하고 있다. 따라서 근본적으로 사회적 가치를 중요시하는 기업의 마케팅 액티비즘(marketing activism)과 관련지어 설명할 수 있다.

마케팅 액티비즘(marketing activism)은 Sarkar and Kotler(2018)가 제시한 개념이다. 마케팅 액티비즘을 이해하기 위해서는 지속가능 발전목표(SDGs: Sustainable Development Goals)와 기업의 가치행동철학인 ESG(Environment, Social, and Governance), 브랜드 시민(brand citizen), 미닝아웃(meaning out)을 먼저 이해해야 한다.

(1) 지속가능 발전목표(SDGs: Sustainable Development Goals)

UN은 전지구적 보편적 문제를 해결하기 위해 전 세계 국가와 조직을 향해 인류가 지향해야 할 가치를 정리하여 제시해왔다. 2000년부터 2015년까지 시행되었던 새천년개발목표(Millinium Development Goals)가 종료되었고, 그에 이어 Sustainable Development Goals

(SDGs)는 2016년부터 2030년까지 새로 시행되는 유엔과 국제사회의 최대 공동목표로 제시되었다(김재필 2021). SDGs는 2030년까지 국가나 조직이 달성해야 할 17가지 주 목표와 169개 세부목표를 제시하고 있다. SDGs는 크게 세 부류로 구분되는데, 인류의 보편적 문제, 지구 환경문제, 경제사회문제가 그것이다.

표 4-1 SDGs의 17개 주요 목표

1. 모든 곳에서 모든 형태의 빈곤 종식
2. 기아 종식, 식량 안보와 영양 개선 달성 및 지속가능한 농업 진흥
3. 모든 연령층의 모든 사람을 위한 건강한 삶 보장 및 복지증진
4. 포용적이고 공평한 양질의 교육 보장 및 모두를 위한 평생학습 기회 증진
5. 양성평등 달성 및 모든 여성과 소녀의 권익 신장
6. 모두를 위한 물과 위생의 이용가능성 및 지속가능한 관리 보장
7. 모두를 위한 저렴하고 신뢰성 있으며 지속가능하고 현대적인 에너지에 대한 접근 보장
8. 모두를 위한 지속적이고 포용적이며 지속가능한 경제성장 및 완전하고 생산적인 고용과 양질의 일자리 증진
9. 회복력 있는 사회기반 구축, 포용적이고 지속가능 산업화증진 및 혁신촉진
10. 국가 내 및 국가 간 불평등 완화
11. 포용적이고 안전하며 회복력 있고 지속가능한 도시와 정주지 조성
12. 지속가능한 소비 및 생산 양식 보장
13. 기후변화와 그 영향을 방지하기 위한 긴급한 행동의 실시
14. 지속가능개발을 위한 대양, 바다 및 해양자원 보존 및 지속가능한 사용
15. 육상 생태계의 보호, 복원 및 지속가능한 이용 증진, 산림의 지속가능한 관리, 사막화 방지, 토지 황폐화 중지, 역전 및 생물다양성 손실 중지
16. 모든 수준에서 지속가능개발을 위한 평화롭고 포용적인 사회 증진, 모두에게 정의에 대한 접근 제공 및 효과적이고 책임 있으며 포용적인 제도 구축
17. 이행수단 강화 및 지속가능개발을 위한 글로벌 파트너십 활성화

SDGs의 가장 큰 특징은 영리조직과 비영리조직 모두가 보고서를 작성해야 한다는 점이다. 각 국가는 주목표와 세부목표를 연도별로 실천했는지를 UN에 보고하고, 조직(영리 및 비영리)은 SDGs 보고서를 공시함으로써 전 지구적 보편문제 해결에 국가와 조직이 얼마나 기여하고 있는지를 밝히고 있다. 특히 조직들은 이 보고에 기초하여 다양한 곳으로부터 평가를 받는다. 예를 들어 대학은 SDGs 보고서를 발간함으로써 세계대학평가에서 평가치를 부여받는다. 이 보고서가 없으면 세계대학평가에서 낮은 순위를 얻게 된다.

(2) ESG(Environment, Social, and Governance)

ESG는 'Environment', 'Social', 'Governance'의 머리글자를 딴 단어의 약자이다. 기업

활동에 친환경, 사회적 책임 경영, 지배구조 개선 등 투명 경영을 고려해야 지속 가능한 발전을 할 수 있다는 철학이 담겨져 있다. 즉, 기업의 성과를 측정함에 있어 기업의 재무적 성과 이외에 비재무적인 요소로 친환경(environment), 사회적 기여(social), 투명한 지배구조(governance) 등의 분야를 포함한다는 개념이다. 재무적인 요소에서 드러나지 않는 기업의 사회적 활동을 계량화해 기업의 지속 경영 가능성을 평가하기 위해 개발한 지표이며, 유엔 사회책임투자 원칙(UN PRI)에서 투자의사 결정 시 고려하도록 하는 핵심 평가 요소이다. 유럽과 미국, 한국 등 일부 선진국의 경우 거래소 상장 규정에 비재무적 정보 공시를 제도화하고 있다(Naver 2023).

각 기업은 ESG 보고서를 통해 다양한 평가기관의 평가를 받으며 이 평가결과에 따라 투자를 받을 수 있도록 제도가 마련되고 있다. 2021년부터 삼성전자, POSCO 등 9개 회사가 ESG 보고서를 공시하였으며, 2025년 까지 코스피 상장사 모두가 의무적으로 ESG 보고서를 공시하도록 되어 있다. 단지 상장사 뿐만 아니라 협력회사까지 ESG 경영을 하고 있는지를 평가하기 때문에 ESG는 많은 기업들의 초미의 관심사가 되었다. 이 책이 씌여지는 이유로 여기에 있다.

그렇다면 ESG와 SDGs는 어느 관계가 있는가? SDGs가 전 세계적 보편문제를 위한 국가와 모든 조직의 행동철학이라면, ESG는 그 적용단위가 낮아져서 기업을 단위로 기업경영철학으로 구체적으로 실천하기 위한 덕목으로 제시한 것이라고 정리할 수 있다. 특히 영리기업은 ESG 경영이 투자유치 및 계약 등에서 필수조건이 됨으로써 더욱 실천해야 할 경영행동 규범이 되었다.

(3) 미닝아웃(meaning out), 브랜드 시민(brand citizen)

미닝아웃(meaning out)이란 소비를 통해 자신의 가치관을 드러내는 행위를 말한다(Naver 2023). 이것은 구매자 또는 소비자가 가치관을 확립한 후 자신의 가치에 부합하는 제품 또는 서비스만을 소비하는 것을 말한다. 즉, 내재화된 가치관을 소비를 통해 외연으로 발산하는 형태이다.

하지만 미닝아웃에 해당하는 구매자나 소비자는 수요자로서 자기자신이라는 인격체 안에서만 활동한다는 한계를 가진다. 미닝아웃에서 벗어나 수요자는 기업을 대상으로 자신의 가치관에 적합한 제품이나 서비스를 제공할 것을 적극적으로 요구하는 형태로 발전하게 되는데 이런 행동을 하는 구매자나 소비자를 브랜드 시민(brand citizen)이라 한다. 즉, 브랜드의 선한 메시지를 구매의 기준으로 삼으며, 공공의 가치 추구에 대한 기업의 동참을 요구하는 새로운 소비자 유형이 브랜드 시민이다. 따라서 미닝아웃보다는 브랜드 시민이 더 포괄적이고 적극적인 소비자행동임을 알 수 있다.

- 2018년 BTS가 AKB48의 총괄프로듀서 아키모토 야스시와 협업곡을 만들고자 했을 때, BTS ARMY가 총공세하여 아키모토 야스시가 우익이자 여성혐오 논란이 있으므로 협업을 적극 반대한 사례
- 환경오염을 최소화시키기 위해 에코백을 들고 다니는 붐이 일어난 사례
- 폐기물을 줄이기 위해 마트에 시장바구니를 들고 다니는 소비자 사례
- BTS ARMY들이 스트리밍 서비스가 자원을 많이 사용하므로 그 대체적인 음원공급방식을 기획사와 유통사에 요청하는 사례

(4) 마케팅 액티비즘(Marketing activism)과 SDGs, ESG, 브랜드 시민

착한 기업의 상품을 소비하는 것에 그치지 않고(미닝아웃), 기업들에게 착한 기업이 되라며 브랜드시민의 요구한 것에 호응하는 기업의 행동양식을 마케팅 액티비즘이라 한다(Sarkar and Kotler 2018). 저자는 마케팅 액티비즘을 두 단계로 나눌 수 있다고 생각한다.

- Proactive marketing activism
- Reactive marketing activism

사전적 정의로 브랜드 시민이 착한 기업이 될 것을 기업에게 요구할 때 이를 단순하게 호응하는 단계가 낮은 단계의 반응적 마케팅 액티비즘(reactive marketing activism)이다. 더나가 적극적 마케팅 액티비즘(proactive marketing activism)은 브랜드 시민이 기업에게 요구하기 전에 착한 기업의 가치를 마케팅활동으로 실천하는 기업을 말한다. 적극적 마케팅 액티비즘이 실현되는 기업은 1) 기업이 외부사회에 좋은 영향력을 발휘하는 동시에 2) 기업 내부의 경영진과 직원이 마케팅행위에서 일관되게 좋은 가치를 따르는 것이라 판단된다.

마케팅 액티비즘은 UN의 지속가능목표(SDGs)을 기업단위가 아닌 기업 내 '마케팅'단위에서 구현하는 기업의 ESG 활동이라 해석할 수 있다. 결국, 마케팅 액티비즘은 지속가능 마케팅(sustainable marketing)과 지속가능 브랜드(sustainable brand)를 목표로 하게 된다. 이런 마케팅액티비즘의 행위주체단위는 주로 영리기업이 된다.

(5) 마케팅 액티비즘의 배경

위의 논의를 정리하면 마케팅 액티비즘은 SDGs라는 전 세계적 보편적 문제를 해결하기 위한 노력이 기업의 ESG 경영철학으로 녹아드는 과정 속에서 마케팅영역에만 국한되어 다루어지는 개념임을 알 수 있다. SDGs는 국가 및 조직(영리 및 비영리조직)을 대상으

로 한 것이고, ESG는 주로 영리기업을 대상으로 가치행동을 요구한 것이다. 반면에 마케팅 액티비즘은 기업의 ESG 활동 중 마케팅관리과정의 가치행동을 좁혀서 일컫는 개념이라고 말할 수 있다. 즉, 세계의 큰 보편적 문제해결에 기업 내 마케팅관리 영역이 참여하는 것이 마케팅 액티비즘이다.

(6) 마케팅 액티비즘, SDGs, ESG와 마케팅가격의사결정의 관계

따라서 마케팅 액티비즘을 실천하는 ESG 활동을 개발하는데 있어 SDGs의 17개 주제 안에서 가격의사결정의 원천을 찾을 수 있다.

그림 4-6 사회적 가격의사결정의 원천으로써의 SDGs

이 SED 프로그램 참가자는 [그림 4-6]의 17개 주제 중의 하나 또는 그 이상을 선택하여 ESG 활동을 설계함으로써 ESG 평가에 좋은 성과를 기대할 수 있다. 더나가 이 책에서 논의하고 있는 마케팅 가격의사결정도 SDGs와 연계되었을 때 단기적 이익도 취할 수 있게 될 것이다.

그림 4-7 SDGs, ESG, Marketing activism관계

목표	구분	내용
전지구적 국제사회 목표	지속가능발전 목표 SDGs(Sustainable Developments Goals)	국가나 조직(비영리, 영리조직)이 인류의 보편적 문제를 극복하기 위한 목표정립 및 실천활동
조직경영 목표	ESG (Environment, Social, Governance)	조직(비영리, 영리기업)이 지속가능한 발전을 위한 경영철학과 행동
지속가능 마케팅 목표	마케팅 액티비즘 (Marketing activism)	착한 기업의 상품을 소비하는 것에 그치지 않고, 착한 기업(지속가능 브랜드)이 되라는 브랜드시민(brand citizen)의 요구에 호응하는 영리기업의 행동양식

2.2. 질적인 가격수준의사결정이 ESG 주제가 될 수 있는 실제 사례 (1시간 소요)

해당 주제에 대한 기존 개별기업의 사례가 facilitator에 의해 설명되는 시간이다. 먼저 참가자를 대상으로 BREWDOG이라는 영국 맥주회사를 인터넷에서 검색할 수 있도록 유도한다.

그림 4-8 사회적 이슈를 몰고 다니는 영국 맥주회사 BREWDOG

작은 사이즈의 맥주잔을 사용할 수 있도록 요구하며 영국 의사당 앞에서 난쟁이를 앞세워 시위를 벌인 적도 있다.

이 회사는 영국 Pub에서 작은 맥주잔을 사용할 수 있도록 요구하며 시위에 난장이를 광고에 등장시키기도 했다. 이와 같이 매우 기이한 행동을 많이 하는 회사로 알려져 있다. BREWDOG의 상품 중 하나가 PUNK IPA이다. 이 회사는 2018년 세계여성의 날에 PINK IPA를 출시하여 정상가격보다 20% 낮은 가격에 판매했다. OECD 국가의 여성들은 남성과 동일한 일을 하고도 임금을 80%정도 밖에 못 받는다는 것이 그 이유였다.

그림 4-9 BREWDOG의 PUNK IPA와 PINK IPA

1.2. 주제별 기존 사례 소개

BREWDOG의 Pink IPA 가격할인

사회적 해석

- 성평등차이 해소를 추구하는 사회적 기업
- 여성의 지불능력을 고려한 '공정한 가격 (fairness to pay)을 부과하는 기업
- 기후위기 극복을 위해 노력하는 사회적 기업
- 품질도 좋은 수제맥주 회사

제품과 가격인하 효과의 마케팅적 해석

- 상품개발기법에서 남성용 대비 여성용 상품을 출시했으므로 ambigram을 사용한 것임
- Positioning : PUNK IPA라는 기존상품을 남성 전용으로 포지셔닝할 수 있는 기회제공
- Positioning : PINK IPA는 여성용 맥주라고 포지셔닝할 수 있는 기회. 확고한 신시장 개척
- 시장진입측면 : 정상가격보다 20%할인했지만 신상품 시장진입 효과 발생 가능
- 매출과 이익측면 : 기존 IPA보다 20% 할인된 가격수준으로 인하했지만 변동비 이상의 가격수준이라면 이익창출

이 캠페인을 통해 이 회사는 성별 불평등 해소를 추구하는 사회적 기업으로 인식되었으며, 여성의 지불능력을 고려한 '공정한 가격 (fairness to pay)'을 부과하는 기업으로 널리 알려지게 되었다. 더 나아가 그들의 맥주제조 및 유통과정을 보면 기후위기극복을 위해 노력하는 사회적 기업의 모습을 발견할 수 있다. 예를 들면 양조장을 밀 수확지와 가

까이 위치하여 밀 운반에 따른 배기가스 배출을 억제하는 시도 등을 들수 있다.

2018년의 PINK IPA 출시를 마케팅적으로 해석해 보자. PINK IPA는 상품개발기법에서 여성전용 상품을 출시했으므로 ambigram을 사용한 셈이다. 마케팅의 포지셔닝측면에서는 PUNK IPA라는 기존상품을 남성 전용으로 재포지셔닝 하고 PINK IPA는 여성용 맥주라고 강력히 포지셔닝 할 수 있는 기회를 창출하였다. 시장을 성별로 구분하고, 오히려 남성위주의 맥주시장에서 여성사용자를 목표로 한 신시장을 개척한 셈이다. 즉, 시장진입측면에서는 정상가격보다 20% 할인한 가격으로 신시장에 대한 시장침투전술을 사용한 것으로 해석할 수 있다. 비록 기존 IPA보다 20% 인하했지만 그 할인된 가격수준이 변동비 이상의 가격수준이라면 이익창출은 가능한 셈이다.

결국, 제3자의 외부시각에서 PINK IPA 할인정책은 여성전용 맥주를 확고히 시장에 진입하는 마케팅활동으로 평가될 수 있다. ESG 활동측면에서는 가처분소득이 작은 여성고객에게 낮은 가격수준의 상품을 제공하고 있다(social). 부수적으로 1) 남녀임금불평등 수준을 일반인에게 명확히 인식시키는 선한 활동으로 볼수 있고 2) 남녀 임금격차를 줄일 수 있는 압력으로 활용될 수 있다. 결론적으로 돈도 버는 ESG 활동에 성공했다! 더 나아가 [그림 4-6]의 SDGs 17개 주요 주제 중 5번째인 성평등에 공헌하고 있는 것이다.

그림 4-10 BREWDOG의 PINK IPA효과

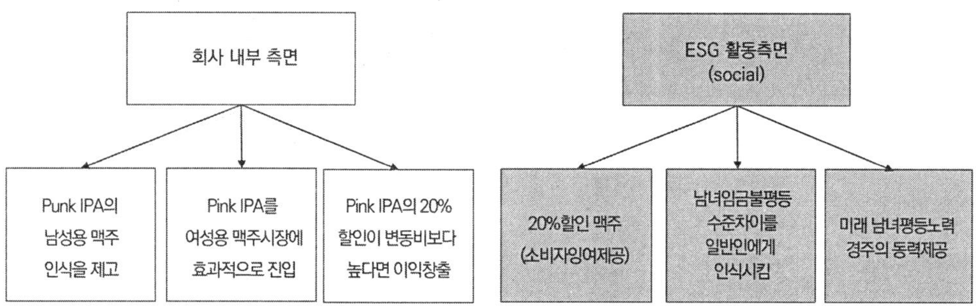

위의 사례 이외에도 질적인 가격수준을 부여하는 착한 기업은 다수 존재한다.

- 매일유업은 선천성 대사이상 환아를 위한 특수유아식을 1999년부터 제조해 오고 있다. 이 세상에 태어나는 아이 중에는 5만명 중 1명 꼴로 모유는 물론 분유마저도 먹을 수 없는 아기들이 있다. 선천적으로 신진대사에 이상을 갖고 태어나는 선천성 대사이상(유전 대사 질환) 환아들이 그들이다. 이런 체질을 갖고 태어난 아이

들은 선천적으로 아미노산을 분해하는 효소가 부족하거나 만들어지지 않아 모유는 물론 고기, 생선, 심지어 쌀밥에 포함된 단백질 조차도 마음대로 먹을 수 없게 된다. 식이관리를 제대로 하지 않을 경우에는 분해하지 못하는 아미노산 및 대사산물이 축적되어 운동발달 장애, 성장장애, 뇌세포 손상으로까지 이어지게 된다고 알려져 있다(Naver 2023).

매일유업은 선천적으로 아미노산 대사이상 질환을 갖고 태어난 유아를 위해 특정 아미노산은 제거하고, 비타민, 미네랄 등 영양성분을 보충한 특수 유아식 8종 12개 제품을 순수 자체기술로 개발하여 지난 1999년부터 공급하고 있다. SED 프로그램 참가자가 인터넷에서 이 특수분유를 검색해 보면 일반분유보다 더 저렴하게 가격이 책정되어 있는 것을 발견할 수 있다. 소아과학회 전문의들의 관리감독하에 전국의 환아들에게 인구보건복지협회를 통해 이 특수분유가 공급되고 있고, 매일유업이 특수분유를 정부에 납품하면, 정부가 무상으로 아이의 부모에게 지원한다. 매일유업입장에서는 수요가 적을 뿐만 아니라 가격을 낮게 책정하여 손해를 보는 상품이지만 사회공헌을 위해 질적인 가격수준 의사결정을 내린 것이다.

- Merck사는 세계적인 제약회사이다. 이 회사는 흑파리에 의해 전염되는 회선사상충의 유충이 사람의 눈에 침입하면 실명한다는 것을 알았다. 서아프리카 국민 중 많은 수가 강변실명증을 앓는다는 것을 발견했다. Merck사는 1987년에 멕티잔을 발명했는데 회선사상충을 제거하는 약이다. 이 회사는 멕티잔 기부 프로그램(Mectizan donation program)을 실시하여 약을 무상으로 기부한다. 지난 시간동안 아프리카와 중남미 거주하는 40억명분의 멕티잔을 무료로 제공하였다. 사회의 건강한 인류를 위해 가격을 0으로 책정한 질적인 가격수준 의사결정이었다.

2.3. ESG 평가항목 개발대상의 팩트북 제시 및 과제부여 (30분 소요)

우리는 [그림 4-6]의 17개 SDGs의 주제 중 5번 성별에만 집중하여 SED 프로그램을 진행하고자 한다. 위와 같이 BREWDOG의 아주 성공적인 성별임금차이를 반영한 사회적 가격책정은 질적인 가격책정의 바람직한 사례라고 볼 수 있다. 이와 같은 질적인 가격책정을 시도한 사례가 다른 산업이나 다른 기업에게 있을까?

facilitator는 참가자들이 판매하고 있는 상품의 목표시장에서 성별차이가 뚜렷한 지를 질문할 수 있다. 어느 회사는 남녀구분 없이 상품을 판매하고, 어느 회사는 남녀차이가 확연한 상품을 판매한다. 식품회사들이 판매하는 상품의 대부분은 고객의 성별을 구분하지 않는다. 예를 들어 패스트푸드점에서 판매하는 상품에 성별 차이를 느낀 적이 있는가? 하지만 근대 복식의 역사를 보면 남성과 여성의 구분이 명확했다. 이후 유니섹스 트랜드의 도래로 남녀구분이 없는 패션상품의 유행하기도 한다. 따라서 상품군(product category)에 따라 성별구분이 없는 상품과 구분이 확연한 상품군으로 구분할 수 있다.

우리는 Chapter2에서 신상품 개발기법으로 ambigram을 배운 바 있다. ambigram은 기존 상품이 가진 모든 구성요소를 거꾸로 함으로써 새로운 상품을 만들 수 있다. 이것을 SDGs의 5번 성평등개념에 적용하면, 남녀 구분이 없는 상품을 판매하는 회사는 성별구분을 하는 상품개발을 할 수 있고, 그 반대도 가능하다.

이제 facilitator는 참가자들에게 가상적인 상황과 과제를 부여하게 된다. 참가자는 자동차 회사 또는 식품회사의 ESG 담당자가 된다. 또는 이 SED 프로그램에 참여하고 있는 기업의 상품이 무엇이든 연구대상으로 할 수 있다. 아래 과제를 함께 읽어보자

그림 4-11 참가자에게 부여하는 과제

1.3. 가상적 기업상황 또는 factbook 소개

당신은 자동차회사 ESG 담당자입니다.
또는 당신은 식품회사 ESG 담당자입니다

어느 제품을 대상으로
1) 성별을 구별하거나 2) 구별을 하지 않게 해서
그 제품에 얼마의 새로운 가격수준을 고객에게 제시하시겠습니까?

제약사항

- 회사 내부적으로 이익이 증가해야 합니다
- 바람직한 ESG 활동결과를 공시할 수 있어야 합니다.
(고객만족, 종업원만족, 협력사만족 등)
- SDGs보고서 5번 성평등에 활용할 수 있어야 합니다

위의 지시사항을 보면 상품을 구매하는 사람을 대상으로 성별을 구별하던가 그 반대로 적용하던가를 실천하라고 요구하고 있다.

2.4. Grouping-consensus-searching information (2시간 소요)

이제 facilitator는 참가자 스스로 3명 또는 5명으로 팀을 만들게 유도한다. 반드시 홀수로 구성원의 수가 이루어져야 한다. 그리고 홀수의 팀이 구성되어야 한다. 팀이 구성된 후에 팀원들은 서로를 소개하고, 팀별로 '문제에 직면한 회사 상황인 factbook'를 소리내지 않고 읽는 시간을 부여한다. 마지막으로 팀원끼리 평가항목개발 문제를 해결하기 위해

필요한 정보가 무엇인지를 탐색하게 하는 시간이 부여된다. 이 사례에서는 질적인 가격수준의사결정이라는 주제를 갖고 있으므로 앞서 제시된 사회적 가격과 질적인 가격수준의 정의를 명확히 인식할 수 있도록 facilitator는 참가자를 유도해야 한다.

그리고 탐색과 명상과 생각을 할 시간을 가진 각 팀원은 [그림 4-12]의 빈칸에 자신이 생각한 상품의 기존 가격과 새로운 가격을 명시하고 그렇게 생각한 이유를 작성하여 정리한다.

그림 4-12 Scan의 마지막 단계로 질적인 가격수준 의사결정을 내려 정리하는 사례

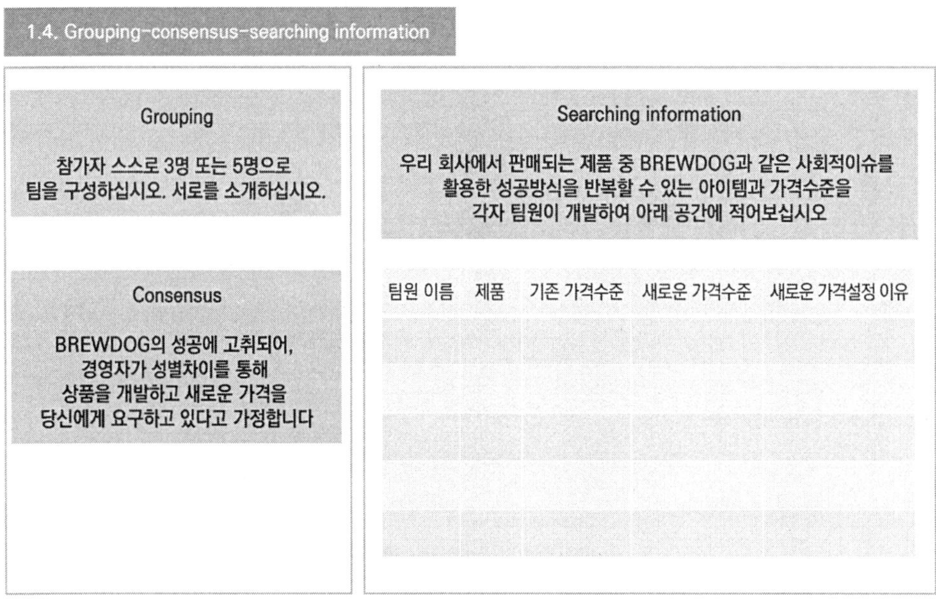

3. SED Program의 2단계 EXPLORE

EXPLORE 단계도 크게 4개의 과정으로 이루어져 있다. 첫 과정에서는 Who-What(why)-How 분석 틀을 교수자가 참가자에게 학습시킨다. ESG 평가항목을 개발했을 경우에 목표시장(Who)과 목표시장의 어느 욕구를 해결할 것인지를 발의하고(What or Why), 기업이 어떻게 그 욕구를 해결하는 해결책을 마련했는지(How)를 팀 안에서 다양한 기회를 발견하고 수집하며 ESG 활동을 각 팀원이 각자 구체화하는 과정이다.

두 번째 과정은 팀 내 개인이 제시한 의견(Who-What-How안)을 단일안으로 정리하는 과정이다. 세 번째 과정은 ESG 보고서에 어떤 평가항목을 제시할 것인가를 단일안에서 추출하여 정체성을 밝히는 단계이다. 'What to Say' 결정과정 또는 activity identity 정리

과정이라고 말할 수 있다. 마지막단계는 이 'What to Say' 항목을 시각화하는 작업으로 'How to Present' 과정이라고 정의한다. 이런 과정을 참가자들에게 facilitator가 설명하여 준다.

3.1. Who-What(why)-How 분석 틀 (2시간 소요)

3.1.1. Who-What(why)-How 분석

EXPLORE 단계의 첫 과정은 Who－Why－How 분석 틀을 facilitator가 팀원에게 학습시키는 과정이다. Who(상품을 구매하는 사람을 記述(목표시장)), What 또는 Why(목표시장의 고객이 상표를 구매하는 이유, 욕구, 가치), How(그 욕구를 만족시키기 위해 기업이 제공하는 상품 또는 技術)를 그림으로 그리거나 표에 작성하도록 안내하는 과정이다.

예를 들어, 먼저 facilitator는 참여자에게 인터넷에서 에드워디안 룩, 폴 푸아래 룰, 샤넬 룩을 검색할 것을 요구한다.

그림 4-13 Scan의 마지막 단계로 질적인 가격수준의사결정을 내려 정리하는 사례

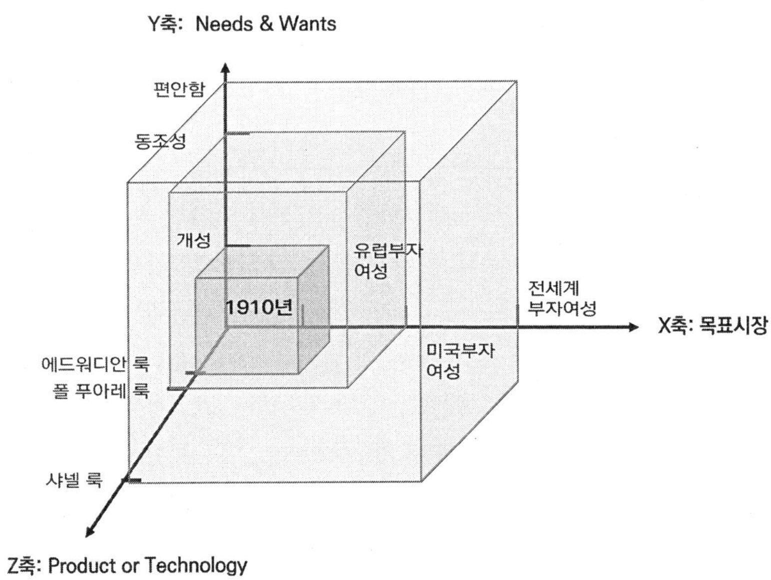

1910년대에는 모든 유럽 부자여성은 자신만의 옷을 디자인해서 입었다. 이를 에드워디안 룩이라고 부른다. 당시 최고의 디자이너 폴 푸아레는 부유한 미국여성 소비자까지 고객으로 하는 폴 푸아레 룩으로 큰 성공을 거두었다. 폴 푸아레 룩은 예술작품에 가까운

화려한 스타일이였다. 이에 샤넬은 전세계 부자 여성이 구매할 수 있는 실용적이고 편안한 옷을 만들었다. 블랙핑크 제니가 입고 다니는 샤넬 룩은 기존의 에드워디안 룩이나 폴 푸아레 룩이 많이 사용한 깃과 코르셋을 제거하고, 치마길이를 짧게 하고 트위드 소재와 저지를 사용했다. [그림 4－13]에서 보듯이 x, y, z축의 목표시장과 그들의 욕구, 제공하는 상품에서 모두 차별화를 시도했다.

이 장에서 산출하고자 하는 새로운 질적인 가격수준도 목표시장(Who)－목표시장의 욕구(Why)－해결 프로그램(How)로 표시할 수 있으며, 이것이 새로운 ESG 활동을 시각화하는 작업이 될 수 있음을 시사하고 있다.

3.1.2. 'Explore White Space' 설명하기 (15분)

진행자인 facilitator는 팀원들에게 공백(white space)의 개념을 설명한다 (15분). 공백이란 아직 시장참여자가 진입하지 않은 공간을 말한다. 이 공간을 찾아내는 작업을 'explore white space!'라고 부른다. 이 공간을 찾아내면 새로운 ESG 활동의 상품을 안착시킬 공간을 확보하는 셈이다. facilitator는 참가자인 팀원들에게 'white space'라는 공간창출을 지속적으로 요구한다.

[그림 4－13]에서 샤넬은 x축인 목표시장과 y축인 욕구나 가치, z축의 제공제품에서 모두 공백에 진입한 것을 발견할 수 있을 것이다.

3.1.3. 기업상황에 걸맞는 Who-What-How 분석

이제 facilitator는 참가자에게 2.3. ESG 평가항목 개발대상의 특정개별기업 상황에 대한 factbook을 중점적으로 상기시킨다. 참가자들은 ESG평가항목 개발을 Who－What－How분석을 통해 실시하게 된다. 팀원 각자가 x, y, z축에 무엇이 들어가고 새로운 상품(ESG 활동)이 어떻게 포지셔닝해야 하는 지를 작성하게 된다. 즉, 주어진 회사상황 과제에서 white space를 탐색(explore)하는 시간을 부여하게 된다. (1시간 30분 소요)

이제 각 팀원은 [그림 4－11]의 과제에 맞추어 기존 상품 대비 우리의 사회적 상품과 가격을 [그림 4－14]에 표시해 보기 바란다.

그림 4-14 white space를 각 팀원이 그린 사례

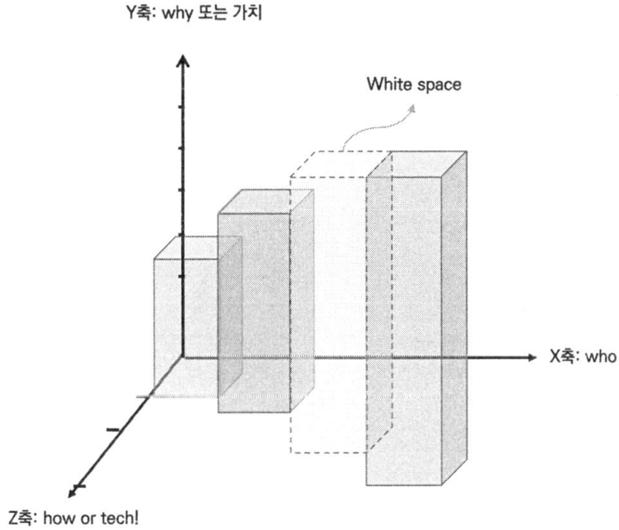

참가자가 명심할 것은

- x축에는 성별구별이 들어가야 하고
- y축에는 x축의 공백에 들어간 목표시장의 새로운 욕구나 가치를 적여야 하고
- z축에는 우리 상품만의 독특하고 신선한 가격수준이 들어가야 한다는 점이다.

3.2. 팀 내 단일 Who-What-How안을 결정하기 (1시간 소요)

두 번째 과정은 팀 내 개인이 제시한 의견(Who－What－How안)을 팀의 단일안으로 정리하는 과정이다. 팀 내 개인이 개발한 기존 대안(option) 중 하나를 선택하던지 또는 개발된 기존 대안의 각 구성요소를 조합하여 새로운 대안을 개발하여 단일안으로 정리하도록 유도하게 된다.

그림 4-15 팀의 단일안에 대한 Who-What-How 분석 사례

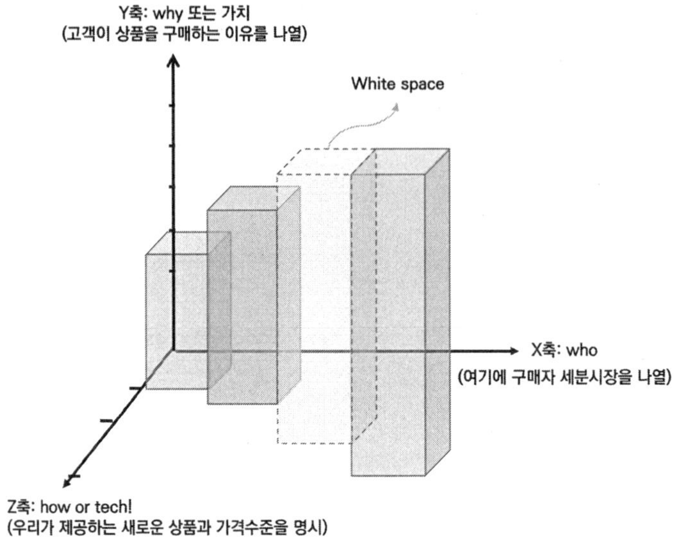

3.3. What to Say(activity identity)를 **정하는 단계** (30분 소요)

세 번째 과정은 ESG 보고서에 평가항목을 무엇이라고 제시할 것인가를 단일안를 기초로 정체성을 밝히는 단계이다. 고객과의 소통을 원활히 할 수 있는 좋은 이름을 짓는 것이다.

그림 4-16 팀의 단일안에 대한 ESG 활동의 이름과 정체성 정리하기

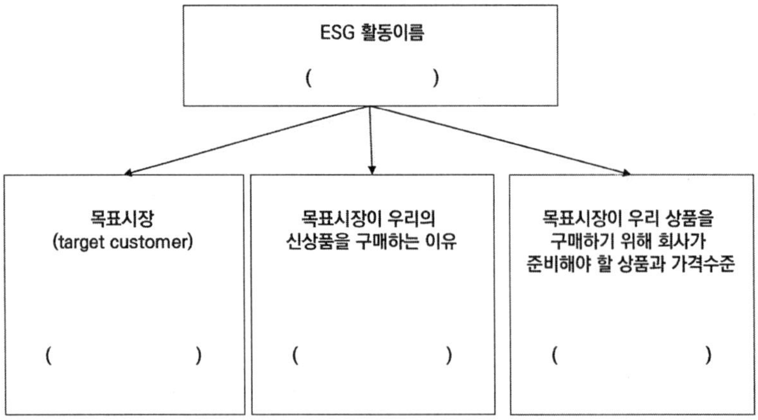

3.4. How to Present과정 (1시간 30분 소요)

마지막 단계는 앞의 'What to Say' 항목을 시각화하는 작업으로 'How to Present' 과정이라고 정의한다. [그림 4－17]과 같이 시각적으로 질적인 가격수준 의사결정의 전후를 비교하는 그림을 사용할 것을 권유한다.

그림 4-17 How to Present의 산출물 이미지 장표 사례

만약에 참가자가 Chapter3을 이행하고 Chapter4에 들어왔다면 우리는 가격반응함수에 대한 많은 학습시간을 투자한 바 있다. 참가자가 [그림 4－18]과 같이 시각적으로 가격반응함수를 이용하여 계량적인 효과를 표현해 보기를 바란다. facilitator는 반드시 양적인 가격반응함수를 도출할 것을 요구하고, 그 효과를 숫자로 표시할 수 있도록 도와주어야 한다. 이 때 사용되는 비용 등은 이해타당한 근거가 있어야 한다.

[그림 4－18]는 새로운 상품의 새로운 가격 전후로 증가하는 구매자효용(소비자효용 또는 구매효용)과 매출액과 이익의 변화를 가격반응함수를 기반으로 보여주고 있다. 이 [그림 4－17]가 ESG 보고서에 포함되는 최종형태가 된다. 이 SED 프로그램 참가자는 [그림 4－18]과 같은 가격반응함수를 반드시 도출해야 한다. 이것을 갖고 팀의 산출물을 평가받아야 한다.

그림 4-18 How to Present의 산출물 이미지를 위해 도출한 가격반응함수와 가격대별 판매량과 이익변화 추적 사례

도입 전후 소비자 효용크기 비교 및 정량적 효과					
가격(원)	예상판매량	매출액	비용	이익	
17,000	4,000	68,000,000	8,000,000	60,000,000	← 과거 판매가격(가격수준)
16,000	4,500	72,000,000	9,000,000	63,000,000	
15,000	5,000	75,000,000	10,000,000	65,000,000	
14,000	5,500	77,000,000	11,000,000	66,000,000	
13,000	6,000	78,000,000	12,000,000	66,000,000	
12,000	7,000	84,000,000	14,000,000	70,000,000	
11,000	8,000	88,000,000	16,000,000	72,000,000	
10,000	9,000	90,000,000	18,000,000	72,000,000	← 이익 최대가격
9,000	10,000	90,000,000	20,000,000	70,000,000	← 신상품 판매가격 매출액 최대가격
8,000	11,000	88,000,000	22,000,000	66,000,000	
7,000	12,000	84,000,000	24,000,000	60,000,000	
6,000	13,000	78,000,000	26,000,000	52,000,000	
5,000	14,000	70,000,000	28,000,000	42,000,000	← 판매량 최대가격

4. SED Program의 3단계 DEVELOP

DEVELOP 단계도 크게 5개의 과정으로 이루어져 있다. 첫 번째 과정에서는 팀별로 Who-What(why)-How 분석 결과를 발표하는 단계이다. 두 번째 과정은 개별팀 발표에 대해 다른 팀에서 질의응답을 실시하는 Brutal evaluation이 실행된다. 세 번째 과정은 팀별 발표안에 대해 제일 실행가능하고 효과적 효율적인 안에 투표를 실시한다. 여기에서 가장 좋은 평가를 받은 팀에 대한 시상이 진행된다. 네 번째 과정은 선정된 ESG 평가항목을 기업이 미래에 통제하고 관리하기 위한 업무분장을 토론하는 시간(What Do I got to Do)이다. 마지막 단계는 우승한 팀이 자신의 ESG 평가항목(What to Say)과 시각화 결과(How to Present)를 더욱 가다듬는 시간이다.

4.1. 팀별 'Who-What-How 안' 발표 (발표 10분씩 x 팀 수)

첫 번째 과정에서는 팀별로 자신들이 정리한 Who-What(why)-How 분석 결과를 발표하는 단계이다. 발표 중 질의응답은 실시하지 않는다. 이번 SED 프로그램의 발표안에 들어갈 내용은 아래와 같을 것이다.

– Key message : 과제에 근거하여 어느 상품을 기존 상품의 *% 수준에서 공급하겠다!
– Who : 이 새로운 상품의 목표시장은 누구이다.
– What or Why : 이 새로운 상품은 목표시장의 무슨 욕구를 만족시키거나 무슨 가치를 제공할 것이다.
– How : 이 목표를 만족시키거나 돋보이게 하기 위해서 우리는 무엇을 어떻게 어느 가격으로 제공하겠다.

4.2. Brutal evaluation과정 (질의응답 5분 x 팀 수)

두 번째 과정은 개별팀 발표에 대해 다른 팀에서 질의를 하고 질문을 받은 팀에서 팀장이 응답을 실행된다. 비판적인 질문을 하지 않고, 궁금한 것만을 질문하도록 facilitator가 사전에 통제한다. 마지막으로 facilitator가 전체발표자의 결과물에 대한 총평을 실시한다.

4.3. 투표 및 시상 (소요 30분)

세 번째 과정은 개별팀 발표에 대해 모든 facilitator와 참가자가 가장 좋은 결과물에 대해 1인 1표의 투표를 실시한다. 최다득표를 얻은 결과물에 대해 시상을 실시한다.

4.4. What Do I got to Do (30분 소요)

DEVELOP 단계의 네 번째 과정은 전체 구성원을 대상으로 앞으로 우리 회사가 이 평가항목을 유지 및 발전시키기 위해서 해야 할 일을 정리하는 것이다(What Do I got to Do). 주로 업무분장을 실시하게 된다. 어느 부서의 어느 직급 레벨에서(Who), 무엇을(What), 어떻게 관리하고, 보고하고, 의사결정해야 하는 지(How)를 정리하게 된다. ESG 전략부서에서 정리된 아래 사항을 실행부서에 공문으로 시행하게 한다.

facilitator는 모든 참가자들을 모아 놓고 [그림 4-19]를 함께 채워가는 시간을 갖게 된다.

그림 4-19 DEVELOP 단계 중 'What Do I got to Do' 단계 사례

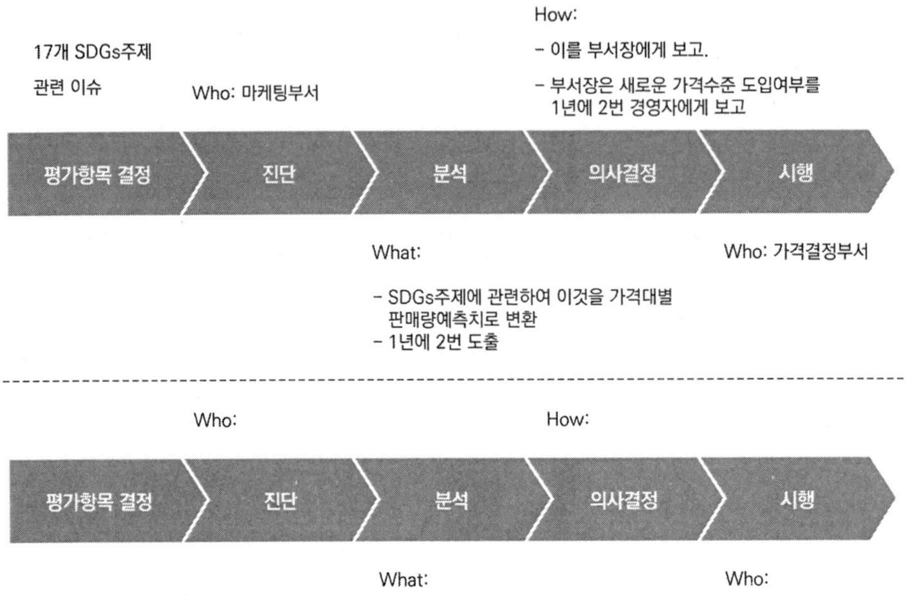

4.5. Decoration 또는 visual improvement (별도 24시간부여)

다섯 번째 과정은 담당자가 최종선택안을 ESG 보고서에 담기 위해 결과물을 decoration 하는 과정이다. 평가항목의 정확한 identity, 조작적 정의, 시각적 표현을 decoration하여, 공시보고서에 직접 사용할 수 있는 상태로 정리하는 단계이다. 주로 우승팀이 이를 담당하게 된다. factilitator는 별도로 1일의 시간을 우승팀에게 부여하여 우승으로 당선된 산출물을 향상시킬 수 있는 시간을 부여한다. 이상으로 SED 프로그램을 마치게 된다.

4.4와 4.5의 순서를 바꾸어 실행해도 된다. 참가자들에게 최종 ESG 활동보고서 산출물을 공유하고 나서, 미래에 무엇을 할 지를 고민하게 해도 된다.

그림 4-20 가상적인 회사의 질적인 가격수준의사결정으로 ESG 보고서에 넣기로 한 최종산출물 이미지 예시 1

What to Say

평가항목 Identity

평가항목 identity: 유아 수 반비례 n분유값

조작적 정의

조작적 정의: 차상위계층만을 대상으로 (Who)
유아가 1명이면 정상가의 10%, 유아가 2명이면 정상가의 20%,
유아가 n명이면 정상가의 n*10%를 할인하여 공급

How to Present

시각적 표현

도입 전후 소비자 효용크기 비교 및 정량적 효과

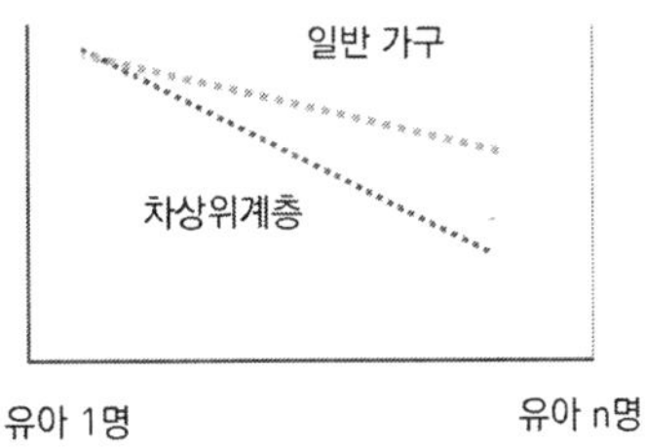

그림 4-21 가상적인 회사의 질적인 가격수준의사결정으로 ESG 보고서에 넣기로 한 최종산출물 이미지 예시 2

What to Say

평가항목 Identity

평가항목 identity: 한국 남녀 임금격차 가격할인

조작적 정의

조작적 정의: 여성 성인이 첫 승용차를 구매할 때 (Who)
2020년 기준 한국 남녀 중위임금 차이 31.5%를 반영하기 위해 (Why)
정상가의 30%를 할인하여 구매할 수 있는 기회를 1회 제공 (How)

How to Present

시각적 표현

도입 전후 소비자 효용크기 비교 및 정량적 효과

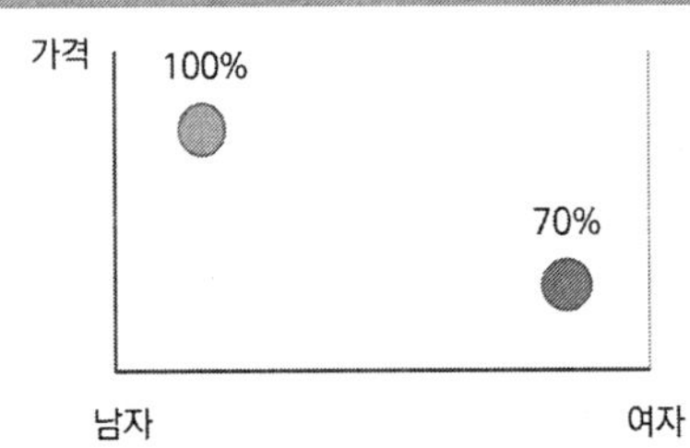

그림 4-22 이번 과제의 ESG 보고서 예시 양식 1

What to Say

평가항목 Identity

조작적 정의

평가항목 identity: (   )

조작적 정의:

결과물:

How to Present

시각적 표현

도입 전후 소비자 효용크기 비교 및 정량적 효과

그림 4-23 이번 과제의 ESG 보고서 예시 양식 2

How to Present

시각적 표현

도입 전후 소비자 효용크기 비교 및 정량적 효과

가격 (원)	예상판매량	매출액	비용	이익

5. 마무리

facilitator는 이 SED 프로그램을 마무리하면서 다음과 같은 제언을 할 수 있다.

- 사회적으로 착한 가격의 아이디어 원천은 17개 SDGs에서 찾을 수 있다. 이번 SED 프로그램은 오직 5번 주제인 성평등만을 다룬 것이다.
- 질적인 가격수준 의사결정을 하는 회사도 반드시 Chapter3에서 배운 가격반응함수를 [그림 4-18]과 같이 사전에 도출해 보아야 한다. 각 팀이 발표 전에 자신의 사회적으로 바람직한 상품에 대한 가격반응함수를 도출하고 이를 발표하고 평가 받아야 한다.

참고문헌

김재필 (2021), ESG혁명이 온다. 한스미디어.

박이문 (2019), 생태학적 세계관과 문명의 미래. 미다스북스.

Keesing, R.M and Andrew, J.S. (1997), Cultural anthrpology: A comtemporary perspective, Wadsworth Publishing.

Sarkar, C. and Kotler, P. (2018), Marketing activism: From purpose to action,

www.naver.com

www.ncsd.go.kr/unsdgs

Chapter 5

런던올림픽의 질적(qualitative)접근의 가격수준 의사결정으로 ESG 활동 설계하기

그림 5-1 이 chapter의 강의개발 교안

Key 교육목표	마케팅 가격의사결정 중 가격수준(price level) 변경 '분할'을 통해 질적인 가격수준을 여러 개 고객에게 제공하여 사회적 가격제공			
	주제 및 원리 소개	What to Say	How to Present	What Do I got to Do
서비스 level	• 분할을 통한 질적 가격수준의사결정 강화	• 사회적 가치를 담은 상품의 여러 개의 가격수준	• 가능한 많은 가격 plan (옵션)	• 여러 개의 새로운 가격 수준을 동시에 제공하는 체계의 정기적인 탐색
기대효과	단수가 아닌 복수의 사회적 가격제공	선한 가격을 제시할 수 있는 능력 제고	직관적으로 선한 가격을 시각화하는 능력을 배양	사회적 가격수준의 정기적인 점검 필요성 제고
Key words	가능한 많은 사람이 접근가능한 사회적 가격 (affordable and accessible pricing)	여러 개의 선한 새로운 가격		주기적 사회적 가격책정 접근가능한 가격책정

이 chapter는 마케팅가격수준 의사결정 중 질적인 가격수준책정과 신상품개발 기법 중 '분할'을 결합하여 ESG 활동을 설계하는 과정을 보여준다. 따라서 단일한 가격수준이 아닌 여러 개의 가격수준을 가진 질적인 가격이 고객에게 제시되는 과정을 SED 프로그램을 통해 선보이게 된다.

지난 Chapter4에서는 공정하고 질적인 가격수준(fairness to pay pricing)이 단일하게 고객에게 제시되었다면(only one price level with social pricing), Chapter5에서는 지불가능하고(affordable) 접근가능한(accessible) 여러 개의 가격수준을 고객에게 제시되는 과정(multi

그림 5-2 이 chpater에서 다루는 ESG 활동 개발기법의 포지셔닝

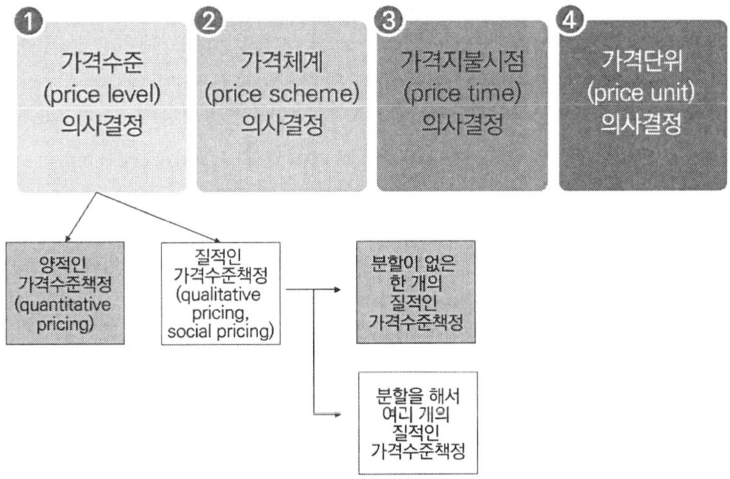

price levels with social pricing)을 SED 프로그램을 통해 선보이게 된다. 이를 통해 가능한 많은 사람들이 상품을 즐길 수 있도록 배려하는 회사의 노력을 보여준다.

이 때 저자가 사용한 신상품개발기법은 '분할'이다. [그림 5-3]과 같이 분할 없이 상품을 공급했을 때(사과를 1개 제공)와 전통적인 방법으로 상품을 분할하는 방법(사과를 세로로 잘라서 제공)으로 고객에게 상품을 노출시켰을 때에 고객의 반응은 다르다. 더나가 전

그림 5-3 분할을 안 한 경우, 전통적인 분할을 한 경우, 진기한 분할을 시도한 경우

통적인 분할을 한 경우보다 전혀 새로운 분할방법으로 상품이 진열되어 제공되었을 때(사과를 가로로 잘라서 제공)에는 고객은 이 진기한 자극에 의해 상품을 더 주목하고, 새로운 태도를 가지며, 구매행동이 달라지게 된다. 따라서 Chapter5에서는 ESG 활동설계에 이 새로운 진기한 자극을 줄 수 있는 분할(partition)을 사용하고자 한다.

1. SED 프로그램 진행 전 준비

1.1. 참가자 구성

이 장은 회사의 상품이 장소(venue, accommodation)을 채우는 산업을 대상으로 하고 있다. 스포츠업, 엔터테인먼트 산업, 철도, 비행기, 버스, 크루즈 등의 운송업 종사자가 이 SED 프로그램에 참가하는 것을 권고한다. 이 산업의 ESG 전담부서를 비롯하여 과장급 이상의 실무진를 모아서 SED 프로그램을 진행한다. 3명에서 5명의 홀수로 팀이 구성되어 있어야 하고, 3팀 이상의 팀이 구성되어 있기를 제안한다. 이 SED 프로그램은 전문 facilitator를 사용한다.

1.2. SED의 목표를 명확하게 하기 (5분 소요)

facilitator는 참가자들에게 SED 프로그램의 정의를 설명한다. SED라는 이름은 Scan−Explore−Develop에서 가져왔음을 전달한다. 우리 회사의 고객수용시설과 시설의 규모 대비 고객집객정도를 상기시킬 것을 facilitator가 처음 질문하면서 SED 프로그램을 시작한다. SED 프로그램은 수용시설과 활용도 상황을 훑어보고(scan), 누구를 대상으로 무엇을 어떻게 제공할 지를 초점을 맞추어 공백을 찾아내고(explore the white space), 구체적인 해결책을 개발(develop)하는 과정을 거치게 된다고 설명한다. 그리고 아래의 목표를 참가자에게 공지한다.

> 참가자들은 facilitator의 지시에 따라 SED 프로그램을 진행하면서 현재 상품을 구매하는 고객의 분류가 어떤 기준으로 나누어 이루어지고 있는가를 상기시키게 된다. 현재의 분류기준과 분류결과보다 새로운 분류기준과 결과가 더 많은 세분화를 가능하게 하면, 이것으로 개별기업의 ESG 평가항목(company-specific ESG criteria)을 개발하는 일련의 절차와 방법을 적용시킨다. 더나가 새로운 여러 개의 가격수준을 가진 상품구성으로 ESG 활동을 설계하게 되고, 이를 ESG로 해석하고 공시할 수 있음을 알게 된다.

1.3. 산출물(output)을 명확히 하기 (10분 소요)

SED 프로그램을 진행하는 facilitator는 수강자나 참여자들 사이에 SED 프로그램이 진행되기 전에 산출물이 어떻게 나와야 하는 지를 공유(consensus)하여야 한다. facilitator는 이번 개별기업 ESG 평가항목개발을 위한 SED 프로그램의 산출물은 크게 세 부분으로 이루어져 있다는 것을 정확히 전달한다. 이번 프로그램의 산출물은 크게 세 가지이다.

- What to Say : ESG 보고서에 무엇을 담을 것인가?
- How to Present : ESG 활동의 결과를 어떻게 시각적으로 전달할 것인가?
- What Do I got to Do : 위의 ESG 활동을 어떻게 미래에 개선해 나갈 것인가?

그림 5-4 SED 프로그램으로 개별기업 ESG 평가항목개발 후 산출물 이미지 예시

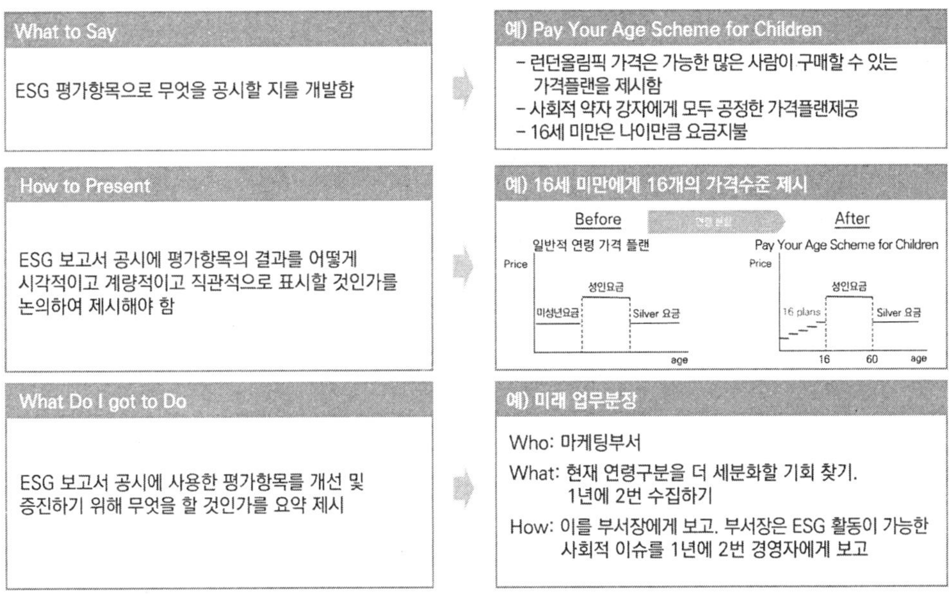

1.4. SED 프로그램의 구성과 절차

facilitator는 개별기업 ESG 평가항목 개발을 위한 SED 프로그램 구성과 절차를 참여자와 공유해야 한다. [그림 5-5 참조].

그림 5-5 개별기업 ESG 평가항목 개발을 위한 SED 구성

1단계: SCAN	2단계: EXPLORE	3단계: DEVELOP
1.1. 특정 ESG 주제와 원리 소개 1.2. 주제별 기존 사례 소개 1.3. 가상적 기업상황 또는 factbook 소개 1.4. Grouping-consensus-searching information	2.1. Who, What, How 측면에서 미래 기회를 발견하고 수집하며 서로의 의견을 구체화 2.2. 단일안으로 정리 2.3. What to Say: activity identity 또는 조작적 정의 2.4. How to Present(시각화 작업)	3.1. 조별 Who-What-How 결과를 발표 3.2. Brutal Evaluation 3.3. 투표와 시상 3.4. What Do I got to Do 3.5. 평가항목과 조작적 정의, 시각화표현에 대한 decoration

2. SED Program의 1단계 SCAN

2.1. 특정 ESG 주제와 원리 소개하기

이번 SED의 주제는 양적인 분석에 의해 가격수준의사결정(price level decision making)이나 단일한(unique or one level) 공정가격을 질적인 판단에 의해 결정하는 것이 아니라 지불가능하고 접근가능한 가격수준을 여러 개(multi-levels) 고객에게 제공하는 것이다. 이것이 ESG 활동 중 사회적 부문에 기여하는 것을 목표로 한다. 먼저 이 주제의 정의와 필요한 개념들을 나열하여 참여자에게 제시한다.

- 사회적 가격책정(social pricing)
- 분할 없는 단일한 질적인 가격수준(unique qualitative price level without partition)
- 분할 있는 복수의 질적인 가격수준(multiple qualitative price levels with partition)
- 분할(partition)

2.1.1. 사회적 가격책정

판매자가 구매 또는 소비하는 사람에게 공정한 가격을 부과하는 가격정책. 또는 판매자가 구매자 간에 가격에 대한 공정성을 느끼게 하는 가격수준을 매기는 것을 사회적 가격책정이라 한다.

2.1.2. 분할 없은 질적인 가격수준(unique qualitative price level without partition)

사회적 가치를 감안하여 양적인 분석을 감안하지 않은 가격수준을 말한다. 가격반응함수는 가격의 변화에 따라 판매량의 변화를 추적하는 함수이다. 가격반응함수를 상품에 적용하면, 상품의 가격수준별로 매출액 및 이익 극대화 가격수준을 현재 가격수준과 비교

할 수 있다. 양적인 접근에서 가격수준 의사결정을 적용하면 마케터가 ESG 활동시 고객에게 제시하는 가격수준이 회사에게 이익이 되는지 여부를 확인할 수 있다.

하지만, 이렇게 도출된 가격수준은 [그림 5-6]에서 보듯이 고객이 지불하고자 하는 가격(willingness to pay)만을 고려한 것이다. 하지만, 고객에게 공정한 가격(fairness to pay)은 반영하지 않고 있다. 따라서 양적인 가격반응함수를 먼저 고려하지 않고 사회적 가치에 의해 가격을 매기는 것이 필요할 때가 있다. 이 때 고객에게 공정한 가격이 단일한 가격수준으로 제공되는 것을 분할 없는 단일한 질적인 가격수준(unique qualitative price level without partition)이라 한다. 이 가격을 책정하는 과정은 Chapter4에 설명한 바 있다.

그림 5-6 양적인 가격수준결정은 구매할 수 없는 사람을 반영하고 있지 않다

가격(원)	예상판매량	매출액	비용	이익	
2,500	17.1	42,754	22,232	20,522	
3,000	20.2	60,731	26,317	34,414	
3,500	22.1	77,485	28,780	48,705	
4,000	22.8	91,390	29,702	61,688	← 판매량최대가격 (많은 고객)
4,500	22.6	101,511	29,326	72,186	
5,000	21.5	107,540	27,960	79,579	
5,500	19.9	109,645	25,916	83,729	← 매출액최대가격
6,000	18.1	108,311	23,467	84,844	← 이익최대가격
6,500	16.0	104,189	20,838	83,351	
7,000	14.0	97,983	18,197	79,786	(못 사는 사람이
7,500	12.0	90,367	15,664	74,704	존재하는 가격수준)
8,000	10.2	81,941	13,315	68,626	
8,500	8.6	73,200	11,195	62,005	

2.1.3. 분할 있는 질적인 가격수준(multiple qualitative price levels with partition)

사회적 가치를 감안하여 여러 개의 질적인 가격수준을 구매자에게 제시하는 경우를 말한다. 이렇게 하는 이유는 한 개의 공정한 가격수준(fairness to pay)이 만족시킬 수 있는 고객의 수는 제한적이기 때문이다. 여러 개의 공정한 가격수준(multiple affordable and accessible price plans)은 가능한 많은 고객을 만족시킬 수 있다. [그림 5-7 참조]. 따라서 마케터는 사회적으로 가능한 많은 사람이 접근가능하도록 가격수준을 구성할 때 여러 개의 가격수준을 제공하는 것이 필요하다. 이런 결과를 도출하기 위해서는 고객을 분할하고 그 분할된 세분시장별로 별도의 가격수준을 제시해야 한다. 따라서 분할이라는 핵심과제가 마케터에게 두 가지 주어진다.

그림 5-7 분할 유무에 따른 질적인 가격수준이 만족시킬 수 있는 고객범위 차이

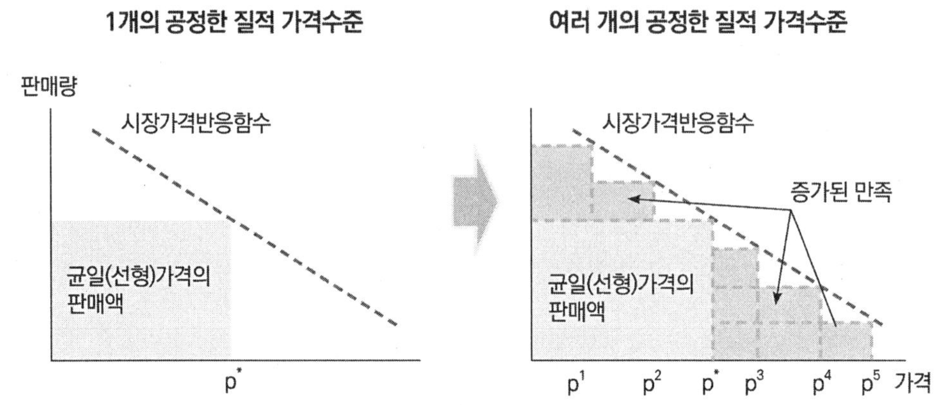

– 무엇을 기준으로 고객을 분할하고
– 각 세분시장별로 얼마의 가격을 부과할 것인가?

2.1.4. 분할(partition)

분할이란 어떤 대상을 일정한 기준이나 일정하지 않은 기준으로 나누는 행위를 말한다. 기존 상품(제품이나 서비스)을 분할하면 분할된 신상품은 고객에게 새롭게 보이거나, 이해·진단·개선에 활용할 수 있고, 효율성과 효과성을 증가시킬 수도 있으며, 때로는 이익을 증가시킨다.

그림 5-8 분할의 효과

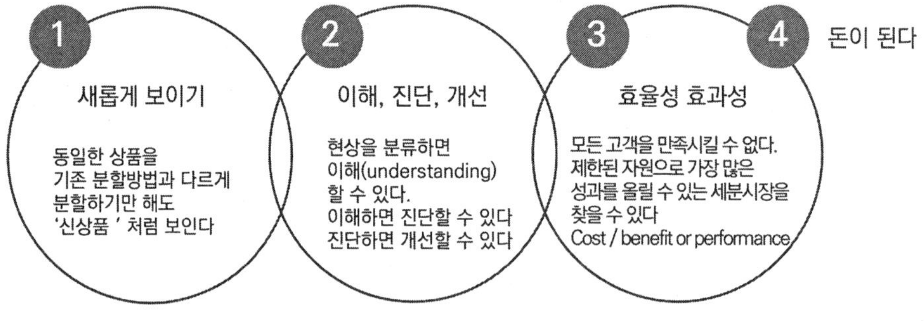

그림 5-9 분할하면 새롭게 보인다

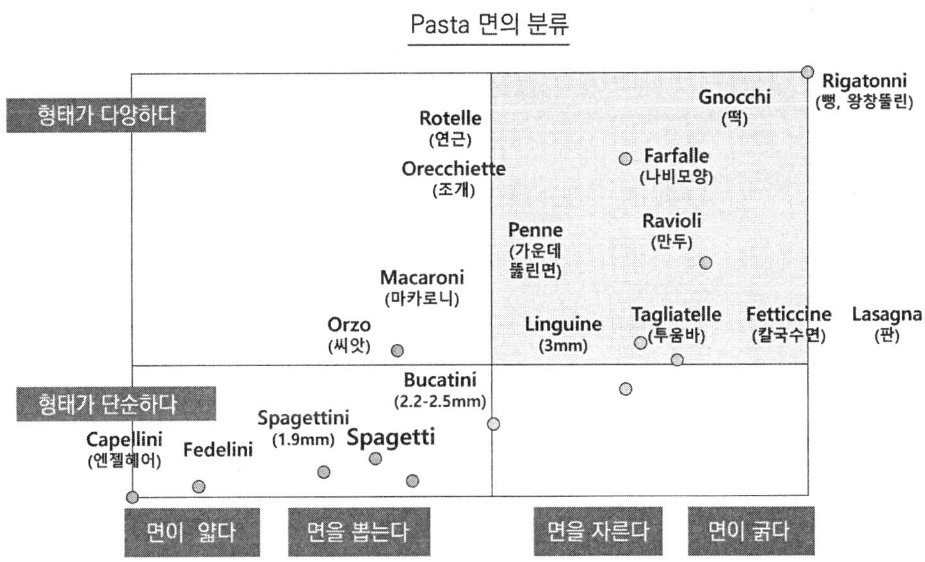

동일한 재료도 어떻게 써느냐에 따라, 쓰임새와 느낌, 맛이 다르다

첫째, 기존 상품을 분할하면 완전히 신선한 상품이 될 수 있다. [그림 5-9]에서 보듯이 동일한 파스타반죽을 어떻게 자르느냐에 따라 굵기와 형태가 달라지고 모두 명칭이 달라지면서 이름이 다르게 파스타 종류가 분류된다. 물론 고객이 느끼는 것도 파스타의 종류에 따라 다르다.

그림 5-10 우울증의 분류

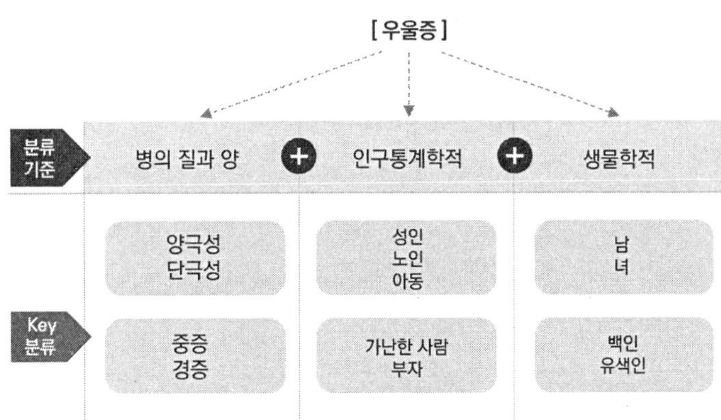

그림 5-11 가격이름의 분류를 통한 이익창출

가격이름		가격부분		어쩔 수 없는 추가비용		고객의 선택
마라톤대회	=	대회 참가비	+	일정기록 안 될 때 Extra charge	+	대회사진 메달각인 피니시 인증서
아파트가격	=	평당 분양가	+	취득세 등	+	발코니확장비 시스템에어콘 붙박이장
프리미엄 상영관 샤롯데	=	관람료	+	Service charge (물품보관 등)	+	컨시어지 서비스
의료비	=	진료비	+	약제비	+	비보험선택(CT 등)
식품분석 서비스비용	=	분석료	+	분석결과 온라인 인쇄비용(2,000원)	+	신속 분석 서비스 (50%할증)

둘째, 분할을 하면 대상을 이해하고 진단하고 개선할 수 있다. [그림 5-10]와 같이 우울증을 분할하여 분류하면, 우울증환자를 이해하는데 도움이 되면 이들을 대상으로 진료가 모두 달라지게 된다.

셋째, 분할을 하면 이익을 증가시킬 수도 있다. [그림 5-11]을 보면 가격을 몇 개로 분할하였다. 가격을 본래가격과 어쩔 수 없이 추가되는 비용, 고객이 선택한 비용으로 분할함으로써, 고객에게 상대적으로 저렴한 가격을 제시하는 것처럼 보일 수 있다.

따라서 ESG 활동을 구상하면서 사회적 가격을 여러 개 분할하여 고객에게 제시하면 기업의 이익도 증가하면서 ESG 활동도 실천할 수 있는 기회를 제공한다.

2.2. 분할 있는 질적인 가격수준 의사결정이 ESG 주제가 될 수 있는 실제 사례 (1시간 소요)

해당 주제에 대한 2012년 런던 올림픽 조직위원회의 가격책정 사례가 facilitator에 의해 소개된다. 먼저 참가자를 대상으로 2012 London Olympic Tickets price를 인터넷에서 검색할 수 있도록 유도한다. 런던 올림픽의 가격플랜(pricing plans)는 가격책정분야 뿐만 아니라 사회적으로 큰 이슈와 재미를 발생시킨 바 있다.

그림 5-12 런던 올림픽 가격체계의 특징

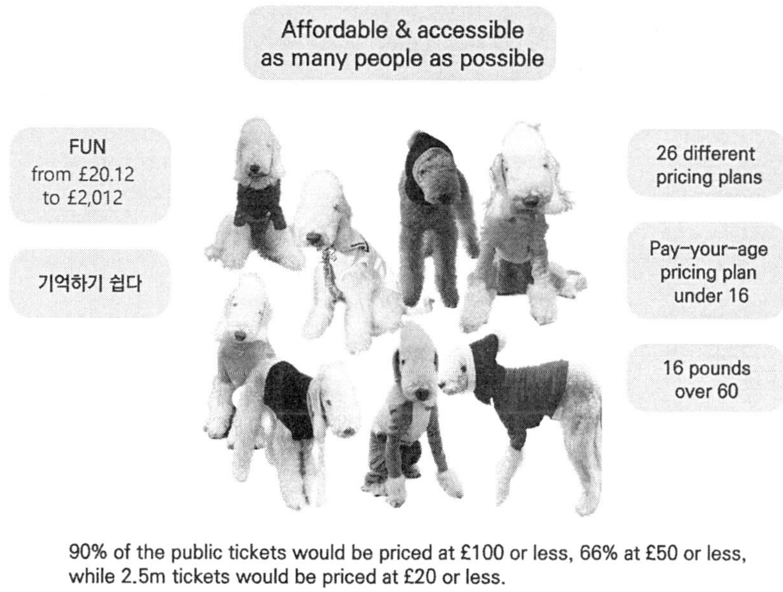

이 가격플랜의 특징을 한마디로 정리하면 다음과 같다.

<u>가능한 많은 사람이 올림픽을 관람할 수 있도록 지불가능하고 접근가능한 가격책정</u>

런던올림픽은 26개의 각기 다른 가격플랜을 제시했으며, Pay–Your–Age라는 가격을 도입하여 16세 이하는 연령만큼의 가격을 지불하면 경기를 볼 수 있었다. 60세 이상의 노인에게는 16파운드만 지불했다. 즉, 가처분소득이 적은 연령대를 집중적으로 배려한 가격정책을 만들었다. 또한 기억하기 쉽고 재미있는 가격수준을 제시했다. 가령 올림픽이 열리는 2012년을 활용하여 20.12파운드에서 2012파운드의 가격을 매겼다.

이런 연령에 따른 가격분할과 적용이라는 시도는 경기장 가격책정분야에서는 매우 신선한 시도였다. 장소(venue, accommodation)을 채우는 산업(경기장, 콘서트, 영화, 뮤지컬 등)에서는 주로 '위치(location, row, section 등)'에 의한 가격지불단위를 가진다. 예를 들어 LA Dodgers의 2023년 4월 4일 시즌 경기 때 고객이 선택할 수 있는 위치에 따른 가격의 종류는 100가지가 넘는다. 뮤지컬이나 음악 공연에서도 당연히 무대와의 거리와 각도에 따른 가격차별화를 시도한다. 그 외에 시간(주말·주중, 요일, 시간, 시즌 전, 시즌 후, post season)이나 연령에 의한 가격지불단위를 가지는 것이 전통적인 방법이다.

장소(venue, accommodation)를 채우는 산업에서 '연령'만을 지불단위로 하는 경우에는 주로 1) 미성년용 요금, 2) 성인용 요금, 3) 실버 요금을 받는다. 그런데, 2012년 런던 올림픽은 미성년요금을 최대 16가지로 분할한 것이다. 16세 미만은 자신의 연령만큼의 가격을 지불하면 되었다.(Pay–Your–Age Plan)

그림 5-13 런던 올림픽 가격체계 중 연령분할에 의한 질적인 가격수준 제시

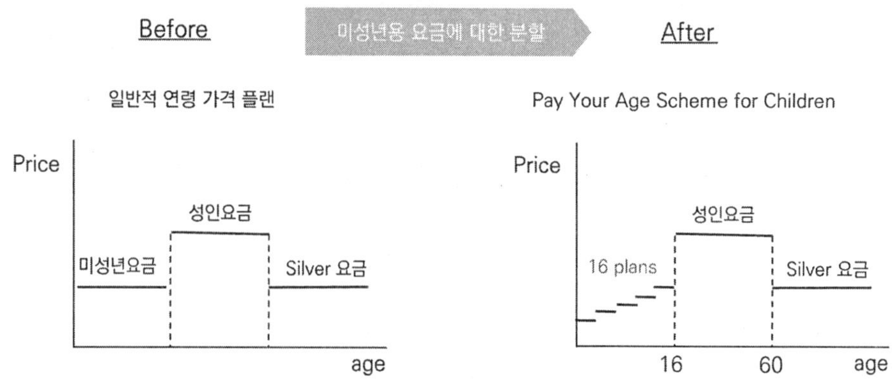

그림 5-14 런던 올림픽 Pay-Your-Age 가격체계

2012년 런던올림픽 Pay-Your-Age Scheme

ESG적인 사회적 해석

- 연령의 증가가 가처분소득을 증가시킬 것이라는 것에 근거한 공정한 가격책정 노력
- 가능한 많은 사람이 접근가능한 가격수준을 제시하려는 노력(affordable and accessible) '공정한 가격(fairness to pay)'을 부과하는 공기업

마케팅적 해석

- 다양한 가격수준(많은 가격 plan: 연령분할): 단일한 가격수준보다 이익이 더 증가 공짜 티켓을 발행하지 않고 장소(venue)을 가능한 많이 채우려는 마케팅시도
- 재미있는 가격수준(£20.12에서 £2,012까지, 연령별 가격): 기억하기 쉽고 구매하고픈 욕망자극
- 기존 '위치'에 초점을 맞춘 가격지불수단을 '연령'으로 확대

위의 Pay–Your–Age Plan에 의해 다양한 가격수준을 제시한 것은 단일한 가격수준보다 이익이 더 증가하는 마케팅효과를 가져온다. [그림 5–7 참조]. 관람객들은 이 가격제도

에 대해 무엇보다도 재미를 느꼈다. 이 사례는 기존 경기장 내 '위치'에 초점을 맞춘 가격지불단위를 '연령'으로 확대하는 새로운 마케팅 기준을 제시한 특징이 돋보인다. 공짜 티켓을 발행하지 않고 장소(venue)을 가능한 많이 채우려는 마케팅 시도로 볼 수 있다. 이러한 시도는 소비자 입장에서 기억하기 쉽기도 하고 구매하고 싶은 욕망을 자극하기도 한다.

이 캠페인을 통해 런던올림픽 조직위원회는 소득차이 해소를 추구하는 사회적 기업으로 인식되었다. 또한 영국은 소득차이에 따른 문화향유의 차이를 줄이고자 노력하는 긍정적인 국가이미지를 창출하였다. 캠페인은 단순하게 연령의 증가가 가처분소득을 증가시킬 것이므로 연령이 높아질수록 높은 가격을 메기는 것에서 시작되었지만 가능한 많은 사람을 관객으로 유인하려는 노력으로도 활용되었다. 이처럼 지불가능하고 접근가능한 가격수준을 제시하려는 노력(affordable and accessible)과 '공정한 가격(fairness to pay)'을 부괴히려는 기격정책은 런던올림픽 조직위원회를 사회공헌 조직으로 크세 인식시키는데 공헌하였다.

ESG 활동 측면에서는 근본적으로 가처분소득이 적은 연령대가 경기에 접근할 수 있는 기회를 제공한다는 사회적 약자를 배려하는 사회적 명분을 개발하여 제공한 셈이 되었다. 경기장에 관중을 꽉 채우고, 사회적으로는 런던올림픽 조직위원회를 착한 조직으로 인식시키면서 경기도 원할히 하고, 돈도 버는 ESG 활동을 실시하였다!

그림 5-15 Pay-Your-Age plan의 효과

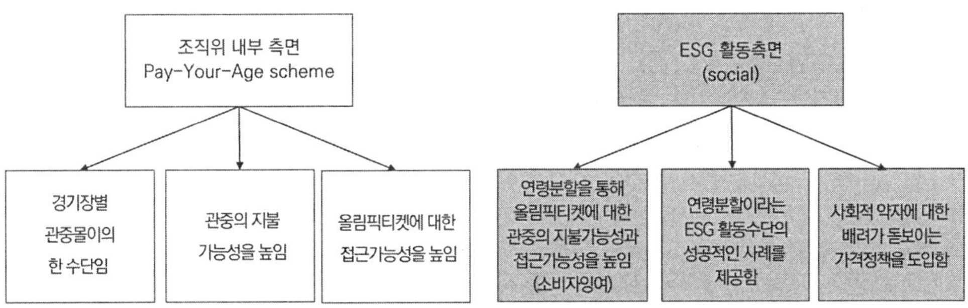

2.3. ESG 평가항목 개발대상의 팩트북 제시 및 과제부여 (30분 소요)

위와 같이 2012년 런던 올림픽 조직위원회의 Pay－Your－Age pricing plan은 가처분소득 차이를 반영한 사회적 가격책정으로 질적인 가격수준을 성공적으로 수행하는 도구가 되었다.

이처럼 '장소를 사람으로 채워야 하는 산업'에서 연령분할에 의한 복수의 질적인 가격수준제공을 적용할 수 있을까? 먼저 장소를 사람으로 채워야 하는 산업을 나열하여 facilitator가 참가자에게 제시한다. 그리고 그들이 전통적으로 어떤 방식으로 사람을 집객하는 지를 사례를 통해 소개한다.

- 운송회사: 철도, 비행기, 버스회사, 크루즈
- 집객추구회사: 경기장 운영, 콘서트 개최, 극장업, 엔터테인먼트사

운송회사나 집객추구회사는 일반적으로 수용공간(venue) 내 위치(location)에 따라 가격을 부과한다. 이들 회사는 주로 location을 세분화하려는 추세이다.

- 2021년 BTS의 오프라인 콘서트의 경우에 한국에서는 추첨에 의한 관중선발과 1개의 단일가격을 사용하고, 외국에서 스타디움 콘서트를 진행할 때는 location에 따른 가격을 매긴다. 팬 중에 10대나 20대는 가처분소득이 적으므로 연령분할에 따른 가격수준을 달리 매긴다면 좋은 반응을 얻을 수 있을 것으로 예상된다.
- 과거에 한국에서는 극장내부의 좌석 위치에 따라 가격을 달리 매긴 적이 있다. 하지만 지금은 그렇지 않다. 모바일로 시청도구가 변화하고 있는 10대나 20대를 위해 극장업에서 연령분할에 의한 낮은 가격대의 여러 할인 정책을 만드는 것은 어떨까?

그림 5-16 수용공간을 사람으로 채우면 채울수록 이익이 되는 회사

1.3. 가상적 기업상황 또는 factbook 소개

장소에 사람을 채워야 하는 산업을 나열

운송회사: 철도, 비행기, 버스회사, 크루즈
집객추구회사: 경기장 운영, 콘서트 개최, 극장업, 엔터테인먼트사

가격지불단위를 나열

- 운송회사나 집객추구회사는 거의 수용공간(venue) 내 location에 따라 가격을 구매자에게 부과함
- 주로 location을 세분화하려는 추세임
- 2012년 런던 올림픽 조직위원회의 가격플랜은 연령이 location이외에 수용공간의 수용성을 증가시키는 수단임을 실증하여 보여줌
- BTS의 오프라인 콘서트의 경우에 한국은 추첨에 의한 관중선발과1개의 단일가격을 사용하고, 외국에서 스타디움 콘서트를 진행할 때는 location에 따른 가격을 매긴다. 팬 중에 10대나 20대는 가처분소득이 적으므로 연령분할에 따른 가격수준을 달리 매긴다면 좋은 반응을 얻을 수 있을 것임
- 과거에 한국극장내부의 좌석위치에 따라 가격을 달리매긴 적이 있음. 하지만 지금은 그렇지 않음

이제 facilitator는 참가자들에게 가상적인 상황과 과제를 부여하게 된다. 참가자는 '공간을 사람으로 채워야 하는 회사'의 ESG 담당자가 된다. 아래 과제를 함께 읽어보자. 이들에게 연령분할에 따른 새로운 가격수준을 결정할 것을 요구하고 있다. 물론 ESG의 사회적 부문에 초점을 맞추어야 한다.

그림 5-17 참가자에게 부여하는 과제

1.3. 가상적 기업상황 또는 factbook 소개

당신은 HYBE, YG, JYP, SM의 ESG 담당자입니다.
또는 당신은 동양고속, CGV, 롯데자이언츠, FC경남의 ESG 담당자입니다

현재 사용하고 있는 연령대별 요금제도를
어느 기준으로 분할하고 분할된 각 세분시장마다
얼마의 가격을 매기시겠습니까?

제약사항

회사 내부적으로 이익이 증가해야 합니다
바람직한 ESG 활동 결과를 공시할 수 있어야 합니다.
(고객만족, 종업원만족, 협력사만족 등)

그림 5-18 연령분할을 팀원각자가 개발하여 제시하는 장표

1.4. Grouping-consensus-searching information

Grouping

참가자 스스로 3명 또는 5명으로
팀을 구성하십시오. 서로를 소개하십시오.

Consensus

2012 런던올림픽조직위원회의 성공에 고취되어,
경영자가 연령분할를 통해 상품을 개발하고
새로운 가격을 당신에게
요구하고 있다고 가정합니다

Searching information

우리 회사에서 판매되는 제품 중 연령을 분할하고,
분할된 세분시장마다 새로운 가격수준을 각자 팀원이 개발하여
아래 공간에 적어보십시오

팀원 이름	제품	기존 가격수준	새로운 가격수준	새로운 가격설정 이유

2.4. Grouping-consensus-searching information (2시간 소요)

이제 facilitator는 참가자 스스로 3명 또는 5명으로 팀을 만들게 유도한다. 반드시 홀수로 구성원의 수가 이루어져야 한다. 그리고 홀수의 팀이 구성되어야 한다. 팀이 구성된 후에 팀원들은 서로를 소개하고, 팀별로 '문제에 직면한 회사 상황인 factbook'을 소리내지 않고 읽는 시간을 부여한다. 마지막으로 팀원끼리 평가항목개발 문제를 해결하기 위해 필요한 정보가 무엇인지를 탐색하게 하는 시간이 부여된다. 이 사례에서는 질적인 가격수준의사결정이라는 주제를 갖고 있으므로 앞서 제시된 사회적 가격과 질적인 가격수준의 정의를 명확히 인식할 수 있도록 facilitator는 참가자를 유도해야 한다. 그리고 각 팀원은 [그림 5-17]의 빈칸에 자신이 생각한 상품에 대한 기존 연령에 의한 분할(시장세분화)와 기존 가격을 정리하고, 새로운 연령분할에 의한 새로운 가격을 명시하고 그렇게 생각한 이유를 작성하여 정리한다.

이 과정을 통해 각 팀원은 해당산업의 자료를 수집하게 되고, 팀 내 타인과의 대화의 근거가 된다. 즉, 이것은 앞으로의 SED과정에 초안이 된다.

3. SED Program의 2단계 EXPLORE

EXPLORE 단계도 크게 4개의 과정으로 이루어져 있다. 첫 과정에서는 Who-What(why)-How 분석 틀을 facilitator가 참가자에게 학습시킨다. ESG 평가항목을 개발했을 경우에 목표시장(Who)과 목표시장의 어느 욕구를 해결할 것인지를 발의하고(What or Why), 기업이 어떻게 그 욕구를 해결하는 해결책을 마련했는지(How)를 팀 안에서 다양한 기회를 발견하고 수집하며 서로의 의견을 구체화하는 과정이다.

두 번째 과정은 팀 내 개인이 제시한 의견(Who-What-How안)을 단일안으로 정리하는 과정이다. 세 번째 과정은 ESG 보고서에 어떤 평가항목을 제시할 것인가를 단일안에서 추출하여 정체성을 밝히는 단계이다. 'What to Say' 결정과정 또는 activity identity 정리과정이라고 말할 수 있다. 마지막 단계는 이 'What to Say' 항목을 시각화하는 작업으로 'How to Present' 과정이라고 정의한다. 이런 과정을 참가자들에게 facilitator가 설명하여 준다.

그런데, 연령분할은 why부문이 동일한 상품이므로 Who-How 부문이 중점적으로 개발되게 됨을 염두에 두어야 한다.

그림 5-19 1950년대 해태껌의 시장진입을 Who-What-How 분석으로 해석

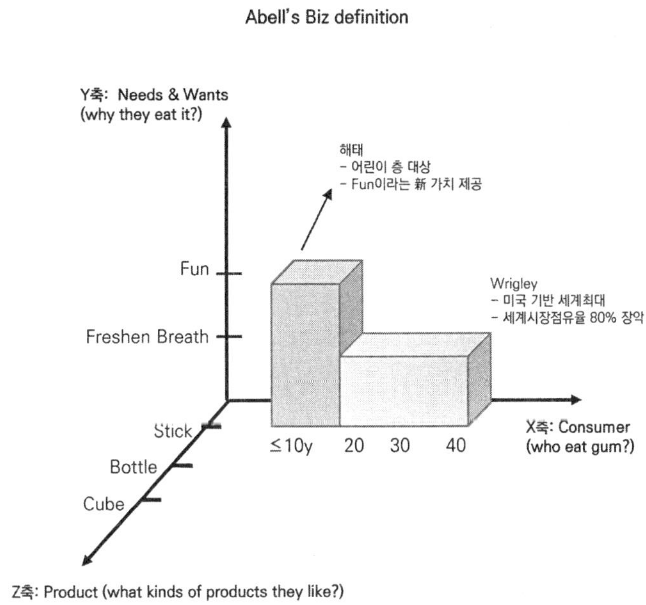

3.1. Who-What(why)-How 분석 틀 (2시간 소요)

3.1.1. Who-What(why)-How 분석

EXPLORE 단계의 첫 과정은 Who–Why–How 분석 틀을 facilitator가 팀원에게 학습시키는 과정이다. Who(상품을 구매하는 사람을 記述(목표시장)), What 또는 Why(목표시장의 고객이 상표를 구매하는 이유, 욕구, 가치), How(그 욕구를 만족시키기 위해 기업이 제공하는 상품 또는 技術)를 그림으로 그리거나 표에 작성하도록 안내하는 과정이다.

예를 들어 [그림 5–19]는 한국에 껌이 등장했을 때의 공백을 보여준다. 1945년에 미국의 미군이 한국에 진주하면서 껌이 한국에 들어왔다. 지금도 그렇지만 미국의 Wrigley라는 상표는 세계시장의 80%를 지배하는 껌의 강자이다. 이들은 연령측면에서 20세 이상의 성인을 목표시장(Who)으로 하고 있고, 입을 시원하게 하거나 입의 냄새를 없애는 기능(Why)을 수행한다. 이런 기능을 가진 껌을 판껌(stick)형태로 제공한다(How).

해태껌은 Wrigley가 공략하지 않는 공백을 찾아나섰다. 목표시장측면에서는 20세 미만의 아동과 청소년을 대상으로 한 재미있는 풍선껌으로 한국시장 최초로 껌 시장에 진입하였다. 정확한 공백이었다. 여기에서 Who는 연령측면에서 성인이 아닌 시장이고, Why는 fun이라는

재미를 가치추구한다. 나머지 How에서는 기존 미국 껌과 차이없이 stick껌을 제공하고 있다. 이 사례를 보면, 어떻게 Who-What-How 분석과 적용을 하는지를 알 수 있게 된다.

3.1.2. 'Explore White Space' 설명하기 (15분)

진행자인 facilitator는 팀원들에게 공백(white space)의 개념을 설명한다 (15분). 공백이란 아직 시장참여자가 진입하지 않은 공간을 말한다. 이 공간을 찾아내는 작업을 'explore white space!'라고 부른다. 이 공간을 찾아내면 새로운 ESG 활동의 상품을 안착시킬 공간을 확보하는 셈이다. facilitator는 참가자인 팀원들에게 'white space'라는 공간창출을 지속적으로 요구한다. 위의 [그림 5-19] 사례를 다시 한 번 상기시킨다.

3.1.3. 기업상황에 걸맞는 Who-What-How 분석

이제 facilitator는 참가자에게 2.3. ESG 평가항목 개발대상의 특정개별기업 상황에 대한 factbook을 중점적으로 상기시킨다. 참가자들은 ESG평가항목 개발을 Who-What-How 분석을 통해 실시하게 된다. 팀원 각자가 x, y, z축에 무엇이 들어가고 새로운 상품(ESG 활동)이 어떻게 포지셔닝해야 하는 지를 작성하게 된다. 즉, 주어진 회사상황 과제에서 white space를 탐색(explore)하는 시간을 부여하게 된다. (1시간 30분 소요)

각 팀원은 Who-What-How 분석과 분할을 통해 [그림 5-20]에 여러 연령대별로 새로운 가격수준을 제시하여 정리해야 한다.

그림 5-20 팀원별로 구체적으로 제시해야 하는 새로운 연령분할에 의한 새로운 가격플랜

연령	기존 가격수준	새로운 가격수준	새로운 가격설정 이유

3.2. 팀 내 단일 Who-What-How안을 결정하기 (1시간 소요)

두 번째 과정은 팀 내 개인이 제시한 의견(Who－What－How안)을 팀의 단일안으로 정리하는 과정이다. 팀 내 개인이 개발한 기존 대안(option) 중 하나를 선택하던지 또는 개발된 기존 대안의 각 구성요소를 조합하여 새로운 대안을 개발하여 단일안으로 정리하도록 유도하게 된다.

그림 5-21 팀의 단일안으로 제시되는 연령대별 가격수준

연령	기존 가격수준	새로운 가격수준	새로운 가격설정 이유

3.3. What to Say(activity identity)를 정하는 단계 (30분 소요)

세 번째 과정은 ESG 보고서에 평가항목을 무엇이라고 제시할 것인가를 단일안을 기초로 새 상품의 정체성을 밝히는 단계이다. 고객과의 소통을 원활히 할 수 있는 좋은 이름을 짓는 것이다. 2012 런던 올림픽조직위원회가 지은 'Pay－Your－Age'라는 이름을 상기해야 한다. 얼마나 기억하고 쉽고 직관적으로 이해할 수 있는 이름이지 않는가?

그림 5-22 ESG 활동이름

ESG 활동이름

( )

3.4. How to Present과정 (1시간 30분 소요)

마지막 단계는 앞의 'What to Say' 항목을 시각화하는 작업으로 'How to Present' 과정이라고 정의한다. [그림 5-23]와 같이 시각적으로 질적인 가격수준 의사결정의 전후를 비교하는 그림을 사용할 것을 권유한다.

그림 5-23 런던올림픽 Pay-Your-Age pricing의 How to Present의 산출물 이미지 사례

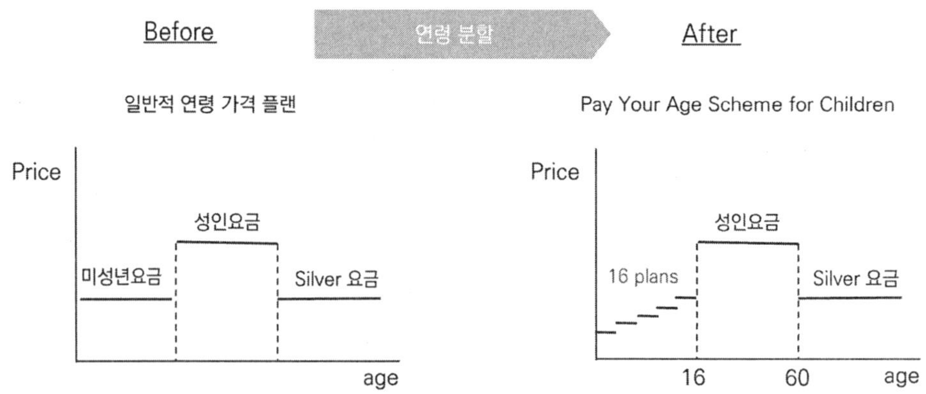

4. SED Program의 3단계 DEVELOP

DEVELOP 단계도 크게 5개의 과정으로 이루어져 있다. 첫 번째 과정에서는 팀별로 Who－What(why)－How 분석 결과를 발표하는 단계이다. 두 번째 과정은 개별팀 발표에 대해 다른 팀에서 질의응답을 실시하는 Brutal evaluation이 실행된다. 세 번째 과정은 팀별 발표안에 대해 제일 실행가능하고 효과적 효율적인 안에 투표를 실시한다. 여기에서 가장 좋은 평가를 받은 팀에 대한 시상이 진행된다. 네 번째 과정은 선정된 ESG 평가항목을 기업이 미래에 통제하고 관리하기 위한 업무분장을 토론하는 시간(What Do I got to Do)

이다. 마지막 단계는 우승한 팀이 자신의 ESG 평가항목(What to Say)과 시각화 결과(How to Present)를 더욱 가다듬는 시간이다.

4.1. 팀별 'Who-What-How 안' 발표 (발표 10분씩 x 팀 수)

첫 번째 과정에서는 팀별로 자신들이 정리한 Who-What(why)-How 분석 결과를 발표하는 단계이다. 발표 중 질의응답은 실시하지 않는다.

4.2. Brutal evaluation과정 (질의응답 5분 x 팀 수)

두 번째 과정은 개별팀 발표에 대해 다른 팀에서 질의를 하고 질문을 받은 팀에서 팀장이 응답을 실행된다. 비판적인 질문을 하지 않고, 궁금한 것만을 질문하도록 facilitator가 사전에 통제한다. 마지막으로 facilitator가 전체발표사의 결과물에 대한 총평을 실시한다.

4.3. 투표 및 시상 (소요 30분)

세 번째 과정은 개별팀 발표에 대해 모든 facilitator와 수강자가 가장 좋은 결과물에 대해 투표를 실시한다. 최다득표를 얻은 결과물에 대해 시상을 실시한다.

4.4. What Do I got to Do (30분 소요)

DEVELOP 단계의 네 번째 과정은 전체 구성원을 대상으로 앞으로 우리 회사가 이 평가항목을 유지 및 발전시키기 위해서 해야 할 일을 정리하는 것이다(What Do I got to Do). 주로 업무분장을 실시하게 된다. 어느 부서의 어느 직급 레벨에서(Who), 무엇을(What), 어떻게 관리하고, 보고하고, 의사결정해야 하는 지(How)를 정리하게 된다. ESG 전략부서에서 정리된 아래 사항을 실행부서에 공문으로 시행하게 한다.

facilitator는 모든 참가자들을 모아 놓고 [그림 5-25]를 함께 채워가는 시간을 갖게 된다. [그림 5-24]는 저자들이 제공하는 예시이다.

그림 5-24 DEVELOP 단계 중 'What Do I got to Do' 단계 사례

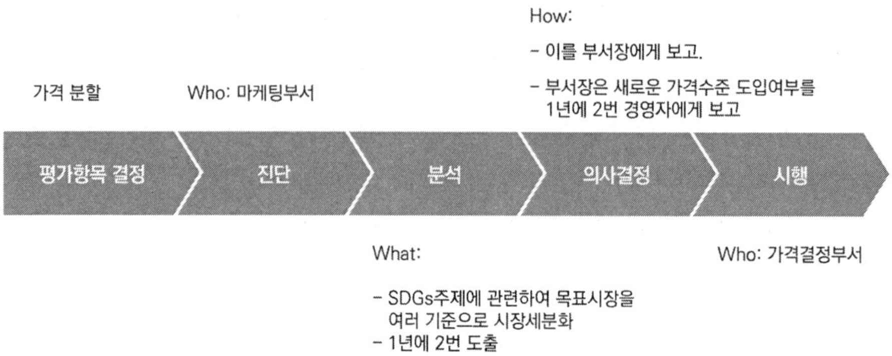

그림 5-25 DEVELOP 단계 중 'What Do I got to Do' 단계 과제 장표

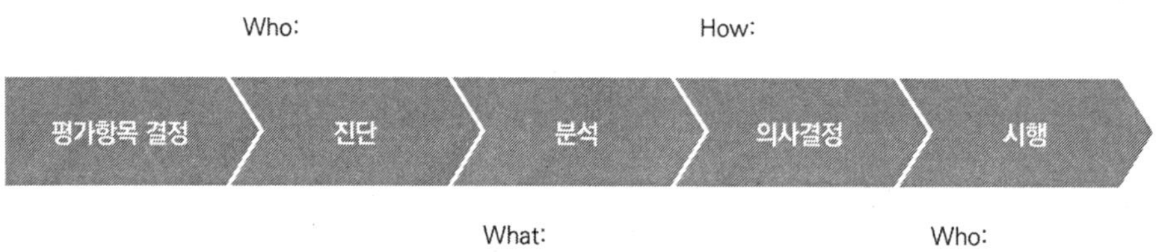

이 chapter에서는 '연령'만을 사용하여 '장소 수용산업'의 새로운 질적인 가격수준을 복수로 설계하는 과정을 연습하였다. 그렇다면 더 확장할 수 있는 여지는 없는가? 참가자들에게 facilitator는 지속가능발전포털(ncsd.go.kr)에 접속할 것을 권유할 수 있다. 우리는 이 사이트에서 SDGs(지속가능발전목표)의 17개 주요과제를 확인할 수 있는데, 이 곳에서 또 다른 '분할이 있는 질적인 가격수준 의사결정'을 실시할 수 있다. 가령 1번 주제인 빈곤타파(no poverty) 측면에서 생각해 보면 사회계층별로 연극이나 영화가격과 같은 문화산업이나 전기 가스요금과 같은 에너지 산업의 가격을 여러 개로 달리 매길 수 있다. 한국 정부가 갖고 있는 사회계층분류 자료가 그 근거가 될 수 있다.

더 나아가 4번 교육평등(quality education)측면에서는 현재 한국의 교육시스템에서 사용하고 있는 사회계층에 의한 장학금 지불을 가구소득에 따른 등록금 지불로 전환할 수 있기도 하다.

이렇게 [그림 5-25]의 'What Do I got to Do'를 작성하는데 SDGs의 다양한 주제는 큰 아이디어 원천이 될 수 있다. 왜냐하면 SDGs 자체가 모든 인류 한 사람 한 사람이 고유하다는 것을 전제로 작성된 것이기 때문이다.

4.5. Decoration 또는 visual improvement (별도 24시간부여)

다섯 번째 과정은 담당자가 최종선택안을 ESG 보고서에 담기 위해 결과물을 decoration 하는 과정이다. 평가항목의 정확한 identity, 조작적 정의, 시각적 표현을 decoration하여, 공시보고서에 직접 사용할 수 있는 상태로 정리하는 단계이다. 주로 우승팀이 이를 담당하게 된다. facilitator는 별도로 1일의 시간을 우승팀에게 부여하여 우승으로 당선된 산출물을 향상시킬 수 있는 시간을 부여한다. 이상으로 SED 프로그램을 마치게 된다.

그림 5-26 가상적인 회사의 질적인 가격수준의사결정으로 ESG 보고서에 넣기로 한 최종산출물 이미지

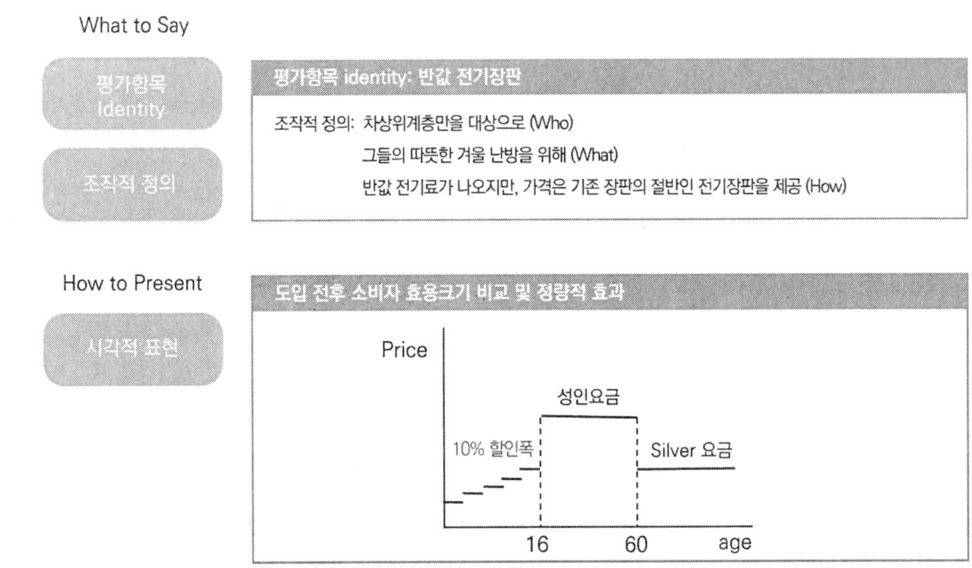

그림 5-27 과제에 대한 산출물: ESG 보고서에 넣기로 한 최종산출물 사례

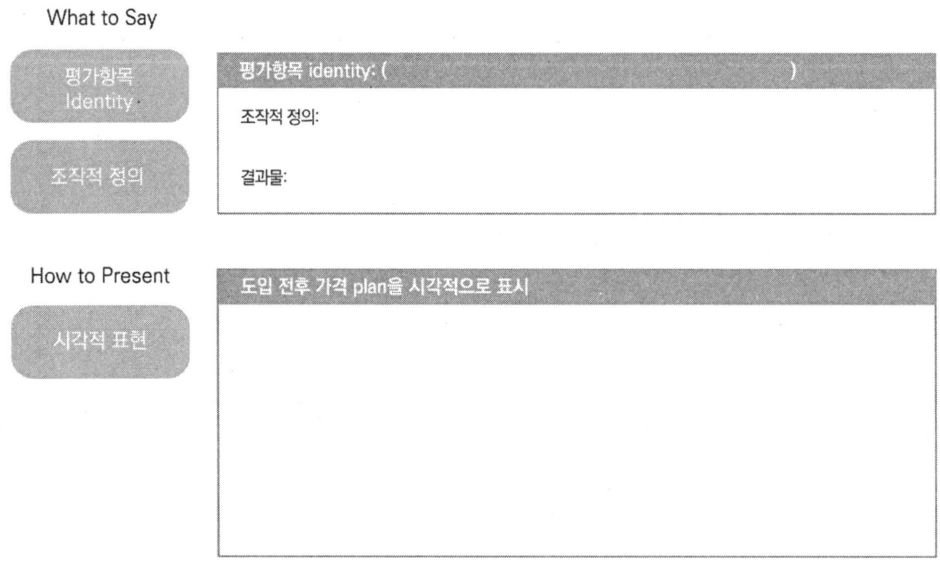

5. 마무리

우리가 이 책과 SED 프로그램에서 시도하고 있는 것은 우리 머릿 속의 고정관념을 바꿔서 신선한 ESG 활동을 설계하는 것이다. 이 chapter에서는 우리가 관행이라고 여기고 있던 '비성인'이라는 개념을 분할하여 나이별로 별도의 가격수준을 부여하는 사례를 발견했다. 우리가 기업활동에서 혁신을 하고자 한다면 그 변화의 아이디어 원천을 'UN의 지속가능발전목표'에서 찾아 보길 권한다.

참고문헌

곽영식 (2016), 창업을 위해 미학에서 배우는 신상품개발, 서울: 피앤씨미디어.
http://ncsd.go.kr/unsdgs?content=2 (UN의 지속가능발전목표 12개 목표와 현황)

Chapter 6

ARMY 가입비의 분할을 통한 질적(qualitative)접근의 가격수준 의사결정으로 ESG 활동 설계하기

그림 6-1 이 chapter의 강의개발 교안

	ESG 보고서에 시장세분화의 분할과 가격체계 의사결정을 활용			
Key 교육목표	새로운 분할기준 도입을 통해 가격체계의 복잡성 증가시키고 오래된 충성고객을 우대함			
	주제 및 원리 소개	What to Say	How to Present	What Do I got to Do
서비스 level	• 시장세분화인 분할을 통한 질적 가격체계 의사결정의 활용	• 사회적 가치를 담은 상품의 여러 개의 가격수준	• 가능한 많은 가격 plan (옵션)	• 새로운 가격체계의 정기적인 탐색
기대효과	분할로 복수의 가격수준제시	구매량에 따라 가격수준을 달리하면서 선한 가격을 제시할 수 있는 능력 제고	직관적으로 선한 가격을 시각화하는 능력을 배양	새로운 사회적 가격체계의 정기적인 점검 필요성 제고
Key words	공정하고 접근가능한 사회적 가격 (affordable and accessible pricing)	비선형가격체계	단골고객 우대 (공정가격제공) More option Better option	주기적 사회적 가격책정 접근가능한 가격책정 지속가능한 가격책정

이 chapter는 마케팅가격 의사결정 중 질적인 가격체계 의사결정과 신상품개발 기법 중 '분할'을 결합하여 ESG 활동을 설계하는 과정을 보여준다. 따라서 단일한 가격수준이 아닌 여러 개의 가격수준을 가진 질적인 가격체계가 고객에게 제시되는 과정을 SED 프로그램을 통해 선보이게 된다.

지난 Chapter4에서는 공정하고 질적인 가격수준(fairness to pay pricing)이 단일하게 고객에게 제시되었다면(only one price level with social pricing), Chapter5에서는 지불가능하고(affordable) 접근가능한(accessible) 여러 개의 가격수준을 고객에게 제시되는 과정(multi price levels with social pricing)을 SED 프로그램을 통해 선보였다. Chapter6에서는 질적인 가격수준을 '구매량'이라는 새로운 기준으로 분할하여 가능한 많은 사람들이 상품을 즐길 수 있도록 배려하는 회사의 노력을 보여준다. Chapter5와 Chapter6의 가장 큰 차이점은 '구매량'이다. Chapter5에서는 단순히 제3의 조건에 따라 가격수준을 달리한 것이다. 반면에 Chapter6에서는 구매량이라는 확실한 변수가 존재한다. 고객의 구매량에 따라 질적인 여러 개의 가격수준을 체계적으로 제시하는 것이다. 고객은 판매자가 제시한 구매량 조건이 맞을 때마다 그에 걸맞는 별도의 가격을 지불할 권리을 가진 것이다.

그림 6-2 이 chpater에서 다루는 ESG 활동 개발기법의 포지셔닝

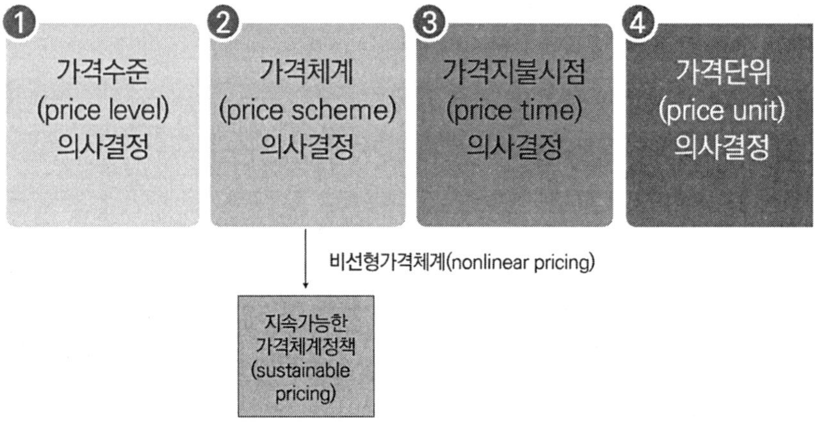

1. SED 프로그램 진행 전 준비

1.1. 참가자 구성

이 장은 회사의 상품이 구매량과 관계없이 일정한 가격을 부여하고 있는 산업에 종사하는 사람들을 대상으로 하고 있다.

- 극장에 자주 가는 사람과 어쩌다 가는 사람들 간에 영화관람료 차이는 없다.
- Netflix 등 OTT에서 콘텐츠를 많이 시청하는 사람과 그렇지 않은 사람 사이에 가격차이는 없다.
- BTS의 데뷔 후에 팬카페가 구성되었었는데, 2013년 7월 9일. 이 날, 공식 팬카페에서 투표를 통해 공식 팬클럽명을 'A.R.M.Y'로 결정했다. 이 날이 아미의 생일이다.

> 2023년 현재, 2013년부터 공식팬클럽에 참여하여 연회비를 10번 지불한 팬과 2022년 8월에 가입한 팬은 동일하게 membership 비용으로 $22를 지불해야 한다. 10년 전부터 팬클럽에 가입한 찐팬은 이렇게 외친다. '내가 왜 1년짜리 팬'과 동일한 취급을 받아야 하죠?

위의 사례는 구매량에 상관없이 모두 동일한 가격수준을 지불하고 있는 경우다. 이 장에서는 구매량에 따라 가격수준이 달라지는 비선형가격체계(nonlinear pricing)을 바탕으로 SED 프로그램을 진행하고자 한다.

구매기간, 구매량 등이 상이한데 가격수준은 동일하게 판매하고 있는 산업에 종사하는 누구나 이번 chapter의 대상이 될 수 있다. 스포츠 팬클럽, 엔터테인먼트 팬클럽, 철도 heavy users, 비행기 단골탑승고객, 버스 정기승차자, 삼성이나 LG에서만 가전을 지속적으로 구매하는 충성고객, 갤럭시나 아이폰만을 10년 이상 모델만 바꾸고 상표충성도를 유지하는 경우 등에 해당하는 기업과 산업종사자가 이 SED 프로그램에 참가하는 것을 권고한다.

이 산업의 ESG 전담부서를 비롯하여 과장급 이상의 실무진를 모아서 SED 프로그램을 진행한다. 3명에서 5명의 홀수로 팀이 구성되어 있어야 하고, 3팀 이상의 팀이 구성되어 있기를 제안한다. 이 SED 프로그램은 전문 facilitator를 사용한다.

1.2. SED 프로그램의 목표를 명확하게 하기 (5분 소요)

facilitator는 참가자들에게 SED 프로그램의 정의를 설명한다. SED의 이름은 Scan-Explore-Develop에서 가져왔음을 전달한다. 우리 회사의 상품은 구매량이나 구매기간에 관계없이 동일한 가격수준으로 고객에게 제공하는 무차별화를 시도하고 있음을 상기시킨다. SED 프로그램은 회사가 처한 상황을 훑어보고(scan), 누구를 대상으로 무엇을 어떻게 제공할 지를 초점을 맞추어 공백을 찾아내고(explore the white space), 구체적인 해결책을 개발(develop)하는 과정을 거치게 된다고 설명한다. 그리고, facilitator는 SED 프로그램의 목표를 명확하게 아래 박스와 같이 전달한다.

참가자들은 facilitator의 지시에 따라 SED 프로그램을 진행하면서 현재 상품이 누구에게나 동일한 조건으로 동일한 가격에 제공되고 있음을 알게 한다. 고객의 구매기간이나 구매량에 따라 가격을 달리 매기는 것이 이 SED 프로그램의 목적이고, 이 과정 속에서 고객에게 지불가능하고 공정하고 지속가능한 가격을 제시하는 것을 목표로 한다. 이를 통해 개별기업의 ESG 평가항목(company-specific ESG criteria)을 개발하는 일련의 절차와 방법을 습득하게 된다.

1.3. 산출물(output)을 명확히 하기 (10분 소요)

SED 프로그램을 진행하는 facilitator는 수강자나 참여자들 사이에 SED 프로그램이 진행되기 전에 산출물이 어떻게 나와야 하는 지를 공유(consensus)하여야 한다. facilitator는 이번 개별기업 ESG 평가항목개발을 위한 SED 프로그램의 산출물은 크게 세 부분으로 이루어져 있다는 것을 정확히 전달한다.

- What to Say : ESG 보고서에 무엇을 담을 것인가?
- How to Present : ESG 활동의 결과를 어떻게 시각적으로 전달할 것인가?
- What Do I got to Do : 위의 ESG 활동을 어떻게 미래에 개선해 나갈 것인가?

그림 6-3 SED 프로그램으로 개별기업 ESG 평가항목개발 후 산출물 이미지 예시

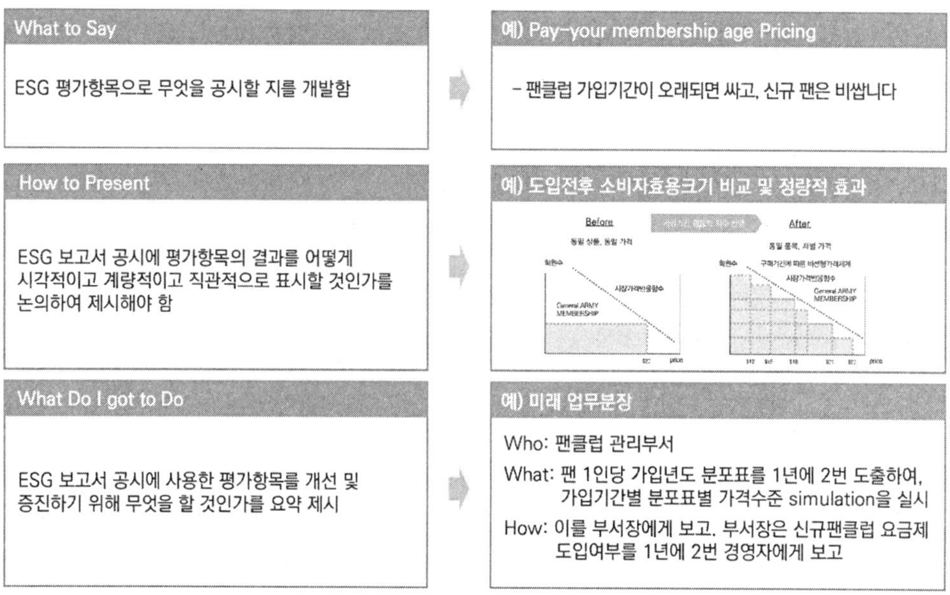

1.4. SED 프로그램의 구성과 절차

facilitator는 개별기업 ESG 평가항목 개발을 위한 SED 프로그램 구성과 절차를 참여자와 공유해야 한다. [그림 6-4 참조].

그림 6-4 개별기업 ESG평가항목 개발을 위한 SED 구성

1단계: SCAN	2단계: EXPLORE	3단계: DEVELOP
1.1. 특정 ESG 주제와 원리 소개	2.1. Who, What, How 측면에서 미래 기회를 발견하고 수집하며 서로의 의견을 구체화	3.1. 조별 Who-What-How 결과를 발표
1.2. 주제별 기존 사례 소개	2.2. 단일안으로 정리	3.2. Brutal Evaluation
1.3. 가상적 기업상황 또는 factbook 소개	2.3. What to Say: activity identity 또는 조작적 정의	3.3. 투표와 시상
1.4. Grouping-consensus-searching information	2.4. How to Present(시각화 작업)	3.4. What Do I got to Do
		3.5. 평가항목과 조작적 정의, 시각화표현에 대한 decoration

2. SED Program의 1단계 SCAN

2.1. 특정 ESG 주제와 원리 소개하기

이번 SED 프로그램의 주제는 기존의 가격체계를 더 다양하게 만들어서 질적인 판단에 의해 지불가능하고 접근가능한 가격수준을 여러 개 고객에게 더 많이 제공하는 것이다. 이것이 ESG 활동 중 사회적 부문에 기여하는 것을 목표로 한다. 먼저 이 주제의 정의와 필요한 개념들을 나열하여 참여자에게 제시한다.

- 선형가격체계 (linear pricing)
- 비선형 가격체계 (nonlinear pricing)

그림 6-5 가격반응함수에서 가격옵션의 수가 판매자 이익에 미치는 영향 예시

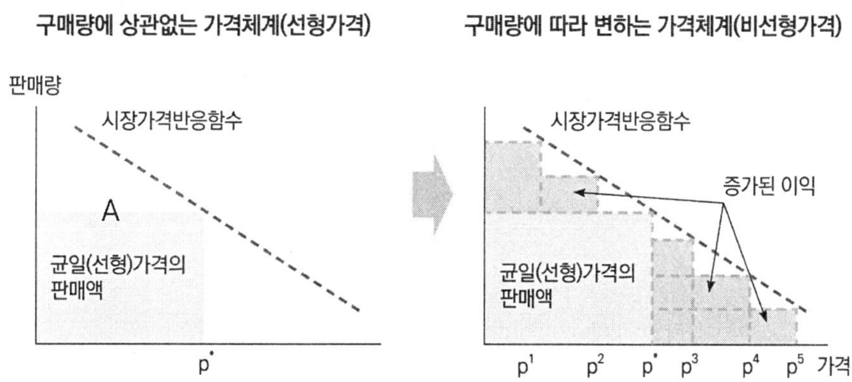

구매하는 양에 따라 단위당 가격이 달라지는 가격체계(price scheme)를 비선형가격체계(nonlinear pricing)라 하고, 구매하는 양이 달라져도 단위당 가격이 변화하지 않는 가격체계를 선형가격체계(linear pricing)라 한다. [그림 6-5]에는 가격이 변화할 때 시장에서 발견되는 판매량의 변화(가격반응함수)를 우하향하는 직선으로 표시하고 있다. 선형가격체계에서는 상품의 비용이 '0'이라면, 한 개의 가격을 제시하는 균일가격일 때의 매출과 이익은 [그림 6-5]의 왼쪽 그림과 같이 A가 된다. 반면에 비선형가격체계에서는 시장에 여러 개의 가격을 제시하고 고객이 그중에 자신이 원하는 가격대의 제품을 고르게 하면 [그림 6-5]의 오른쪽 부분과 같이 매출이 증가하게 된다.

- 따라서 고객이 원하는 가격대를 여러 개 제시하는 비선형가격체계가 제품가격이 균일(선형가격체계)할 때보다 높은 매출과 이익을 가져올 수 있다.
- 고객이 선택할 수 있는 가격수준 선택지가 많으면 많을수록 판매자의 이익은 증가할 가능성이 높다.
- more price option, better price option, more profit

2022년도의 경우 중국에서 판매되는 오리온 초코파이의 판매단위는 2개 묶음, 6개 묶음, 12개 묶음, 20개 묶음으로 4종류이다. 반면에 한국의 경우에 12개 묶음, 18개 묶음, 24개 묶음, 30개 묶음, 36개 묶음, 60개 묶음, 72개 묶음으로 7종류를 판매하고 있다. 중국보다 한국에서 더 많은 가격옵션을 제공하므로 더 많은 이익기회를 오리온은 한국에서 창출하고 있는 셈이다.

2.2. 비선형가격체계를 이용하여 이익을 증가시킨 사례: ESG 주제의 실제 기업현장존재

[그림 6-6]를 보면 2022년 8월에 SKT등 통신 3사가 5G요금제를 하나씩 더 추가하였다. 10GB~31GB사이의 사용량을 가진 고객을 위한 새로운 요금제를 출시하였다. 이것을 비선형가격체계의 원리로 생각해 보면, 비선형가격체계의 복잡성을 하나 더 추가한 것이다. 해당 사용량대의 고객은 이 새로운 요금체계가 기존 요금체게보다 저렴하여 좋아보인다. 하지만 기업도 이익을 얻을 것이다.

그림 6-6 SKT, KT, LGT의 비선형가격체계 속에서 가격수준의 추가

SKT, KT, LGT의 2022년 5G 새로운 요금체계 제공

2022년 8월에 SKT와 KT 등의 한국 내 통신사업자들은
기존 5G요금제도에 하나의 요금제도를 추가했다고 발표했다.
SKT는 5G요금제를 5종류에서 6종류로
KT는 4개 종류에서 5종류로
LGT는 4개 종류에서 5종류로 증가시켰다.

통신 3사의 5G중간요금제

- 고객이 선택할 수 있는 가격의 종류를 증가시켜 기업의 이익도 증가시키고
- 고객이 선택할 수 있는 가격의 종류를 증가시켜서 고객만족 증가(self-selection)를 도왔음!

SK텔레콤		KT		LG유플러스	
데이터	월정액	데이터	월정액	데이터	월정액
8GB	49,000	5GB	45,000	6GB	47,000
10GB	55,000	10GB	55,000	12GB	55,000
24GB	**59,000**	**30GB**	**61,000**	**31GB**	**61,000**
100GB	69,000	110GB	69,000		
150GB	79,000			150GB	75,000
무제한	89,000	무제한	80,000	무제한	85,000

통신 3사의 5G 요금제

그림 6-7 SKT를 주체로 하여 해당기업의 요금제도의 현황과 경쟁사반응 등을 정리

가격체계의사결정에 관한 현상나열

SKT를 가정
고객측면: 24GB~100GB 사이에
요금제가 없어서 선택이 불가능하다.
신문/방송에서 이를 비판하는 기사 발생

경쟁자측면: KT나 LGT는 31GB로
새로운 요금제를 제시

통신 3사의 5G중간요금제

- 0~10GB까지는 담합 수준임
- SKT는 24GB~100GB 사이에 요금제가 없어서 선택이 불가능하다는 비판은 당연한 것임
- 이 구간에 요금제는 사용량분석을 통해 미래에 개발할 수 있는 여지가 있음

	SK텔레콤		KT		LG유플러스	
	데이터	월정액	데이터	월정액	데이터	월정액
	8GB	49,000	5GB	45,000	6GB	47,000
	10GB	55,000	10GB	55,000	12GB	55,000
고객들이 지적한 공백 구간	**24GB**	**59,000**	**30GB**	**61,000**	**31GB**	**61,000**
	100GB	69,000	110GB	69,000		
	150GB	79,000			150GB	75,000
	무제한	89,000	무제한	80,000	무제한	85,000

통신 3사의 5G 요금제

2.3. ESG 평가항목 개발대상의 특정개별기업 상황의 팩트북 제시와 질의응답 (30분 소요)

이제 ESG 평가항목을 개발하기로 한 가상적이거나 실제기업의 기업상황의 factbook을 facilitator가 제시하고, 참가자가 탐색하는 시간이다. [그림 6-7]는 SKT를 가정하여

2022년 8월의 새로운 5G요금제 도입 후에 각 언론이 제시한 문제점들을 파악하여 정리한 것이다. 이 정리된 factbook 이외에 수강생이 통신업계의 요금제도에 대한 정보를 획득하는 시간을 갖게 한다. Factbook형태로 제공되는 현황은 다음과 같다.

- SKT의 고객측면에서는 24GB~100GB 사이에 요금제가 없어서 선택이 불가능하다. 경쟁자측면에서는 KT나 LGT는 31GB대 새로운 요금제를 제시해서 상대적으로 SKT의 요금제가 비싸보이게 되어 있다. 신문·방송에서 이를 비판하는 기사 발생하고 있다.
- 현행 요금제는 0~10GB까지는 담합 수준이다. SKT는 24GB~100GB 사이에 요금제가 없어서 선택이 불가능하다는 비판은 당연한 것이 되었다. 이 구간에 요금제는 사용량분석을 통해 미래에 개발할 수 있는 여지가 있음을 알게 되었다.

위의 사례에서 보듯이 통신회사는 구매량에 따라 가격수준을 달리하는 비선형가격체계를 갖고 있고, 그 체계 안에서 추가적으로 구매량에 따라 다른 가격수준을 제시할 기회를 갖고 있다. 하지만 구매량이나 구매기간은 매우 상이하지만 가격수준을 달리하지 않고 있는 산업이 존재한다. 이 회사들은 비선형체계체계가 가능한 산업이다. [그림 6-8 참조].

그림 6-8 구매량의 다소, 구매기간의 장단이 존재해도 가격수준이 동일한 상품

	구매량 적음	구매량 많음
구매기간 짧다 (뜨내기고객)	어쩌다 스포츠 경기장 가는 고객 어쩌다 공연장 가는 고객 1학년 대학생 한 달에 한 번 커피숍에 가는 고객	수량할인대상 (quantity discount)
구매기간 길다 (단골고객)		스포츠 연간회원비 골수 팬클럽 회원가입비 (Army, 임영웅 팬클럽 등) 4학년 대학생

2.3. ESG 평가항목 개발대상의 팩트북 제시 및 과제부여 (30분 소요)

위와 같이 구매량이 고객마다 다르고 구매기간이 다른 많은 상품이 존재하지만 2023년 현재에는 고객들에게 동일한 가격을 부과하는 산업이 존재한다. 아래 BTS의 회사인 HYBE가 BTS membership을 위해 2022년 7월에 공시한 가격플랜을 보자. ARMY의 공식팬클럽연회비는 2022년 7월의 경우에 ARMY Membership 25,000원 ($22 US dollars), ARMY membership: MerchPack 175,000원 ($150 US dollars)이다. 비선형 가격체계로 위를 해석하면 2개의 가격수준을 가진 상품구매조건이 있는 셈이다.

그림 6-9 ARMY membership 현황과 ESG 활동 연계

1.3. 가상적 기업상황 또는 factbook 소개

당신은 HYBE 마케팅담당자이다.
우리 ARMY의 공식팬클럽 연회비는 2022년 7월의 경우에
ARMY Membership 25,000원($22 US dollars)
ARMY membership: Merch Pack 175,000원($150 US dollars)이다.
비선형 가격체계로 위를 해석하면 2개의 가격수준을 가진 상품구매조건이 있는 셈이다.
이것을 더 세분화(dressing 또는 partition)하라. 그리고 세분시장마다 새로운 가입비를 제시하라

제약사항

회사 내부적으로 이익이 증가해야 한다.
바람직한 ESG 활동결과를 공시할 수 있어야 한다.
[고객만족(지속가능한 멤버쉽의 유지를 자극),
종업원만족(오래된 고객을 잊지 않는 회사의 종업원 등)]

그런데 역사와 전통을 자랑하는 ARMY 팬클럽 가입비에 대한 다양한 목소리가 HYBE를 향해 발산된다.

그림 6-10 ARMY membership에 대한 일부 목소리

2022년 7월부터 현재 상태

- HYBE는 2개의 가격플랜을 제시
  2가지 상품구매량 종류를 가진
  ARMY fanclub pricing scheme

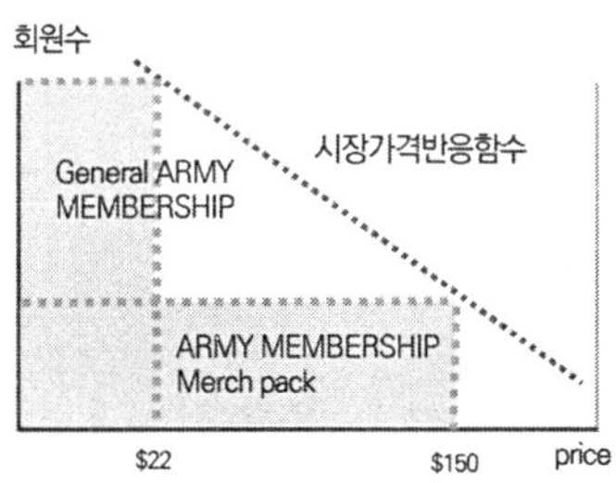

기존 fan인 ARMY의 반응

- ARMY의 역사는 10년이 넘었다.
- 매해 fanclub 가입비를 내야 한다. 멤버쉽의 지속기간은 1년이다.
- 멤버쉽이 1년인 것은 팬클럽이 스포츠 멤버쉽을 모방했기 때문이다.

- 왜 1년이지?

- 10년 전부터 ARMY를 한 팬들은 BTS를 내가 키웠다고 생각한다.
- HYBE는 오래된 팬과 오래되지 않은 팬에게 제공하는 혜택을 동일하게 한다.

- 왜 오랜된 찐팬을 뜨네기 팬과 동일하게 취급하지?

- 과제: 어릴 적부터, 없는 소득을 BTS에게 투자해 온,
  오래된 ARMY 팬에게 혜택을 주는 가격체계를 HYBE는 설계해야 한다.

- 추가질문: 나는 갤럭시를 2010년부터 13년 간 몇 개를 구매했고,
  저는 2008년부터 15년간 아이폰을 써 왔는데,
  왜 처음 갤럭시나 아이폰을 사는 사람과 가격을 동일하게 지불해야 하나?
  나는 충성고객인데!

– 멤버쉽 기간이 1년인데, 너무 짧지 않은가?
– ARMY가 태어난 날부터 팬클럽회원인 사람과 BTS가 뜨고 나서야 팬이 된 사람과 멤버쉽 가격이 동일하다. BTS는 내가 키웠는데 상대적으로 HYBE는 나를 홀대 하는 것이 아닌가?
– 돈을 버는 30대인 ARMY와 돈을 벌지 못하는 10대 ARMY에게 동일한 멤버쉽 가격을 부과해서 10대 부모님의 저항감을 만들 필요가 있나?
– 국가별 1인당 GDP가 매우 다르고, 브라질 등은 배달비도 무척 많이 드는데, 국가와 상관없이 동일한 멤버쉽 가격을 부과하는 것이 옳은가?
– 계속 ARMY로 남게 해주는 유인책을 HYBE는 충분히 제공하고 있는가?

facilitator는 참가자들에게 가상적인 상황과 과제를 [그림 6–9]처럼 부여하게 된다. 참가자는 [그림 6–10]을 읽고 고민에 빠지게 된다. 이들이 개발할 새로운 가격체계는 물론 ESG의 사회적 부문에 초점을 맞추어야 한다.

2.4. Grouping-consensus-searching information (2시간 소요)

이제 facilitator는 참가자 스스로 3명 또는 5명으로 팀을 만들게 유도한다. 반드시 홀수로 구성원의 수가 이루어져야 한다. 그리고 홀수의 팀이 구성되어야 한다. 팀이 구성된 후에 팀원들은 서로를 소개하고, 팀별로 '문제에 직면한 회사 상황인 factbook'을 소리내

그림 6-11 탐색해야 할 정보의 사례

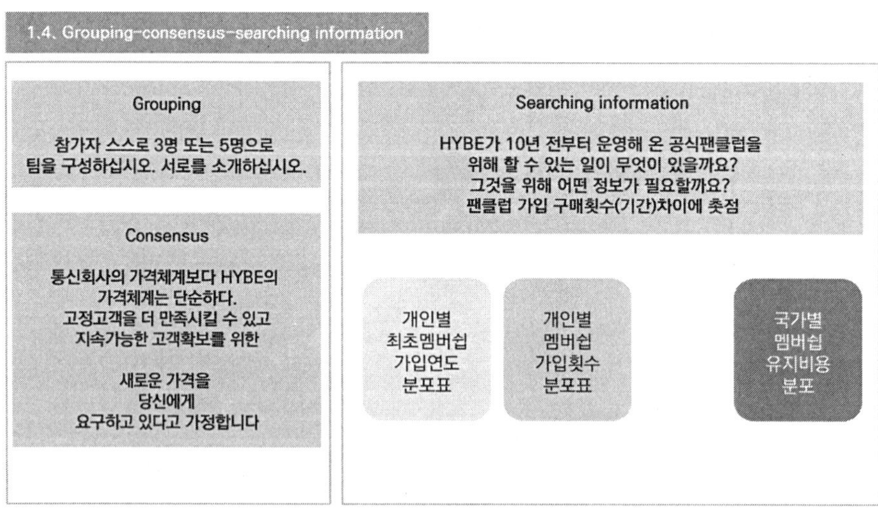

지 않고 읽는 시간을 부여한다. 마지막으로 팀원끼리 평가항목개발 문제를 해결하기 위해 필요한 정보가 무엇인지를 탐색하게 하는 시간이 부여된다. [그림 6-11 참조].

이 사례에서는 질적인 가격체계 의사결정이라는 주제를 갖고 있으므로 앞서 제시된 사회적 가격과 질적인 가격수준의 정의를 명확히 인식할 수 있도록 facilitator는 참가자를 유도해야 한다.

3. SED Program의 2단계 EXPLORE

EXPLORE 단계도 크게 4개의 과정으로 이루어져 있다. 첫 과정에서는 Who-What(why)-How 분석 틀을 facilitator가 참가자에게 학습시킨다. ESG 평가항목을 개발했을 경우에 목표시장(Who)과 목표시장의 어느 욕구를 해결할 것인지를 발의하고(What(why)), 기업이 어떻게 그 욕구를 해결하는 해결책을 마련했는지(How)를 팀 안에서 다양한 기회를 발견하고 수집하며 서로의 의견을 구체화하는 과정이다.

두 번째 과정은 팀 내 개인이 제시한 의견(Who-What-How안)을 단일안으로 정리하는 과정이다. 세 번째 과정은 ESG보고서에 어떤 평가항목을 제시할 것인가를 단일안에서 추출하여 정체성을 밝히는 단계이다. 'What to Say' 결정과정 또는 activity identity 정리과정이라고 말할 수 있다. 마지막 단계는 이 'What to Say' 항목을 시각화하는 작업으로 'How to Present' 과정이라고 정의한다. 이런 과정을 참가자들에게 facilitator가 설명하여 준다.

3.1. Who-What(why)-How 분석 틀 (2시간 소요)

3.1.1. Who-What(why)-How 분석

EXPLORE 단계의 첫 과정은 Who-Why-How 분석 틀을 facilitator가 팀원에게 학습시키는 과정이다. Who(상품을 구매하는 사람을 記述(목표시장)), What 또는 Why(목표시장의 고객이 상표를 구매하는 이유, 욕구, 가치), How(그 욕구를 만족시키기 위해 기업이 제공하는 상품 또는 技術)를 그림으로 그리거나 표에 작성하도록 안내하는 과정이다.

참가자들의 흥미를 이끌고 쉽게 Who-What-How 분석을 이해시키기 위해 예를 들어 미국 네바다의 라스베가스의 호텔역사를 Who-What-How 분석으로 설명해 보자.

라스베가스에서 사람이 살았던 흔적을 발견할 이후부터 가장 최근의 Wynn, Aria 등의 최고급 리조트까지 라스베가스에 숙박 및 카지노의 변화역사를 보면 [그림 6-12]와 같다. 1905년까지 네바다의 라스베가스는 캘리포니아와 유타 주를 잇는 기차정거장에 불과하였다.

그림 6-12 라스베가스의 호텔 역사

1931년에 도박이 합법화 된 이후에 시내에 도박장이 들어섰다. 숙박없이 카지노만이 운영되는 상태였다. 이 카지노(what, offerings) 고객(목표시장 who)은 주로 백인 노동자 남성이었다. 식당과 숙소는 별도의 매장이었다.

EL Rancho라는 매장이 라스베가스 메인도로인 스트립에 오픈 했는데 이 매장은 모텔과 카지노 식당를 동시에 제공했다. 이 때도 목표시장은 평민 백인 도박꾼들이었다. 후버댐 공사로 인해 많은 노동자가 이 매장을 이용했다. Flamingo는 1946년에 벅시 시걸에 의해 오픈되었고, 극장 쇼도 제공되었다. 이 시기에 흑인만을 위한 물랭루즈가 1955년에 개장했다. 즉, 흑인이라는 새로운 목표시장(who)을 공백으로 찾아내어 카지노가 제공되었다.

1956년부터 대규모 컨셉 호텔이 등장했다. 특정 컨셉으로 매장을 꾸민 호텔이다. 아라비아 풍의 알라딘, 로마풍의 시저스팔레스 등이 등장했다. 1970년대~1988년까지 대규모 호텔들이 라스베가스 스트립에 진입했다. 1989년 이후에는 대규모자본들이 premium호텔과 luxury resort를 건립했다.

그림 6-13 라스베가스의 호텔 역사를 Who-What-How로 표시

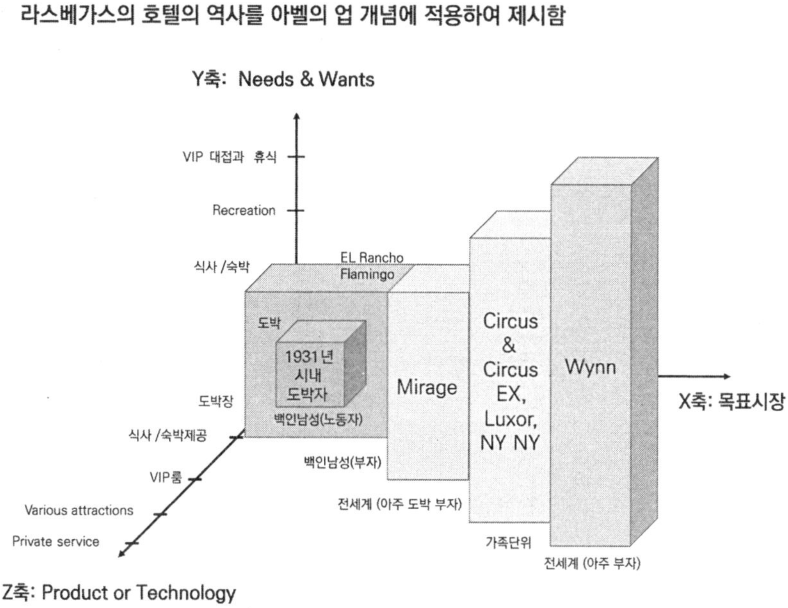

위의 그림을 보면 목표시장(who)이 다르고, 그 목표시장이 원하는 욕구가 다르고(what), 그 욕구를 만족시키기 위해 호텔들이 제공하는 것이 다름(what and offerings)을 알 수 있다.

facilitator는 위의 사례를 보여주면서, 우리 과제 해결을 위해 정확한 목표시장을 정하고, 그들이 왜 새로운 상품을 구매하는 지를 명확히하며, 그 욕구를 만족시키기 위해 어떤 상품(새로운 가격체계)를 제공할 지를 그림이나 표로 그릴 수 있어야 함을 강조해야 한다.

3.1.2. 'Explore White Space' 설명하기 (15분)

진행자인 facilitator는 팀원들에게 공백(white space)의 개념을 설명한다 (15분). 공백이란 아직 시장참여자가 진입하지 않은 공간을 말한다. 이 공간을 찾아내는 작업을 'explore white space!'라고 부른다. 이 공간을 찾아내면 새로운 ESG 활동의 상품을 안착시킬 공간을 확보하는 셈이다. facilitator는 참가자인 팀원들에게 'white space'라는 공간창출을 지속적으로 요구한다. 예를 들어 [그림 6-13]에서 보듯이 라스베가스는 x축인 목표시장과 y축인 욕구와 z축인 상품이나 기술측면에서 끊임없이 공백을 찾아냈음을 강조해야 한다.

3.1.3. 기업상황에 걸맞는 Who-What-How 분석

이제 facilitator는 참가자에게 2.3. ESG 평가항목 개발대상의 특정개별기업 상황에 대한 factbook을 중점적으로 상기시킨다. 참가자들은 ESG 평가항목 개발을 Who－What－How 분석을 통해 실시하게 된다. 팀원 각자가 x, y, z축에 무엇이 들어가고 새로운 상품(ESG 활동)이 어떻게 포지셔닝해야 하는 지를 작성하게 된다. 즉, 주어진 회사상황 과제에서 white space를 탐색(explore)하는 시간을 부여하게 된다. (1시간 30분 소요)

그림 6-14 팀원별로 구체적으로 제시해야 하는 새로운 가격체계를 Who-What-How 분석틀에 넣기

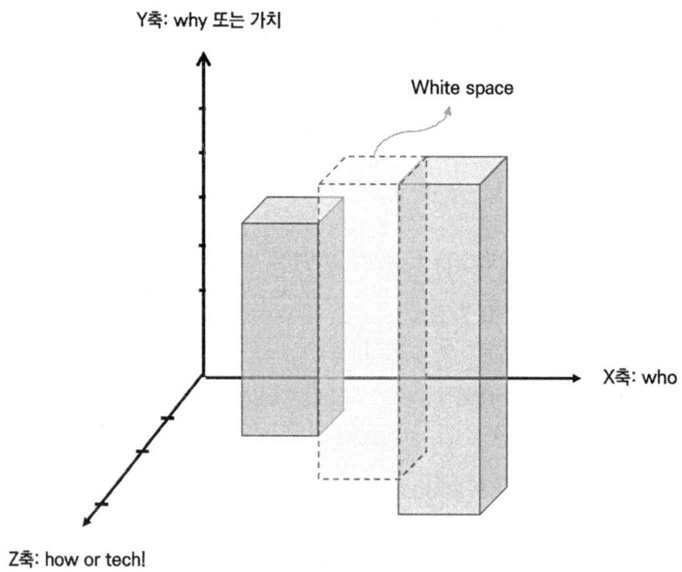

또한 [그림 6－15]와 같이 팀원 각자가 생산해 낸 Who－What－How의 공백이 어떤 효과를 가져올 지를 정리할 필요가 있다.

그림 6-15 팀원이 고려해야 할 새로운 가격체계의 사회적 효과

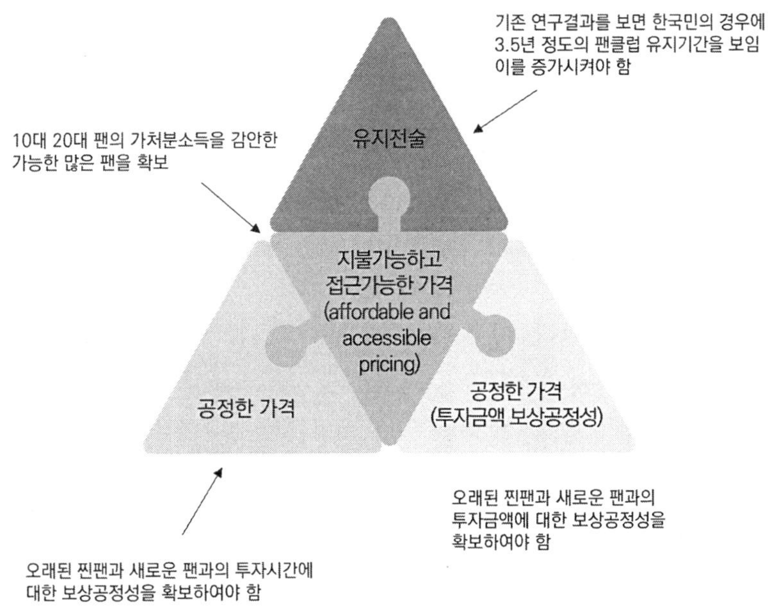

3.2. 팀 내 단일 Who-What-How안을 결정하기 (1시간 소요)

두 번째 과정은 팀 내 개인이 제시한 의견(Who－What－How안)을 팀의 단일안으로 정리하는 과정이다. 팀 내 개인이 개발한 기존 대안(option) 중 하나를 선택하던지 또는 개발된 기존 대안의 각 구성요소를 조합하여 새로운 대안을 개발하여 단일안으로 정리하도록 유도하게 된다.

그림 6-16 팀의 단일안으로 팬클럽 가입횟수에 의한 분석이 시도되었을 때 분석 틀 사례

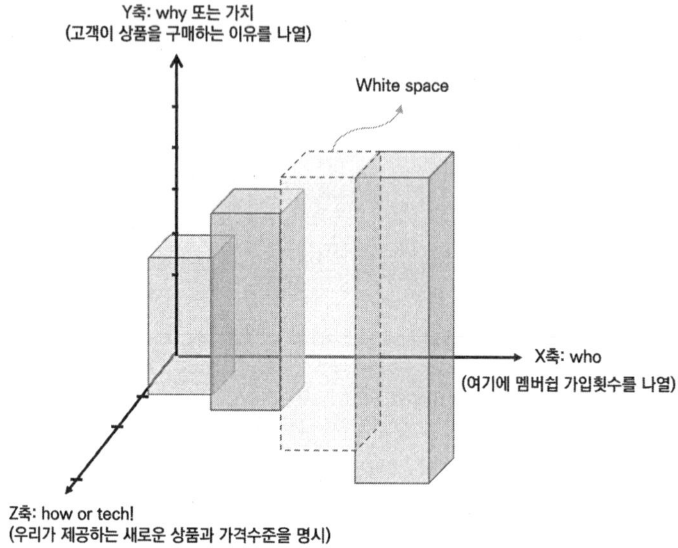

3.3. What to Say(activity identity)를 정하는 단계 (30분 소요)

세 번째 과정은 ESG 보고서에 평가항목을 무엇이라고 제시할 것인가를 단일안를 기초로 정체성을 밝히는 단계이다.

그림 6-17 새로운 ESG 활동 정체성(identity) 적기

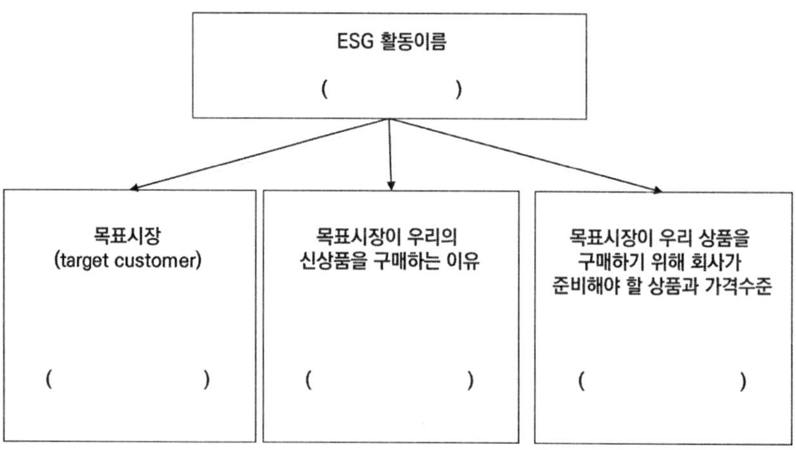

3.4. How to Present과정 (1시간 30분 소요)

마지막 단계는 앞의 'What to Say' 항목을 시각화하는 작업으로 'How to Present' 과정이라고 정의한다. [그림 6-18]과 같이 시각적이면서도 기억에 잘 들어오는 이름과 설명이 필요하다. 또한 [그림 6-19]와 같이 새로운 가격체계의 적용 전후의 효과를 그림으로 표시할 수 있어야 한다. [그림 6-19]에서는 'Pay-YOUR Membership Age-Plan'이라는

그림 6-18 How to Present의 산출물 이미지 사례 1

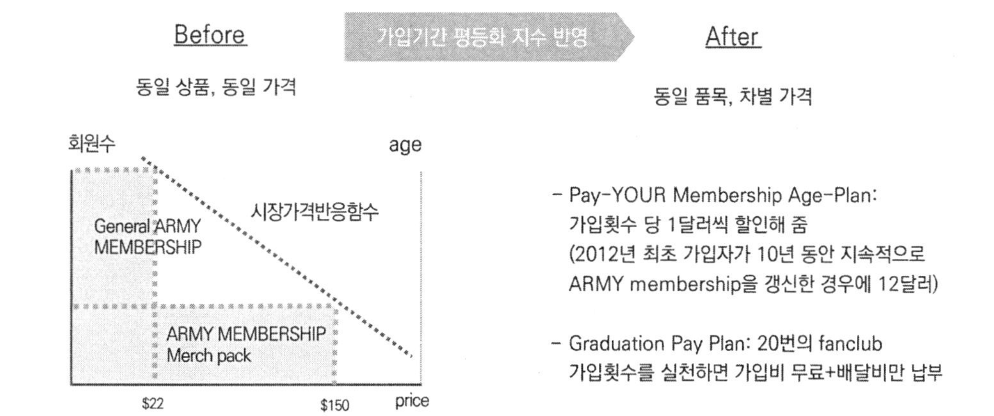

그림 6-19 How to Present의 산출물 이미지 사례 2

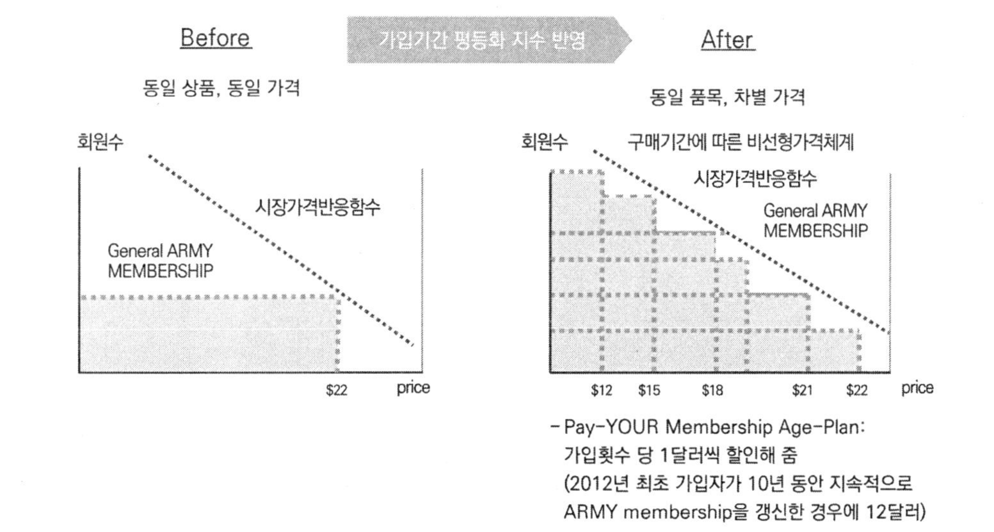

이름으로 멤버십 가입횟수 당 1달러씩 할인해 주는 것을 예시하고 있다. 2012년 최초 가입자가 10년 동안 지속적으로 ARMY membership을 갱신한 경우에 12달러이고, 최초가입자는 22달러를 지불해야 한다.

4. SED Program의 3단계 DEVELOP

DEVELOP 단계도 크게 5개의 과정으로 이루어져 있다. 첫 번째 과정에서는 팀별로 Who－What(why)－How 분석 결과를 발표하는 단계이다. 두 번째 과정은 개별팀 발표에 대해 다른 팀에서 질의응답을 실시하는 Brutal evaluation이 실행된다. 세 번째 과정은 팀별 발표안에 대해 제일 실행가능하고 효과적 효율적인 안에 투표를 실시한다. 여기에서 가장 좋은 평가를 받은 팀에 대한 시상이 진행된다. 네 번째 과정은 선정된 ESG 평가항목을 기업이 미래에 통제하고 관리하기 위한 업무분장을 토론하는 시간(What Do I got to Do)이다. 마지막 단계는 우승한 팀이 자신의 ESG 평가항목(What to Say)과 시각화 결과(How to Present)를 더욱 가다듬는 시간이다.

4.1. 팀별 'Who-What-How 안' 발표 (발표 10분씩 x 팀 수)

첫 번째 과정에서는 팀별로 자신들이 정리한 Who－What(why)－How 분석 결과를 발표하는 단계이다. 발표 중 질의응답은 실시하지 않는다.

4.2. Brutal evaluation과정 (질의응답 5분 x 팀 수)

두 번째 과정은 개별팀 발표에 대해 다른 팀에서 질의를 하고 질문을 받은 팀에서 팀장이 응답을 실행된다. 비판적인 질문을 하지 않고, 궁금한 것만을 질문하도록 facilitator가 사전에 통제한다. 마지막으로 facilitator가 전체발표자의 결과물에 대한 총평을 실시한다.

4.3. 투표 및 시상 (소요 30분)

세 번째 과정은 개별팀 발표에 대해 모든 facilitator와 참가자가 가장 좋은 결과물에 대해 투표를 실시한다. 최다득표를 얻은 결과물에 대해 시상을 실시한다.

4.4. What Do I got to Do (30분 소요)

DEVELOP 단계의 네 번째 과정은 전체 구성원을 대상으로 앞으로 우리 회사가 이 평가항목을 유지 및 발전시키기 위해서 해야 할 일을 정리하는 것이다(What Do I got to Do). 주로 업무분장을 실시하게 된다. 어느 부서의 어느 직급 레벨에서(Who), 무엇을(What), 어떻게 관리하고, 보고하고, 의사결정해야 하는 지(How)를 정리하게 된다. ESG 전략부서에서 정리된 아래 사항을 실행부서에 공문으로 시행하게 한다.

그림 6-20 DEVELOP 단계 중 'What Do I got to Do' 단계 사례

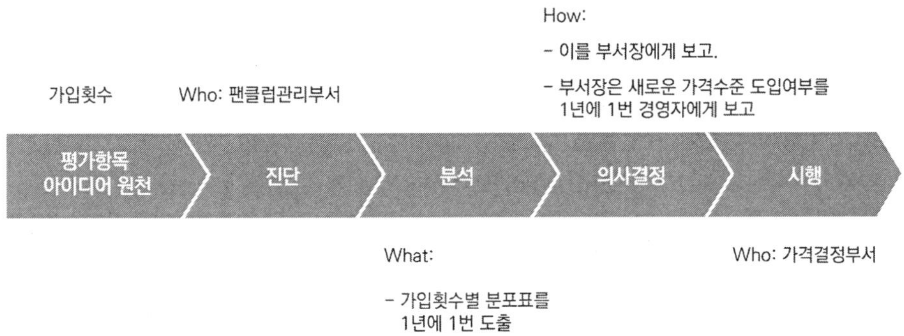

그림 6-21 DEVELOP 단계 중 'What Do I got to Do' 단계 과제 장표

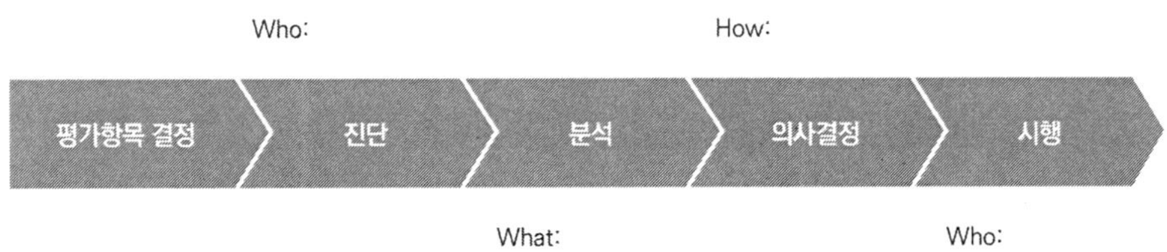

4.5. Decoration 또는 visual improvement (별도 24시간부여)

다섯 번째 과정은 담당자가 최종선택안을 ESG 보고서에 담기 위해 결과물을 decoration하는 과정이다. 평가항목의 정확한 identity, 조작적 정의, 시각적 표현을 decoration하여, 공시보고서에 직접 사용할 수 있는 상태로 정리하는 단계이다. 주로 우승팀이 이를 담당하게 된다. facilitator는 별도로 1일의 시간을 우승팀에게 부여하여 우승으로 당선된 산출물을 향상시킬 수 있는 시간을 부여한다. 이상으로 SED 프로그램을 마치게 된다.

4.4와 4.5의 순서를 바꾸어 실행해도 된다. 참가자들에게 최종 ESG 활동보고서 산출물을 공유하고 나서, 미래에 무엇을 할 지를 고민하게 해도 된다.

그림 6-22 가상적인 회사의 질적인 가격체계의사결정으로 ESG 보고서에 넣기로 한 최종산출물 이미지 예시

What to Say

평가항목 Identity

조작적 정의

평가항목 identity: Pay-Your membership age-Pricing Plan for ARMY

조작적 정의: 팬클럽 가입자를 대상으로 (Who)
가입횟수와 기간에 대한 공정성을 위해 (Why)
평생 가입횟수별로 1달러씩 할인해 줌 (How)

How to Present

시각적 표현

도입 후 가격

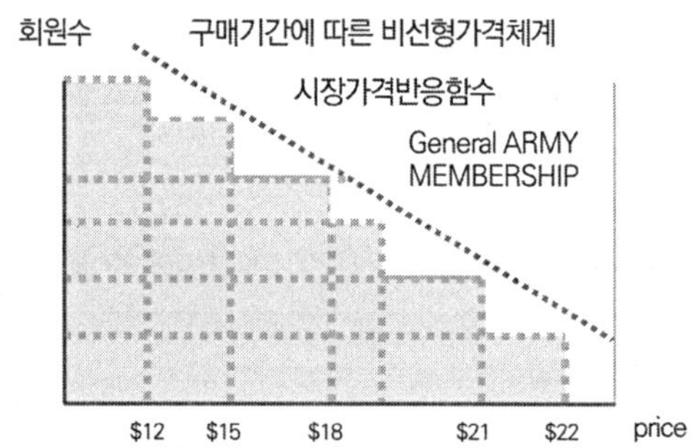

그림 6-23 ESG 보고서에 넣기로 한 최종산출물 이미지 예시1

What to Say

평가항목 Identity

조작적 정의

평가항목 identity: (   )

조작적 정의:

결과물:

How to Present

시각적 표현

도입 전후 소비자 효용크기 비교 및 정량적 또는 정성적 효과

그림 6-24 ESG 보고서에 넣기로 한 최종산출물 이미지 예시2

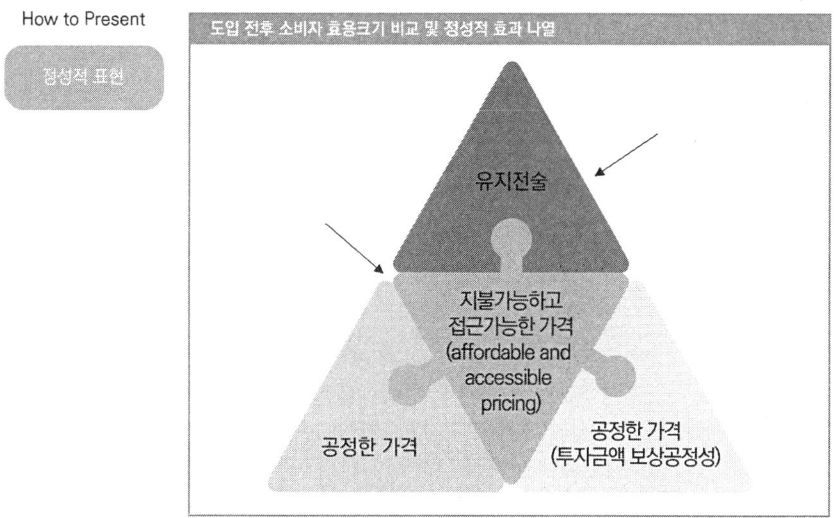

5. 마무리

한꺼번에 많이 사는 사람 vs 조금 사는 사람
단골 손님 vs 뜨내기 손님

회사가 위의 손님들을 구분하고 차별적인 가격을 지불하게 하는 것은 당연하다. 이 chapter에서는 구매량이나 구매기간이 달라지면 가격수준을 달리 매기는 작업을 했다. 공정하고 지속가능한 가격수준을 추구했다. 독자들은 자신이 판매하는 상품의 고객은 구매량과 구매기간을 기준으로 차별적으로 가격을 매기지 않고 있지 않은지 점검해야 한다.

- 1학년을 다닌 학생은 2번 등록금을 냈다. 4학년에 올라가는 학생은 적어도 6번 등록금을 지불했다. 2학년과 4학년의 등록금에 차이가 나야 되지 않을까?

참고문헌

곽영식 · 홍재원 · 이윤경 (2022), 유통 및 장소마케팅, 서울: 피앤씨미디어.
https://weverseshop.io/ko/home

Chapter 7

아파트분양 시장에 ambigram을 적용한 가격지불시점 변경으로 ESG 활동 설계하기

그림 7-1 이 chapter의 강의개발 교안

Key 교육목표	ESG 보고서에 후불제를 도입하여 사회적 가치를 제고 활동 설계 Ambigram을 통해 선불제이외에 후불제 도입을 통해 상품획득 기회를 제공			
	주제 및 원리 소개	What to Say	How to Present	What Do I got to Do
서비스 level	• ambigram은 거꾸로 하기. 선불제 이외에 후불제 제시	• 후불제 • 후불제 분할상환	• 지불시점을 시차로 표현	• 새로운 가격지불 시점의 정기적인 탐색
기대효과	상품의 가격을 상품사용 후에 지불할 수 있는 기회제공	• 선불제는 상품획득 기회의 장애물 문턱 • 후불제로 상품획득 기회제공	선불제 지불고객보다 후불제 지불고객의 수와 사용량 증가	새로운 지불시점, 지불간격, 지불횟수의 정기적인 점검 필요성 제고
Key words	- ambigram - 선불제 - 후불제	- 비즈니스모델 혁신	후불제 선택고객 수 후불제 사용량	주기적 사회적 가격책정 접근가능한 가격책정 지속가능한 가격책정

이 chapter는 마케팅가격 의사결정 중 가격지불시점 의사결정과 신상품개발 기법 중 'ambigram'을 결합하여 ESG 활동을 설계하는 과정을 보여준다. 기존에 선불제를 시행하는 산업이라면 후불제를 검토하게 되고, 후불제를 관행적으로 사용하는 산업이라면 선불제를 고려하게 된다. 이 장에서는 이런 과정을 통해 이 chapter에서는 고객에게 사회적으로 바람직한 가격지불시점이 고객에게 제시되는 과정을 SED 프로그램을 통해 선보이게 된다.

그림 7-2 이 chpater에서 다루는 ESG 활동 개발기법의 포지셔닝

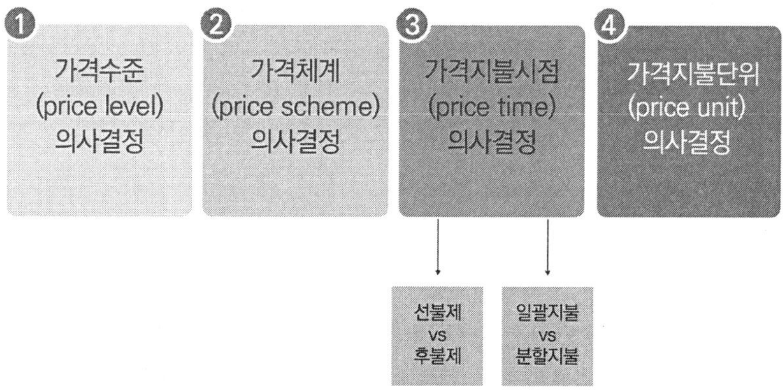

1. SED 프로그램 진행 전 준비

1.1. 참가자 구성

이 chapter는 모든 산업의 종사하는 사람들을 대상으로 하고 있다. 하지만 과제부여는 건설업을 중심으로 되어 있으니 가능하면 건설업의 ESG 전담부서를 비롯하여 과장급 이상의 실무진 중 재무와 마케팅담당자가 이 chapter의 내용을 습득했으면 한다. SED 프로그램은 의사결정의 효율성을 위해 프로그램 진행 중간에 3명 및 5명의 홀수로 팀이 구성할 것이고, 3팀 이상의 팀으로 구성할 것이다. 이를 염두에 두고 참가자 수를 구성하라. 이 SED 프로그램은 전문 facilitator를 사용할 예정이다.

1.2. SED의 프로그램 목표를 명확하게 하기 (5분 소요)

facilitator는 참가자들에게 SED 프로그램의 정의를 설명한다. SED의 이름은 Scan−Explore−Develop에서 가져왔다. SED 프로그램은 회사가 처한 상황을 훑어보고(scan), 누구를 대상으로 무엇을 어떻게 제공할 지를 초점을 맞추어 공백을 찾아내고(explore the white space), 구체적인 해결책을 개발(develop)하는 과정을 거치게 된다고 설명한다. 그리고, facilitator는 SED 프로그램의 목표를 명확하게 아래 박스와 같이 전달한다.

참가자들은 facilitator의 지시에 따라 SED 프로그램을 진행하면서 현재 당신 들이 취급하는 상품의 지불시점에 대해 생각하게 된다. 현재 고객이 우리 기업의 상품에 대해 가격을 지불하는 시점을 변경하는 것이 이 SED 프로그램의 목적이고, 이 과정 속에서 사회적으로 올바른 방향으로 고객에게 지불가능하고 공정하고 지속가능한 가격을 제시하는 것을 목표로 한다. 이를 통해 개별기업의 ESG 평가항목(company-specific ESG criteria)을 개발하는 일련의 절차와 방법을 습득하게 된다.

1.3. 산출물(output)을 명확히 하기 (10분 소요)

SED 프로그램을 진행하는 facilitator는 수강자나 참여자들 사이에 SED 프로그램이 진행되기 전에 산출물이 어떻게 나와야 하는 지를 공유(consensus)하여야 한다. facilitator는 이번 개별기업 ESG 평가항목개발을 위한 SED 프로그램의 산출물은 크게 세 부분으로 이루어져 있다는 것을 정확히 전달한다.

- What to Say : ESG 보고서에 무엇을 담을 것인가?
- How to Present : ESG 활동의 결과를 어떻게 시각적으로 전달할 것인가?
- What Do I got to Do : 위의 ESG 활동을 어떻게 미래에 개선해 나갈 것인가?

그림 7-3 SED 프로그램으로 개별기업 ESG 평가항목개발 후 산출물 이미지 예시

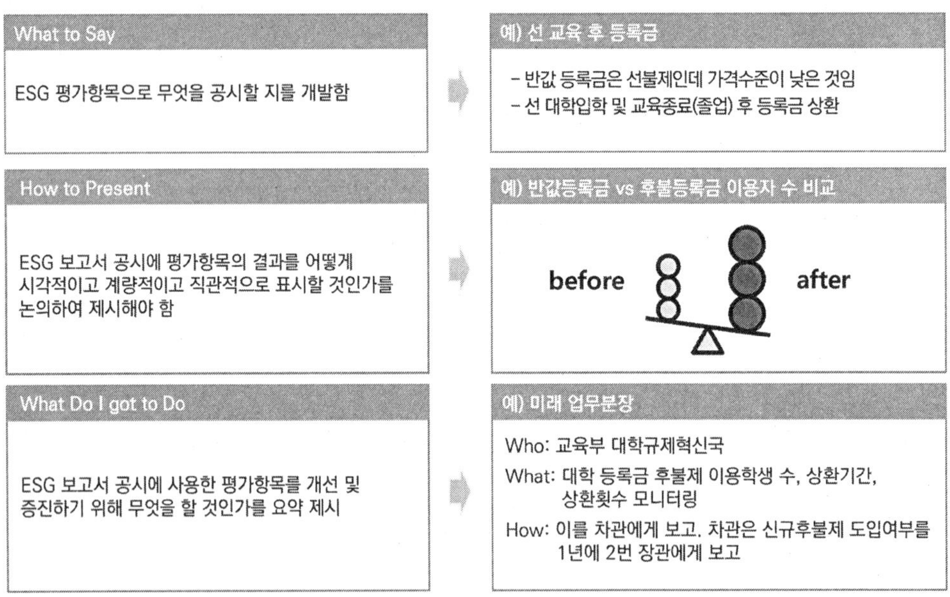

1.4. SED 프로그램의 구성과 절차

facilitator는 개별기업 ESG 평가항목 개발을 위한 SED 프로그램 구성과 절차를 참여자와 공유해야 한다. [그림 7-4 참조]. 첫 번째 scan단계에서는 이번 SED 프로그램에서 다룰 주제와 기업상황에 대한 4개의 세부과정이 진행될 것이고, 두 번째 EXPLORE 단계에서는 과제로 주어진 회사의 ESG 활동의 공백을 Who-What-How 분석으로 파악하는 4개의 세부과정이 진행된다. 마지막으로 DEVELOP 단계에서는 팀별 경쟁에 의해 최적의 ESG 활동을 선택하고, 그 결과물을 돋보이게 하는 작업이 실천된다.

그림 7-4 개별기업 ESG 평가항목 개발을 위한 SED 구성

1단계: SCAN	2단계: EXPLORE	3단계: DEVELOP
1.1. 특정 ESG 주제와 원리 소개 1.2. 주제별 기존 사례 소개 1.3. 가상적 기업상황 또는 factbook 소개 1.4. Grouping-consensus-searching information	2.1. Who, What, How 측면에서 미래 기회를 발견하고 수집하며 서로의 의견을 구체화 2.2. 단일안으로 정리 2.3. What to Say: activity identity 또는 조작적 정의 2.4. How to Present(시각화 작업)	3.1. 조별 Who-What-How 결과를 발표 3.2. Brutal Evaluation 3.3. 투표와 시상 3.4. What Do I got to Do 3.5. 평가항목과 조작적 정의, 시각화표현에 대한 decoration

2. SED Program의 1단계 SCAN

2.1. 특정 ESG 주제와 원리 소개하기

이번 SED 프로그램의 주제는 고객의 돈과 상품이 교환되는 가격지불시점을 변경함으로써 사회적으로 바람직한 방향으로 고객이 지불가능하고 접근가능한 가격지불시점을 한 개 또는 여러 개 설정하는 것이다. 이것이 ESG 활동 중 사회적 부문에 기여하는 것을 목표로 한다. 먼저 이 주제의 정의와 필요한 개념들을 나열하여 참여자에게 제시한다.

- ambigram (거꾸로 하기)
- 가격지불시점의 분류 (선불제 vs 후불제)

2.1.1. Ambigram

'글자를 뒤에서부터 거꾸로 읽는 게 아니라, 아예 위와 아래를 뒤집어놓고 읽을 수 있는 단어나 문장을 만드는 것', '글자나 그림을 180도 돌려보아도 위아래가 같은 모습으로 읽혀지는 것' 이것을 앰비그램(ambigram)이라 한다. [괴델, 에셔, 바흐]의 저자 더글러스

호프스태터라는 사람이 만든 신조어이다. 진중권은 [놀이와 예술 그리고 상상력]이라는 책에서 앰비그램을 글자나 그림의 위아래를 뒤집어 놓고 보는 일종의 물구나무 세우기라고 정의하고 있다. 앰비그램에 대한 몇 가지 사례를 간단한 것부터 복잡한 것 순서대로 나열해 보자.

- 우리 말에는 초성, 중성, 종성을 거꾸로 해도 말이 되는 말이 있다. 우리 말의 '곰'이라는 글자를 거꾸로 세우면 '문'이라는 말이 된다.
- [궁]이라는 드라마에서 황태자비로 등장하는 윤은혜는 회문(回文)시를 만들어 등장인물을 놀라게 하는 장면이 있다. 황제 가족이 정자에 앉아서 차를 마시면서 시를 한 수씩 읊는 장면이었다. 회문이란 바로 읽으나 거꾸로 읽으나 뜻이 통하는 문장을 말하는 것으로 지어진 한시를 거꾸로 해서 다른 의미를 만든 것이다. 그가 노래한 시는 다음과 같다.

  花香滿園亭[화향만원정] 꽃이 만원정에 향기로우니
  亭園滿香花[정원만향화] 정원이 꽃 향기로 가득하구나.

가령 이규보의 [美人怨]에는 첫 소절이 '腸斷啼鶯春[장단제앵춘] 꾀꼬리 우는 봄날 애간장 타는데'로 시작되는데, 이 시의 맨 마지막엔 '春鶯啼斷腸[춘앵제단장] 봄 꾀꼬리 우는 소리에 애간장 타누나'로 끝난다. 이 두 소절은 완벽하게 한문을 거꾸로 쓴 것이다.

이렇게 예술분야에서는 기존의 것을 거꾸로 해서 새로운 창작물을 만드는 것이 보편적이다. ambigram을 마케팅에 응용하면 기존에 있던 것의 순서를 앞뒤를 정확히 바꾸어서 새로운 의미를 고객에게 주는 것으로 해석할 수 있다. 이것을 가격전술에 응용해 보자.

코로나와 같은 경기침체 시기에 수요촉진을 위해 가격인하는 대세일 것이다. 반면에 2020년부터 2022년 사이에 샤넬, 에르메스, 루이비통 등은 1년에 몇 차례씩 가격인상을 지속했다. 이런 기존 상품과의 반대적인 가격수준결정해동은 고객으로 하여금 미래에 가격인상을 기대하게 하여 구매을 앞당기는 효과로 작용하였다. ambigram적 가격수준결정의 효과이다.

[그림 7-5]의 가격지불시점을 보자. ambigrm을 가격지불시점에 응용하면 선불제와 후불제로 구분할 수 있다. 특정 산업에서 관행적으로 선불제를 사용한다면 ambigram의 거꾸로 하기를 적용한다면, 후불제가 공백으로 남아있는 셈이다. 그 반대도 가능하다.

그림 7-5 마케팅 가격전술 분야별 ambigram 사례

구분			사례
가격수준	가격인하	가격인상	코로나 경기침체 시 명품상품의 가격인상
가격체계	선형 가격체계	비선형 가격체계	다량 구매 시 할인 (2일권 구매 25%할인)
가격시점	선불	후불	입장료 아닌 퇴장료 선택 가능
가격지불 단위	단일제품 판매	다발제품판매	온라인 콘서트 관람료 + AR/VR티켓 분할 온라인 콘서트 관람표(전시회포함) 합침
가격노출	분할	분할 안함	운임료 + 유류할증료 유류할증료 없는 탑승료

2.1.2. 가격지불시점의 분류[1]

제품과 서비스를 제공하고 가격을 주고 받는 교환과정을 크게 아래와 같이 세 부류로 구분할 수 있다.

- 제품과 서비스가 공급되고 나서 일정시간이 지난 후 소비자로부터 돈을 받는 '제품공급 이후 돈 받기'(어음, 외상): 후불제
- 제품과 서비스가 공급되자마자 소비자가 돈을 지불하는 '제품공급시점 돈 받기'(현금 박치기)
- 제품과 서비스가 공급되기 전에 소비자가 돈을 지불하는 '제품공급 이전 돈 받기'(입도선매): 선불제

위의 세 보기 중 마케터의 입장에서는 3번 항을 가장 선호하게 된다. '제품공급 이전 돈 받기'의 장점은 다음과 같이 세 측면에서 살펴볼 수 있다. 우리 회사 측면에서는 돈을 미리 받기 때문에 현금흐름이 좋아지고, 소비자 측면에서는 돈을 미리 지불하는 대신에 가격할인 등의 혜택이 있으며, 경쟁사 측면에서는 돈을 미리 지불한 고객은 쉽게 상표전환을 유도하기 어렵다는 점이다. 하지만 고객들은 일반적을 후불제를 선호하게 된다.

---

1) 이 부분은 곽영식 · 홍재원 · 이윤경(2021), 마케팅가격전술, 서울: 피앤씨미디어에서 발췌.

그림 7-6 가격지불시점의 ambigram

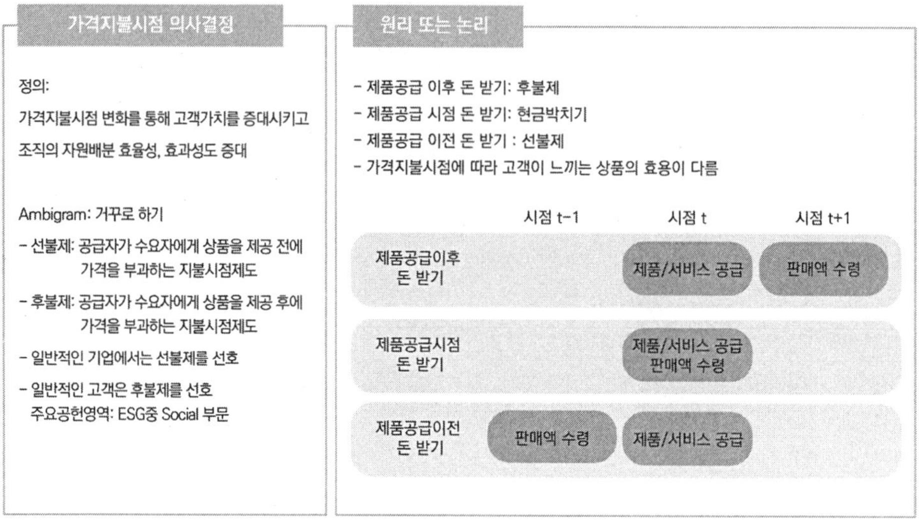

'제품공급시점 돈 받기'에서 '제품공급 이전 돈 받기'로 가격지불시점을 옮긴 사례나, 두 가격지불시점을 동시에 제공하고 있는 사례는 제품·서비스 등에서 다양하게 나타나고 있다.

- K-Pop 아티스트 팬클럽 가입비
- 한국도로공사의 고속도로 사용자가 이용할 수 있는 할인카드 정액권
- 지하철의 충전카드
- 골프장 회원권
- 콘도 회원권
- 김장배추를 확보하기 위해 밭떼기로 배추를 확보하는 경우
- 가전회사에서 판매하는 가전을 구매할 때 몇 년치의 서비스를 받을 수 있는 조건으로 미리 돈을 내는 제도를 만든 경우
- 영화관이나 극장의 선불카드

'제품공급 이전 돈 받기'를 하기 위해서는 많은 분석과 의사결정을 필요로 한다. 첫째, 고객 측면에서는 고객들이 돈을 미리 낼 만한 충분한 이유를 제공해야 한다. 주로 가격할인이나 이용편리성 증대 등과 같은 소비자행동 자극요인이 이용된다. 가령 골프회원권을 사는 이유는 booking하기 쉽다거나 1회 이용비용이 저렴하기 때문이다. 또한 교통카

드와 같이 매번 돈을 준비하는 것보다는 카드 하나로 빠른 시간 내에 요금소를 지날 수 있다는 장점이 있기 때문이다.

둘째, 고객 측면에서 검토해야 할 문제는 어느 집단을 대상으로 지불시점 변경제도를 시행할 것인가 하는 문제이다. 과거 어느 증권사는 얼마의 돈을 미리 내면 1년 동안 이루어지는 모든 거래에 적용하는 수수료를 아주 저렴하게 하는 제도를 시행하고 있는데, 이것은 고액계좌를 대상으로 한 특별할 가격할인제도이다. 이렇게 특정집단만을 대상으로 지불시점을 변경할 수도 있고, 전체시장을 대상으로도 가격지불시점을 변경할 수도 있다.

셋째, 경쟁사 측면에서는 가격지불시점변경으로 가격경쟁을 촉발시켜서는 안 된다는 고려가 있어야 한다. 가격지불시점변경이 자칫 가격인하처럼 눈에 띄게 시행된다면 경쟁사 간의 가격인하를 초래할 가능성이 있고, 이런 가격인하는 시장참여자의 이익을 저해하기 때문이다.

넷째, 회사 측면에서는 이런 가격시점변경이 다른 경쟁산업과의 경쟁에서 우위를 차지할 수 있는 계기로 사용되어야 할 것이다. 다섯째, 회사는 이 가격지불시점변경을 선택하지 않는 고객들이 소외되는 느낌이 없도록 각별히 주의해야 한다.

여섯째, 이 가격지불시점변경은 미리 돈을 내는 것이기 때문에 얼마의 가격을 미리 내게 할 것인가 하는 분석적인 방법이 반드시 선행되어야 한다. 일곱째, 가격지불 시점변경이 영업망에서 받아들여지지 않거나 갈등을 일으키는 사례가 보고된 바 있다. 마케터는 가격지불시점이 채널 간 혹은 채널 내에서 야기시킬 지도 모르는 갈등을 사전에 검토해야 한다.

그림 7-7 산업마다 다른 가격지불시점

상품공급과 가격지불 사이의 관계

가격 지불의 양	선불	후불
전부 (일시불)	한국의 대학교 등록금 롯데월드 입장료 롯데리아 가격 스타벅스 커피 가격 골프회원권 영화 관람료 모델 숙박료	호텔 숙박료 골프 라운드 피
일부 (분할상환)	응급실 치료비 배 건조 비용	병원입원료 응급실 치료비 배 건조 비용 미국 대학교 등록금 마트 구매비 분할상환

가격지불시점에 대해 살펴보면 산업별로 재미있는 현상이 목격된다. 첫째, 산업마다 지불시점이 다른 경우가 있다. 어느 산업은 선불제만을 사용하고(대학교 등록금), 어느 산업은 후불제를 사용한다(호텔 체크아웃 때 돈 지불).

둘째로, 같은 산업에서도 선택에 따라 가격지불시점이 여러 개일 수 있다. 어느 증권사 지점에서 판매하는 적립식 펀드의 제품설명과 수수료체계를 보면 선불제와 후불제를 동시에 사용하고 있다.

지금까지 사례를 정리해 보면 [그림 7−5]에서 지적했듯이 가격지불시점 말고도 가격체계 가격지불단위 가격노출 등의 다양한 가격의사결정에서 ambigram(거꾸로 하기)가 활용될 수 있음을 다시 한 번 확인할 수 있다.

2.2. Ambigram을 통해 가격지불시점을 변경한 사례: ESG 주제의 실제 기업현장존재

그림 7-8 한국 대학등록금 논란의 역사: 선불제가 대세, 후불제 논의는 적음

대학 등록금 논란의 역사

- 1978년 사립대 등록금을 국립대 수준으로 인하추진 부족분은 국고지원
- 2007년 한나라당 반값 등록금 대선공약
- 18대 국회 민주당 반값 등록금 추진
- 2012년부터 소득수준 연계 국가장학금 제도도입
- 대학은 2009년부터 등록금 동결

평가

국체인 공화국 관점: 국가가 국민의 초등학교에서 대학교까지 등록금 지원이 맞다

수혜자입장: 교육서비스를 제공받는 수혜자인 학생이 지불하는 것이 맞다

가격지불시점 측면: 한국의 대학교 등록금은 기본적으로 선불제이다

등록금 후불제: '취업 후 등록금후불제'는 대출제도에 불가했다 (이자가 있다)

저자들의 생각: 진정한 대학 등록금 후불제는
- 대한민국은 공화국이므로 교육받을 권리를 국민이 갖고 있다를 전제
- 졸업 후 상당기간 거치기간을 두어 상환부담을 주지 않은 후
- 취업 후 연간 총소득이 '일정수준 ' 이상인 경우에만 상환을 시작하고
- 상환마감시기는 은퇴시기 이전으로 국민이 스스로 정하고
- 이 제도를 선택한 사람이 상환마감시기 이전에 사망하거나 상환능력을 상실하면 자동적으로 탕감되는 것을 원칙으로 해야 한다.

[그림 7−8]을 보면 40년도 넘는 대학교 등록금의 선불제와 후불제 논란을 볼 수 있다. 대한민국의 대학교 역사에서 대학교 등록금은 기본적으로 선불제이다. 선불제의 경우에는 등록금을 마련할 수 없는 학생은 대학공부에 접근하지 못한다. 그래서 미국 등의 나라는 후불제를 사용한다. 공부하고 싶은 사람에게 교육서비스를 먼저 국가가 제공하고 등록금은 학생이 졸업 후에 상환하는 것이다. 먼저 미국 오바마 대통령도 대학졸업 후 학자

금을 갚는데 10년이 걸렸다고 말한 바 있다. 하지만 한국의 경우에는 선불제의 수준을 낮추는 것에 집중했다. 즉, 가격수준 의사결정에 머물고 있는 것이다.

대학교 등록금의 가격수준측면에서 살펴보면 우리나라는 매우 등록금 수준이 높다. 나폴레옹의 프랑스혁명적 사고에 영향을 받아서 매우 낮은 수준(몇 십만원)의 대학교 등록금을 가진 프랑스나 독일보다 우리나라의 대학 평균 등록금은 몇 십배 비싸다. 비싼 등록금을 낮추자는 반값 등록금이슈가 그래서 생겨났다.

그렇지만 가격수준은 낮추기 어려우니 한국에서는 가격지불시점 논의를 진행할 수 있다. 만약 전면 후불제를 대학교 등록금에 적용한다면 대학교의 운영재원은 국가가 부담하고, 학생은 공부만 하면 된다. 학생이 졸업 후 이자부담없는 과거 등록금은 일정 거치기간 후 (충분한 가처분소득이 생긴 후)에 상환하기 시작하면 된다. 이런 정책은 국가의 초기 재원이 많이 필요로 한다. 한국은 후불제로 나가지 못하고 선불제 중 반값등록금이라는 가격인하에 머무는 것이다.

만약 한국의 대학교가 후불제를 시행한다면 대학교육을 받고 싶어하는 누구나 고등교육을 받을 수 있는 기회를 제공하게 된다. 이는 SDGs의 4번 주제인 양질의 교육을 실천하는 것이자, ESG에서 social부문을 만족하는 것이 된다.

2.3. ESG 평가항목 개발대상의 특정개별기업 상황의 팩트북 제시와 질의응답 (30분 소요)

그림 7-9 과제 1: 건설회사 선분양 후시공 선불제를 후불제로 개발하라는 과제 1[2)]

1.3. 가상적 기업상황 또는 factbook 소개

과제 1: 당신은 한국의 **건설회사 재무담당자이다.

우리나라 아파트는 선분양 후시공 정책을 사용하고 있습니다.
중국이나 미국은 선시공하여 아파트가 완성된 후 후분양을 실시합니다.

우리나라에서 선시공 후분양을 실시할 수 있는 아파트 상품을 기획하여 제시해 보십시오

제약사항

회사 내부적으로 현금흐름이 원할해야 한다.
회사 내부적으로 이익이 증가해야 한다.

바람직한 ESG 활동결과로 공시할 수 있어야 한다. (임직원만족, 협력사만족)

---

2) 이 과제는 곽영식(2016), 창업을 위해 미학에서 배우는 신상품개발, 서울: 피앤씨미디어에서 발췌.

이제 ESG 평가항목을 개발하기로 한 가상적이거나 실제기업의 기업상황의 factbook을 facilitator가 제시하고, 참가자가 탐색하는 시간이다. 이번 장에서는 세 가지 각기 다른 과제가 준비되어 있다. 참여자들에게 facilitator가 세 개 중의 한 과제를 선택하라고 주문한다. 그러기 위해서 세 과제를 아래와 같이 나열한다. 먼저 [그림 7-8]는 건설회사에 종사하는 사람들을 대상으로 SED 프로그램을 실행하기 위해 주어진 과제이다.

최근 주택분양의 이슈 중의 하나인 선시공 후분양을 앰비그램으로 해석해 보자. 기존의 아파트분양방법인 선분양 후시공의 경우에서는 모델하우스라고 불리우는 견본 만을 보고, 고객은 자기 재산의 엄청날지도 모르는 현금자산을 시공사에게 맡긴다. 시공사는 이 돈을 모아서 건물을 짓고 나서, 분양받은 사람이 이 건물에 들어간다. 결국, 시공사는 땅만 확보하고 있으면 고객 돈을 이용하여 건물을 짓고 마진을 얻어서 사업을 한다. 고객들은 싼 분양권을 확보했다가 입주하기 전에 마진을 붙여서 팔기도 하고, 실제 몇 년이 지나 건물이 완성되면 입주한다. 하지만, 고객은 건물이 완성되는 동안 계속 돈을 내고, 오랜 기간을 아파트의 완성을 기다리게 된다. 그 기다리는 동안 시공사가 도망갈 수도 있고, 건물의 품질이 견본과 다르게 시공될 수 도 있고, 입주한 아파트가 예상했던 조망권이 확보되지 않은 아파트가 내 것일 수도 있다.

반면에 선시공 후분양의 경우에는 건물을 시공사 책임 아래 모두 완성하고 난 후에, 고객들이 각 아파트를 다 구경한 후에 자신의 마음에 맞는 아파트를 구매하게 된다. 물론 선분양 후시공보다 평당 분양가가 높다. 선분양 후시공에서 고객이 분양 후에 아파트를 기다리는 동안 부담하는 불확실성을 없애주는 대신에 선시공 후분양은 평당 분양가를 건축사가 높게 받는 것이다.

반복하여 설명하면, 선분양 후시공의 경우에는 고객은 건물이 완성될지 모르는 불확실성의 위험을 추구하는 대신에(위험추구형) 낮은 비용을 지불한다. 반면에 선시공 후분양의 경우에는 선분양 후시공에서 고객이 부담하는 모든 위험을 시공사가 부담하는 대신에 고객은 돈을 더 지불하게 된다(위험회피형).

아파트분양시장에서 분양과 시공의 앰비그램은 고객과 판매자의 위험부담의 정도, 가격, 비즈니스모델을 달리하게 한다. 이렇게 현재하고 있는 서비스순서가 최적이라는 편견만을 버리면, 앰비그램은 신선한 목표시장의 고객을 맞이할 수 있게 된다.

위의 상황를 고려하여 아파트 시장에 후불제를 시행할 수 있는 방안을 모색하라는 것이 과제 1이다. 이 경우 ESG 활동 중 social부문에서 많은 공시할 만한 사항을 획득할 수 있을 것이다.

그림 7-10 아파트 선분양 후시공 vs 선시공 후분양의 목표시장 차이

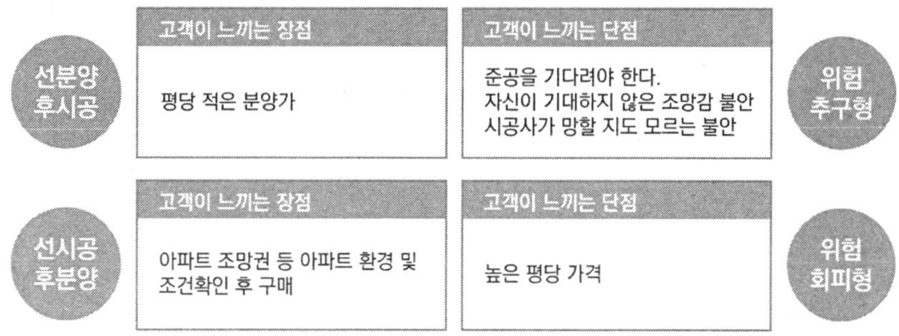

이제 SED 프로그램 중 과제 2를 소개한다. 앞서 말한 데로 우리나라 아파트는 선분양 후시공정책을 사용하고 있다. 중국이나 미국은 선시공하여 아파트가 완성된 후 후분양을 실시한다. 만약 우리 건설회사가 선시공 후분양을 사용한다면 본사가 협력업체에게 지불하는 공사대금 지불시기를 어떻게 조정해야 하는지에 대해 검토하자.

이를 원청으로서의 본사와 협력업체와의 관계로 발전시켜 ESG 활동으로 연계시켜 보자. 특히 SDGs의 17개 주제 중 11번 지속가능한 도시 및 거주지 조성 주제에 맞추어 선시공 후시공 비즈니스모델을 설계해 보자.

그림 7-11 과제 2: 건설회사 선분양 후시공으로 인해 본사와 협력업체가 대금지불관계의 조정을 실시하라는 과제

1.3. 가상적 기업상황 또는 factbook 소개

과제 2: 당신은 한국의 **건설회사 재무담당자이다.

우리나라 아파트는 선분양 후시공 정책을 사용하고 있습니다.
중국이나 미국은 선시공하여 아파트가 완성된 후 후분양을 실시합니다.
위 상황으로 인해 본사가 협력업체에게 지불하는 공사대금 지불시기가 어떻게 조정되어야 하는지를 검토하십시오

본사와 협렵업체 간의 지불조건 및 시기를 ESG 활동측면을 강화하여 변경하여 보십시오

제약사항

회사 내부적으로 현금흐름이 원할해야 한다.
회사 내부적으로 이익이 증가해야 한다.

바람직한 ESG 활동결과로 공시할 수 있어야 한다. (임직원만족, 협력사만족)

그림 7-12 과제 3: 선불제인 전세와 후불제인 월세 조건을 임차인에게 유리하게 변경하라는 과제

1.3. 가상적 기업상황 또는 factbook 소개

과제 3: 당신은 한국의 **건설회사 재무담당자이다.

우리나라 국민의 임대거주조건을 보면 전세와 월세로 크게 나누어져 있습니다.
선불제인 전세는 전세계에서 찾아보기 힘든 임차인의 지불시점과 조건에 해당됩니다.
월세는 후불제로 전세계에서 통용됩니다.

2023년 현재 한국은 전세가 줄어들고 있는 상황입니다.
후불제인 월세 조건을 더 다양하게 구상해 보십시오
임대인과 임차인의 지불조건과 시점을 선불제 후불제 일시불 분할상환 등으로 다양하게 변경하여 보십시오

제약사항

임대인 내부적으로 현금흐름이 원할해야 한다.
임대인 내부적으로 이익이 증가해야 한다.

임차인에게 유리하거나 바람직한 ESG 활동결과로 공시할 수 있어야 한다.

우리나라 국민의 임대거주조건을 보면 전세와 월세로 크게 나누어져 있다. 선불제인 전세는 전세계에서 찾아보기 힘든 독특한 제도로써 임차인의 지불시점과 조건이 특수하다. 반대로, 월세는 후불제 성격으로 전세계에서 통용되는 정책이다. 2023년 현재 한국은 전세가 줄어들고 있는 상황이다. 후불제인 월세 조건을 더 다양하게 구상하여 ESG 활동으로 공시할 만한 것으로 만들어 보자. 임대인과 임차인의 지불조건과 시점을 선불제, 후불제, 일시불, 분할상환 등으로 다양하게 변경하여 보자.

위에서 부여된 세 가지 과제는 SDGs의 10번 불평등의 완화와 11번 지속가능한 도시 및 거주지 조성 주제에 걸맞는 설계에 노력해 보자.

2.4. Grouping-consensus-searching information (2시간 소요)

이제 facilitator는 참가자 스스로 3명 또는 5명으로 팀을 만들게 유도한다. 반드시 홀수로 구성원의 수가 이루어져야 한다. 그리고 홀수의 팀이 구성되어야 한다. 팀이 구성된 후에 팀원들은 서로를 소개하고, 팀별로 '문제에 직면한 회사 상황인 factbook'를 소리내지 않고 읽는 시간을 부여한다. 마지막으로 팀원끼리 평가항목개발 문제를 해결하기 위해 필요한 정보가 무엇인지를 탐색하게 하는 시간이 부여된다. [그림 7-13 참조].

그림 7-13 탐색해야 할 정보의 사례

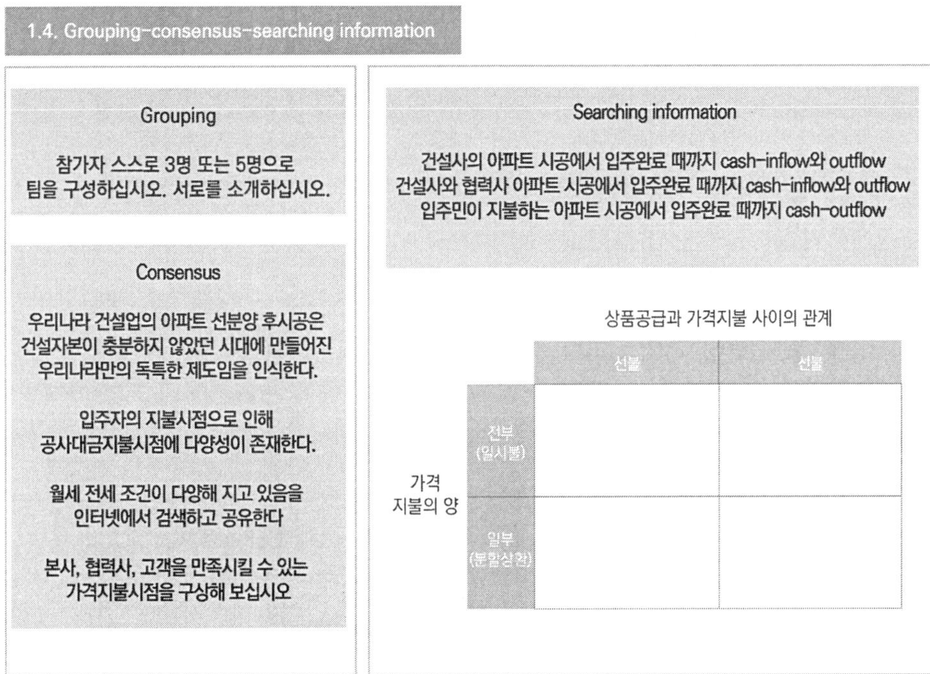

3. SED Program의 2단계 EXPLORE

EXPLORE 단계도 크게 4개의 과정으로 이루어져 있다. 첫 과정에서는 Who-What(why)-How 분석 틀을 facilitator가 참가자에게 학습시킨다. ESG 평가항목을 개발했을 경우에 목표시장(Who)과 목표시장의 어느 욕구를 해결할 것인지를 발의하고(What 또는 why), 기업이 어떻게 그 욕구를 해결하는 해결책을 마련했는지(How)를 팀 안에서 다양한 기회를 발견하고 수집하며 팀원 각자의 의견을 구체화하는 과정이다.

두 번째 과정은 팀 내 개인이 제시한 의견(Who-What-How안)을 단일안으로 정리하는 과정이다. 세 번째 과정은 ESG 보고서에 어떤 평가항목을 제시할 것인가를 단일안에서 추출하여 정체성을 밝히는 단계이다. 'What to Say' 결정과정 또는 activity identity 정리과정이라고 말할 수 있다. 마지막 단계는 이 'What to Say' 항목을 시각화하는 작업으로 'How to Present' 과정이라고 정의한다. 이런 과정을 참가자들에게 facilitator가 설명하여 준다.

3.1. Who-What(why)-How 분석 틀 (2시간 소요)

3.1.1. Who-What(why)-How 분석

우리가 고객들에게 제시할 새로운 가격지불시점은 우리 산업의 모든 사람을 대상으로 할 수도 있고, 특정 집단을 대상으로 할 수도 있다. 따라서 새로운 가격지불시점제도가 만족시키려 하는 목표시장(target customer)가 명확해야 한다. 이를 찾아가는 과정을 who분석이라 한다.

이 목표시장이 새로운 가격지불시점제도를 통해 만족하는 이유나 추구하는 가치를 정리하는 작업을 what 또는 why작업이라 부르자. 마지막으로 구체적으로 목표시장이 추구하는 가치를 만족시키기 위해 우리 회사가 구체적으로 설계하여 제공하는 기술이나 서비스 등을 offerings라고 부를 수 있으며, 우리 과제에서 이 offerings는 새로운 가격지불시점제도이다. 이 offerings를 구체화하는 작업을 how분석이라 한다. 따라서 위의 세 과정을 통칭하여 Who－What(why)－How 분석이라 한다.

이 Who－What(why)－How 분석에 익숙해 지기 위한 사례를 facilitator가 소개하는 시간을 갖는다. Who－What(why)－How 분석은 Abell(1980)의 업의 개념(Biz definition)과 유사하므로 이를 중점적으로 설명한다.

그림 7-14 Abell의 업 개념(Biz definition) 그림

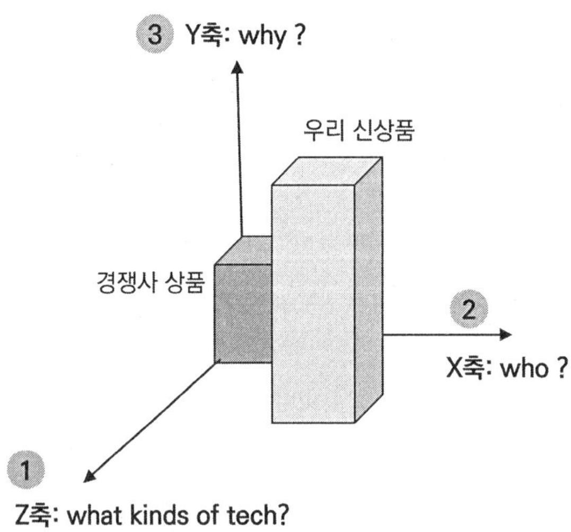

Abell은 목표시장(Who), 제품·서비스가치(Why), 제품·서비스공급형태(How or What)를 사업의 정의를 내리는 기본 분석단위로 제시한다. 첫 번째 분석단위는 우리 회사가 누구를 대상으로 사업을 하고 있는지를 명확히 하는 것이다. [그림 7－14]의 그림을 보면 Abell 틀의 x축은 우리 제품이나 서비스를 현재 사용하거나 미래에 사용가능할 고객집단을 나열하는 축이다. 아직 나열되지 않은 고객집단이 공백으로 남아 있을 수 있다.

두 번째 분석구성요소는 그 고객집단이 왜 우리의 제품·서비스를 사는 지를 분석할 수 있는 '고객욕구'이다. 이 기준을 활용하기 위해 y축은 이 고객들이 왜 이 제품이나 서비스를 구매하는지에 대한 욕구를 나열하는 축이다.

세 번째는 그 욕구를 만족시키기 위해 우리 회사가 채택하고 있는 '기술'이다. z축은 x축의 고객이 y축의 욕구를 만족시키기 위해 기업이 어떤 제품이나 서비스를 제공해야 하는지에 대한 기술(technology)이나 콘텐츠(contents)를 나열하는 축이다.

그림 7-15 Abell의 업 개념(Biz definition)에 중국 껌 시장을 표시

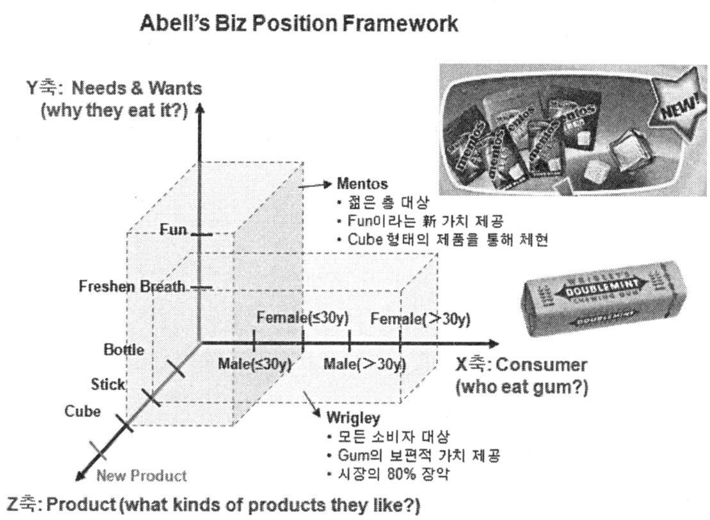

우리 회사가 진입하려고 하는 시장에 실제 우리 상품으로 진입했을 경우에, 경영자는 첫째, x축의 고객집단인 목표시장에 적합도가 높은지, 둘째, y축의 고객욕구를 잘 만족하고 있는지, 셋째, z축에 제시된 우리 상품이 y축을 만족시키는 도구인지를 점검해야 한다.

우리 회사 상품과 경쟁사의 것을 그림으로 그리면, 겹치는 부분이 보이는데 이 곳이 바로 직접경쟁하는 곳이다. 시장참여자는 우리 상품과 경쟁상품이 경쟁하게 할지 경쟁하

지 않을지를 결정해야 하는데, 가능하면 경쟁사와 겹치지 않는 곳에 사업을 위치하면 좋다. 그 곳이 경쟁사는 없고 고객은 있고 우리 회사만 존재하는 시장일 테니까 말이다.

논의의 편리성을 위해 중국에서 판매되는 껌 사례를 들어보자. [그림 7-15]은 중국시장에 진출한 Wrigley의 Double Mint상표와 Mentos상표를 Abell의 업 개념에 적용시켜 본 것이다. x축은 연령을 적용하여 고객을 시장세분화했다. Wrigley는 어린아이에서 노인에 이르는 폭 넓은 연령층을 목표시장으로 하고 있는 반면에, Mentos는 연령적으로 젊은 이를 선택적으로 목표시장으로 하고 있음을 알 수 있다.

y축은 목표시장의 고객이 제품을 구매하는 이유를 보여준다. 주로 Wrigley는 입안의 상쾌함을 얻기 위해 제품이 구매되며, Mentos는 재미를 얻기 위해 제품이 구매되고 있음을 알 수 있다. 그래서 z축에서 Mentos는 재미를 주는 껌을 표현하기 위해 cube통에 넣어 제품을 판매하는 차별화전술을 사용하고 있다.

위의 사례를 통해 참가자는 Who-What-How 분석을 그림이나 표로 정리하면 기존 상품과 달리 이번에 설계한 상품을 시각적으로 제시할 수 있음을 알게 된다.

그림 7-16 한국 껌의 시장진입 역사를 Abell의 업 개념에 적용한 그림. 지속적인 시장공백을 찾은 역사

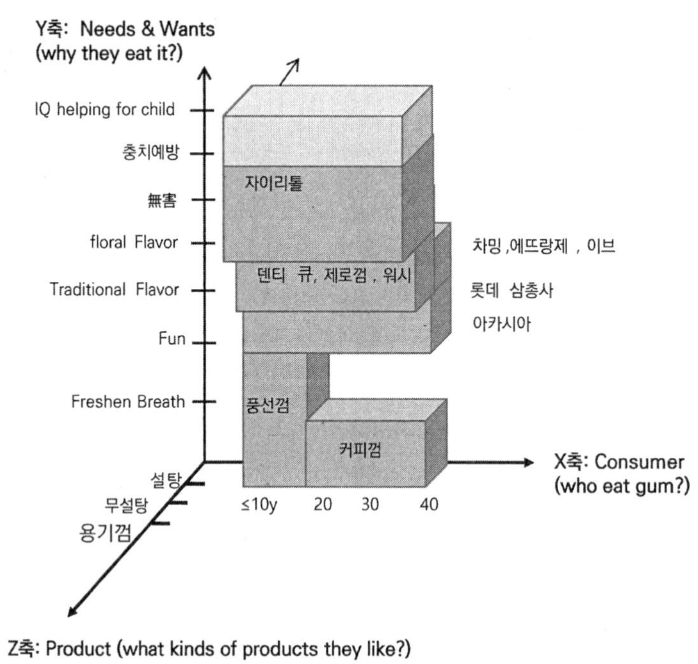

3.1.2. 'Explore White Space' 설명하기 (15분)

진행자인 facilitator는 팀원들에게 공백(white space)의 개념을 설명한다 (15분). 공백이란 아직 시장참여자가 진입하지 않은 공간을 말한다. 이 공간을 찾아내는 작업을 'explore white space!'라고 부른다. 이 공간을 찾아내면 새로운 ESG 활동의 상품을 안착시킬 공간을 확보하는 셈이다. facilitator는 참가자인 팀원들에게 'white space'라는 공간창출을 요구한다. [그림 7-16]은 한국 껌의 역사 속에서 시장참여자들이 몇 십년 동안 끊임없이 y축과 z축의 빈 시장공백을 찾아 신제품을 출시한 기록을 Who-What-How 분석 틀에서 발견할 수 있다.

3.1.3. 기업상황에 걸맞는 Who-What-How 분석

이제 교수자는 참가자에게 2.3. ESG 평가항목 개발대상의 특정개별기업 상황에 대한 factbook을 중점적으로 상기시킨다. 참가자들은 ESG 평가항목 개발을 Who-What-How 분석을 통해 실시하게 된다. 팀원 각자가 x, y, z축에 무엇이 들어가고 새로운 상품(ESG 활동)이 어떻게 포지셔닝해야 하는 지를 작성하게 된다. 즉, 주어진 회사상황 과제에서 white space를 탐색(explore)하는 시간을 부여하게 된다. (1시간 30분 소요). 이것을 [그림 7-17]에 넣도록 유도한다.

그림 7-17 팀원별로 새로운 가격지불시점을 Who-What-How 분석틀에 넣기

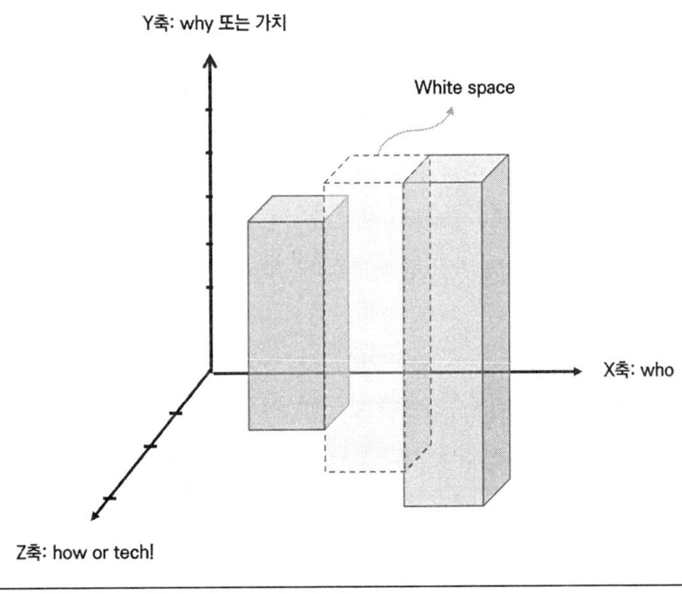

3.2. 팀 내 단일 Who-What-How안을 결정하기 (1시간 소요)

두 번째 과정은 팀 내 개인이 제시한 의견(Who－What－How안)을 팀의 단일안으로 정리하는 과정이다. 팀 내 개인이 개발한 기존 대안(option) 중 하나를 선택하던지 또는 개발된 기존 대안의 각 구성요소를 조합하여 새로운 대안을 개발하여 단일안으로 정리하도록 유도하게 된다.

그림 7-18 팀의 단일안으로 가격지불시점의 공백을 찾는 분석 틀 사례

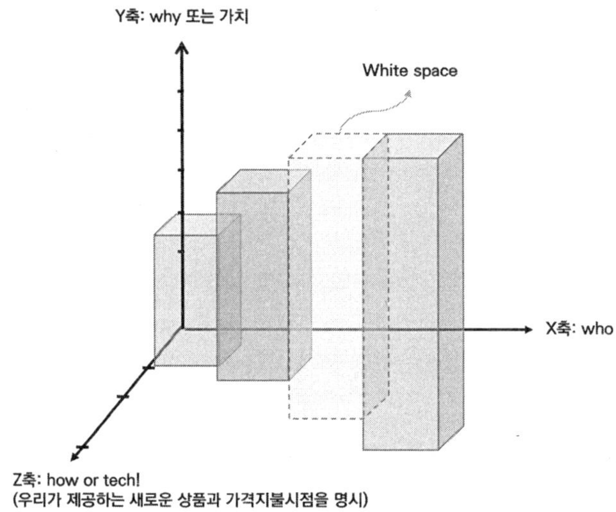

3.3. What to Say(activity identity)를 정하는 단계 (30분 소요)

세 번째 과정은 ESG 보고서에 평가항목을 무엇이라고 제시할 것인가를 단일안를 기초로 정체성(identity)을 밝히는 단계이다. 새로운 가격지불시점 상품이나 비즈니스모델의 정체성은 크게 세 가지로 구성되어 있음을 Who－What－How 분석 학습에 의해 쉽게 참가자는 알 수 있을 것이다.

새로운 ESG 활동의 목표시장이 먼저 제시되어야 한다. 누가 새로운 가격지불시점을 선호하거나 선택할 것인가를 추론하여 적는다. 그 다음에 그 목표시장의 우리의 신상품인 새로운 가격지불시점을 선택하는 이유를 적는다. 마지막으로 새로운 가격지불시점 실행을 위해 회사가 준비해야 하는 각종 서비스나 인력충원, 상품 제공방식, 교육 훈련 등을 적을 필요가 있다. 물론 정확한 가격지불시점을 명시해야 한다. 그 때 일시불로 받을 것인지 분할지불할 것인지도 적어야 한다.

그림 7-19 새로운 ESG 활동 정체성 적기

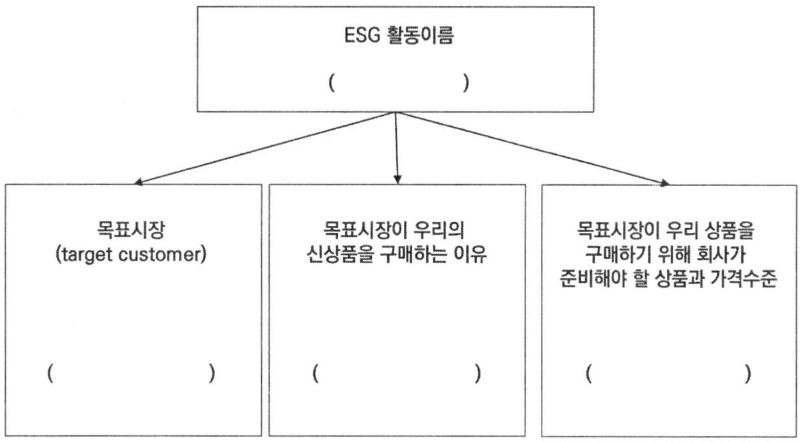

3.4. How to Present과정 (1시간 30분 소요)

마지막 단계는 앞의 'What to Say' 항목을 시각화하는 작업으로 'How to Present' 과정이라고 정의한다. [그림 7-20]과 같이 시각적으로 새로운 제도 실행 전후의 비교가 직관적인 장표가 필요하다.

그림 7-20 How to Present의 산출물 이미지 예시

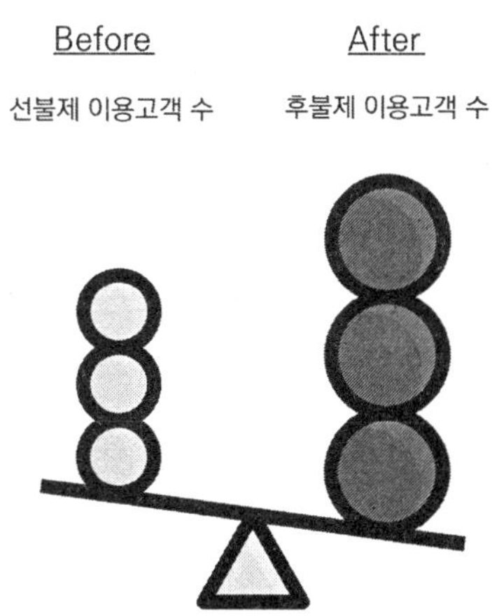

4. SED Program의 3단계 DEVELOP

DEVELOP 단계도 크게 5개의 과정으로 이루어져 있다. 첫 번째 과정에서는 팀별로 Who－What(why)－How 분석 결과를 발표하는 단계이다. 두 번째 과정은 개별팀 발표에 대해 다른 팀에서 질의응답을 실시하는 Brutal evaluation이 실행된다. 세 번째 과정은 팀별 발표안에 대해 제일 실행가능하고 효과적 효율적인 안에 투표를 실시한다. 여기에서 가장 좋은 평가를 받은 팀에 대한 시상이 진행된다. 네 번째 과정은 선정된 ESG 평가항목을 기업이 미래에 통제하고 관리하기 위한 업무분장을 토론하는 시간(What Do I got to Do)이다. 마지막 단계는 우승한 팀이 자신의 ESG 평가항목(What to Say)과 시각화 결과(How to Present)를 더욱 가다듬는 시간이다.

4.1. 팀별 'Who-What-How 안' 발표 (발표 10분씩 x 팀 수)

첫 번째 과정에서는 팀별로 자신들이 정리한 Who－What(why)－How 분석 결과를 발표하는 단계이다. 발표 중 질의응답은 실시하지 않는다.

4.2. Brutal evaluation과정 (질의응답 5분 x 팀 수)

두 번째 과정은 개별팀 발표에 대해 다른 팀에서 질의를 하고 질문을 받은 팀에서 팀장이 응답을 실행된다. 비판적인 질문을 하지 않고, 궁금한 것만을 질문하도록 facilitator가 사전에 통제한다. 마지막으로 facilitator가 전체발표자의 결과물에 대한 총평을 실시한다.

4.3. 투표 및 시상 (소요 30분)

세 번째 과정은 개별팀 발표에 대해 모든 facilitator와 참가자가 가장 좋은 결과물에 대해 투표를 실시한다. 최다득표를 얻은 결과물에 대해 시상을 실시한다.

4.4. What Do I got to Do (30분 소요)

DEVELOP 단계의 네 번째 과정은 전체 구성원을 대상으로 앞으로 우리 회사가 이 평가항목을 유지 및 발전시키기 위해서 해야 할 일을 정리하는 것이다(What Do I got to Do). 주로 업무분장을 실시하게 된다. 어느 부서의 어느 직급 레벨에서(Who), 무엇을(What), 어떻게 관리하고, 보고하고, 의사결정해야 하는 지(How)를 정리하게 된다. ESG전략부서에서 정리된 아래 사항을 실행부서에 공문으로 시행하게 한다. facilitator는 모든 참가자들을 모아 놓고 [그림 7－22]를 함께 채워가는 시간을 갖게 된다.

그림 7-21 DEVELOP 단계 중 'What Do I got to Do' 단계 사례

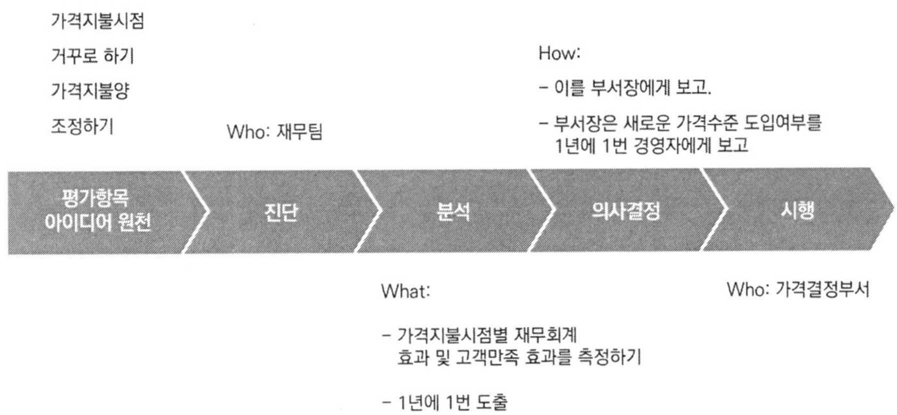

그림 7-22 DEVELOP 단계 중 'What Do I got to Do' 단계 과제 장표

4.5. Decoration 또는 visual improvement (별도 24시간부여)

다섯 번째 과정은 담당자가 최종선택안을 ESG 보고서에 담기 위해 결과물을 decoration 하는 과정이다. 평가항목의 정확한 identity, 조작적 정의, 시각적 표현을 decoration하여, 공시보고서에 직접 사용할 수 있는 상태로 정리하는 단계이다. 주로 우승팀이 이를 담당하게 된다. facilitator는 별도로 1일의 시간을 우승팀에게 부여하여 우승으로 당선된 산출물을 향상시킬 수 있는 시간을 부여한다. 이상으로 SED 프로그램을 마치게 된다.

4.4와 4.5의 순서를 바꾸어 실행해도 된다. 참가자들에게 최종 ESG 활동보고서 산출물을 공유하고 나서, 미래에 무엇을 할 지를 고민하게 해도 된다.

그림 7-23 가상적인 회사의 가격지불시점의사결정으로 ESG 보고서에 넣기로 한 최종산출물 이미지 사례

What to Say

평가항목 Identity

조작적 정의

평가항목 identity: LH공사 '살면서 갚으세요' 가격제도

조작적 정의: 차상위계층을 대상으로 LH공사가 이미 건설해 놓은 아파트나 연립주택을 (Who)
주거안정을 위해 (Why)
낮은 임대료로 일정기간 제공함 (How)

How to Present

시각적 표현

도입 후 가격지불시기와 양

건물완성 → 입주자에게 소유권이전

입주 및 거치기간 낮은 임대료 지불	낮은 임대료 및 낮은 분양가 지불단계	낮은 임대료 및 중간 분양가 지불단계	낮은 임대료 및 높은 분양가 지불단계
- 낮은 수준의 월세 지불	- 낮은 수준 월세를 지불. - 집 원가를 갚아나가기 시작한다	- 낮은 수준 월세를 지불. - 집 원가를 부담금 증가한다	- 낮은 수준 월세를 지불. - 집 원가를 부담금 증가한다

그림 7-24 우승팀이 정리해야 할 가격지불시점변경된 ESG 보고서 요약본 장표

What to Say

평가항목 Identity

조작적 정의

평가항목 identity: (   )

조작적 정의:

결과물:

How to Present

시각적 표현

도입 전후 소비자 효용크기 비교 및 정량적 또는 정성적 효과

5. 마무리

이번 SED 프로그램에 의해 설계되는 ESG 활동은 한국정부의 국가지속가능발전목표(K-SDGs)에의 세부목표 및 지표 중에서 목표 1의 빈곤감소 및 사회안정망 강화에 해당하였으면 더 좋을 것이다. SDGs의 1번 주제인 No Poverty를 구체화한 한국정부의 목표1 중 1-3의 목표는 '빈곤층과 취약계층에 사회서비스 제공을 강화한다'라는 것이다. 이 중 최저주거기준 미달가구 비율을 줄이는 것이 세부목표이다. 이번 SED를 통해 도출되는 ESG 활동의 초점을 최저주거기준 미달 가구에 목표시장을 맞추는 것은 공공주택개발사업 주체들(LH 공사, SH공사 등)에게 반드시 필요한 작업이 된다.

민간 건설사 들도 SDGs 보고서를 작성할 터인데 이 과정에서 이번 SED 프로그램이 도움이 되었으면 한다.

참고문헌

곽영식 (2016), 창업을 위해 미학에서 배우는 신상품개발, 서울: 피앤씨미디어.

곽영식 · 홍재원 · 이윤경 (2021), 마케팅가격전술, 서울: 피앤씨미디어.

Abell, D.F. (1980), Defining the Business: The starting point of stratefic planning, NY: Prentice Hall.

http://ncsd.go.kr/unsdgs?content=2

Chapter 8

전기 · 가스요금 선불제 도입을 통한 ESG 활동 설계하기

그림 8-1 이 chapter의 강의개발 교안

Key 교육목표	ESG 보고서에 후불제를 도입하여 사회적 가치를 제고 활동 공시 Ambigram을 통해 후불제이외에 선불제 도입을 통해 ESG 활동 활성화			
	주제 및 원리 소개	What to Say	How to Present	What Do I got to Do
서비스 level	• 후불제 이외에 선불제 제시	• 선불제의 자원 배분효과	• 선불제 전후 자원 절약 효과	• 새로운 가격지불 시점의 정기적인 탐색
기대효과	에너지자원 절약	• 자원효율적 사용 • 에너지절약	자원절약효과	새로운 지불시점, 지불간격, 지불횟수의 정기적인 점검 필요성 제고
Key words	- 선불제 - 후불제 Tversky의 기대이론	- 지속가능한 가격책정	자원 사용량	주기적 사회적 가격책정 접근가능한 가격책정 지속가능한 가격책정

이 장은 Chapter7에 이어서 마케팅가격 의사결정 중 가격지불시점 의사결정과 신상품개발 기법 중 'ambigram'을 결합하여 ESG 활동을 설계하는 과정을 보여준다. 기존에 후불제를 시행하는 전기 가스 산업자가 전반적인 선불인제를 도입하는 것을 검토할 예정이다. 이를 통해 에너지 자원을 절약하는 ESG 부문 중 환경(Enviornmental)부문의 활동을 SED 프로그램을 통해 선보이게 된다. 결과적으로 Chapter7은 후불제를 개발하는 SED이고, Chapter8은 선불제를 개발하는 SED이다.

그림 8-2 이 chpater에서 다루는 ESG 활동 개발기법의 포지셔닝

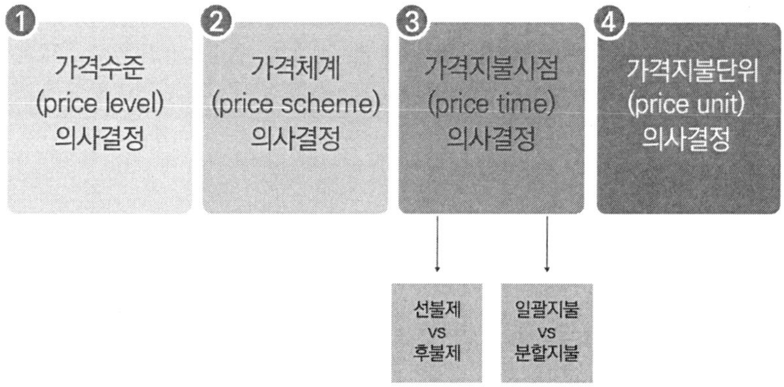

1. SED 프로그램 진행 전 준비

1.1. 참가자 구성

이 장은 에너지 서비스 관련 회사의 ESG 전담부서를 비롯하여 실무진 중 재무담당자가 이 장의 내용을 습득했으면 한다. SED 프로그램은 의사결정의 효율성을 위해 프로그램 진행 중간에 3명 및 5명의 홀수로 팀이 구성할 것이고, 3팀 이상의 팀으로 구성할 것이다. 이를 염두에 두고 참가자 수를 모집해야 한다. 이 SED 프로그램의 진행은 전문 facilitator에게 맡겨진다.

1.2. SED의 프로그램 목표를 명확하게 하기 (5분 소요)

facilitator는 참가자들에게 SED 프로그램의 정의를 설명한다. SED의 이름은 Scan－Explore－Develop에서 가져왔다. SED 프로그램은 회사가 처한 상황을 훑어보고(scan), 누구를 대상으로 무엇을 어떻게 제공할 지에 초점을 맞추어 공백을 찾아내고(explore the white space), 구체적인 해결책을 개발(develop)하는 과정을 거치게 된다고 설명한다. 그리고, facilitator는 SED 프로그램의 목표를 명확하게 아래 박스와 같이 전달한다.

> 참가자들은 facilitator의 지시에 따라 SED 프로그램을 진행하면서 현재 당신 들이 취급하는 상품의 지불시점에 대해 생각하게 된다. 현재 고객이나 회사의 가격지불시점을 후불제에서 선불제로 변경하는 것이 이 SED 프로그램의 목적이고, 이 과정 속에서 환경적으로 자원낭비를 줄일 수 있음을 깨닫게 된다. 이를 통해 개별기업의 ESG 평가항목(company-specific ESG criteria)을 개발하는 일련의 절차와 방법을 습득하게 된다.

1.3. 산출물(output)을 명확히 하기 (10분 소요)

SED 프로그램을 진행하는 facilitator는 수강자나 참여자들 사이에 SED 프로그램이 진행되기 전에 산출물이 어떻게 나와야 하는 지를 공유(consensus)하여야 한다. facilitator는 이번 개별기업 ESG 평가항목개발을 위한 SED 프로그램의 산출물은 크게 세 부분으로 이루어져 있다는 것을 정확히 전달한다.

- What to Say : ESG 보고서에 무엇을 담을 것인가?
- How to Present : ESG 활동의 결과를 어떻게 시각적으로 전달할 것인가?
- What Do I got to Do : 위의 ESG 활동을 어떻게 미래에 개선해 나갈 것인가?

그림 8-3 SED 프로그램으로 개별기업 ESG 평가항목개발 후 산출물 이미지 예시

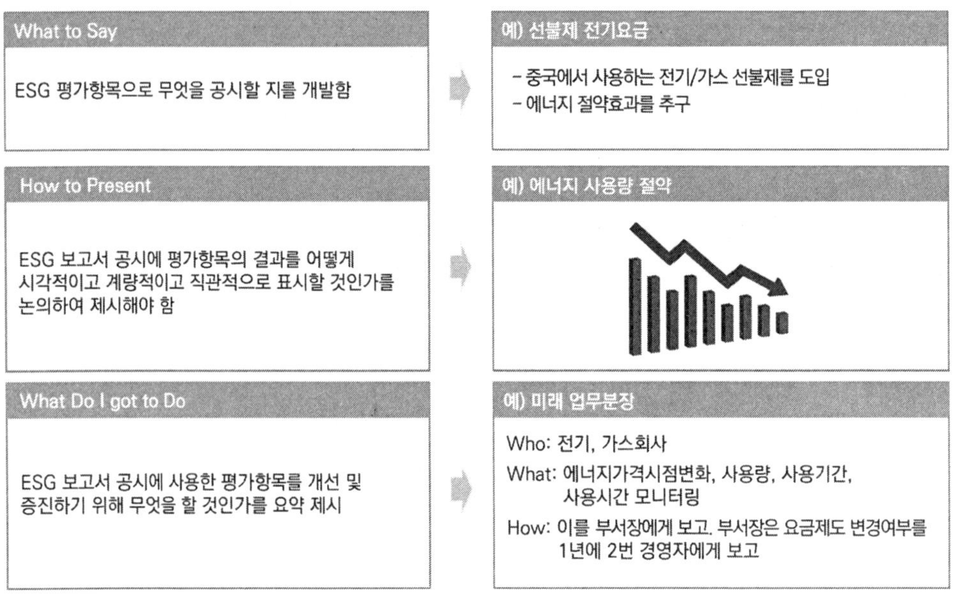

1.4. SED 프로그램의 구성과 절차

facilitator는 개별기업 ESG평가항목 개발을 위한 SED 프로그램 구성과 절차를 참여자와 공유한다. [그림 8-4 참조]. facilitator는 각 단계를 잠시 개괄적으로 설명한다. 첫 번째 scan단계에서는 이번 SED 프로그램에서 다룰 주제와 기업상황에 대한 4개의 세부과정이 진행될 것이고, 두 번째 EXPLORE 단계에서는 과제로 주어진 회사의 ESG 활동의 공백을

Who-What-How 분석으로 파악하는 4개의 세부과정이 진행된다. 마지막으로 DEVELOP 단계에서는 팀별 경쟁에 의해 최적의 ESG 활동을 선택하고, 그 결과물을 돋보이게 하는 작업이 실천된다.

그림 8-4 개별기업 ESG 평가항목 개발을 위한 SED 구성

1단계: SCAN	2단계: EXPLORE	3단계: DEVELOP
1.1. 특정 ESG 주제와 원리 소개 1.2. 주제별 기존 사례 소개 1.3. 가상적 기업상황 또는 factbook 소개 1.4. Grouping-consensus-searching information	2.1. Who, What, How 측면에서 미래 기회를 발견하고 수집하며 서로의 의견을 구체화 2.2. 단일안으로 정리 2.3. What to Say: activity identity 또는 조작적 정의 2.4. How to Present(시각화 작업)	3.1. 조별 Who-What-How 결과를 발표 3.2. Brutal Evaluation 3.3. 투표와 시상 3.4. What Do I got to Do 3.5. 평가항목과 조작적 정의, 시각화표현에 대한 decoration

2. SED Program의 1단계 SCAN

2.1. 특정 ESG 주제와 원리 소개하기

이번 SED 프로그램의 목적은 기존의 가격지불시점을 후불제에서 선불제로 변경함으로써 사회적으로 환경적으로 바람직한 방향으로 고객의 요금지불시점을 변경하는 것이다. 이것이 ESG 활동 중 사회적 부문과 환경적 부문을 동시에 기여하는 것을 목격할 수 있을 것이다. 먼저 이 주제의 정의와 필요한 개념들을 나열하여 참여자에게 제시한다.

– Tversky의 기대이론에 의한 선불제와 후불제의 손실 인식

Tversky의 기대이론에 따르면 고객이 상품을 구매자로부터 구매할 때 지불하는 가격은 손실(loss)로 인식한다. 하지만 상품구매 및 사용에서 느끼는 가치는 이득(gain)으로 인식한다.

> 상품구매의 원리
> - 고객이 가격을 지불하는 것은 자산 일부를 지출하는 것이므로 손실(loss)로 인식
> - 가격지불을 통해 상품의 가치를 느끼므로 이것은 이득(gain)으로 인식
> - 손실보다 이득이 많을 때 상품을 구매

선불제와 후불제의 차이는 손실과 이득을 고객이 인식하는 순서의 차이이다. 가격지불시점 중 선불제는 고객이 가격지불에 의한 손실을 미리 경험하고 상품사용에서 이득은

가격지불 이후에 나중에 인식한다. 반면에 후불제는 상품사용에 의한 가치 이득을 인식한 후에 가격지불이라는 손실을 나중에 경험한다.

여기에 최근효과(recency effect)라는 것을 고려해 보자. 최근효과란 평가자의 평가시점에서 가까운 시점에 발생한 사건에 대해 높은 가중치를 두는 일을 말한다(Naver 2022). 선불제는 선 가격지불 후 상품사용의 순서를 갖고 있으므로 최근에 일어난 사건은 상품사용의 가치를 느끼는 이득이다. 따라서 선불제의 최근효과는 상품사용에 의한 이득이 발생한 사건이다. 반면에 후불제는 선 상품사용 후 가격지불의 순서를 갖고 있으므로, 최근에 일어난 사건은 가격지불의 손실이다. 후불제의 최근효과는 가격지불에 의한 손실이 발생한 사건이다.

따라서 선불제의 최근효과는 상품사용의 가치를 느끼는 이득이고, 후불제의 최근효와는 가격지불의 손실이다. 결과적으로 상품사용과 가격지불의 모든 교환(transaction)이 마무리 되었을 때에는 선불제를 취한 고객보다 후불제를 선택한 고객이 손실을 느끼는 아픈 상태가 남는다. 따라서 동일한 가격과 동일한 상품사용량이 있는 경우와 이득이 발생할 확률이 명확한 경우에는 고객은 선불제를 후불제보다 선호할 가능성이 있다.

하지만 선불제를 사람들이 선택하지 않는 이유는 아직 상품사용을 경험하지 않은 상태에서 손해부터 본다는 불합리를 느끼기 때문이다. 결과적으로 모든 상품사용-가격지불이 끝난 상태에서는 선불제를 선호하지만, 거래가 이루어지기 전에는 선불제를 기피하게 된다.

> 상품구매 전에는 '후불제'를 사람들이 선호한다.
> 상품구매 후에는 '선불제'를 사람들이 선호한다.
>
> 상품구매가 반복적으로 이루어지는 상품에는
> - 후불제는 고객에게 손실을 크게 인식시키므로
> - '선불제'를 선호할 가능성이 커진다.

2.2. Ambigram을 통해 가격지불시점을 변경한 사례: ESG 주제의 실제 기업현장존재 (중국의 전기 가스요금의 선불제 효과)

중국의 전기 및 가스사용량에 대한 요금제도는 선불제이다. 일반적으로 에너지 생산이 부족한 나라는 선불제를 사용함으로써 사용자가 지불한 금액만큼 에너지를 사용하게 한다. 이를 통해 후불제를 채택했을 때보다 에너지 절약을 유도할 수 있다. 그 반대로 사용량을 증가시키는 일반적인 방법은 후불제를 채택하는 것이다.

그림 8-5 선불제와 후불제의 손실인식과 에너지 사용량 차이

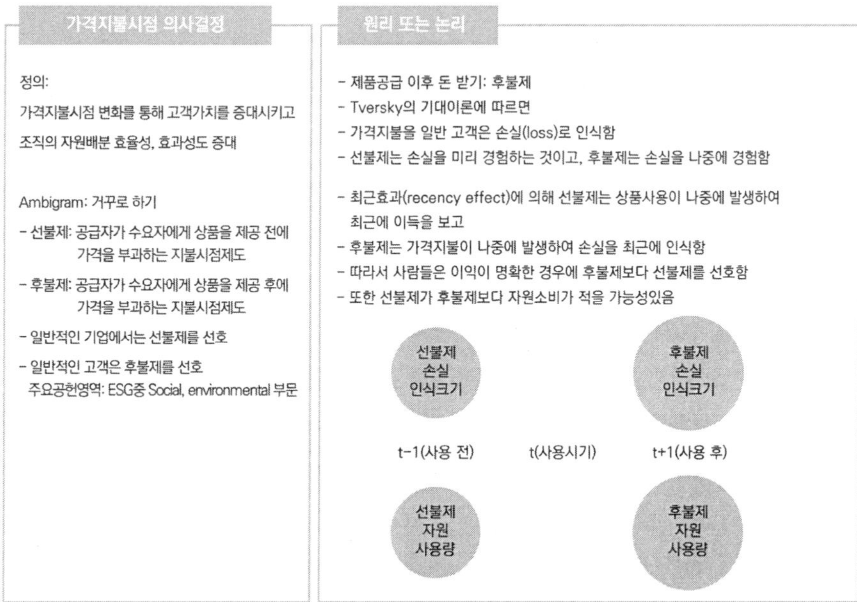

> 선불제는 후불제보다 자원을 절약시키는 효과가 크다.
> 기업이 후불제를 채택하는 이유는 더 많은 소비와 더 많은 지출을 유도하기 위해서이다.

- 한국의 전기 가스 요금제는 후불제이다. 사용한 후 나중에 돈을 지불한다.
- 카드사용금액을 증가시키기 위해 신용카드 회사는 후불제를 사용한다.
- 한국의 통화량을 증대시키기 위해 통신회사도 후불제를 사용한다. 반면에 청소년들의 통화사용량을 제한하기 위한 '알요금제'가 있다. 부모가 사전에 충전시킨 범위 안에서 청소년들이 핸드폰을 사용하는 선불제이다.

위와 같은 선불제 후불제 제도의 차이로 인해 사용자 스스로 자원사용을 조절할 수 있는 기회를 선불제가 더 갖게 된다. 또한 앞의 '알요금제'와 같이 자원사용량을 제3자인 부모가 통제할 수 있는 기회도 갖게 된다. 이는 ESG 활동측면에서 선불제가 자원배분 및 자원의 효율적 사용을 더 잘 반영하는 제도임을 알 수 있다.

그림 8-6 한국과 중국의 전기 가스 통신 지불시점 차이

한국과 중국의 전기가스 지불시점 차이

- 한국은 전기 가스 요금제가 후불제
- 중국은 전기 가스 요금제가 선불제
- 선불제는 '통제'가 가능한 제동
- 통제1: 사용자 스스로 자원사용을 조절함
- 통제2: 핸드폰 알 요금제의 경우와 같이 제3자가 사용자의 사용량을 통제가능

지불시기와 사용량

- 선불제를 사용하면 후불제일 때보다 자원사용을 줄일 수 있을 가능성

Typology (classification)		서비스와 가격지불 순서			
		개통	충전(선불)	사용	지불(후불)
나라 차이	한국 전기				
	한국 가스				
	중국 전기/가스 사용				

2.3. ESG 평가항목 개발대상의 특정개별기업 상황의 팩트북 제시와 질의응답 (30분 소요)

이제 ESG 평가항목을 개발하기로 한 가상적이거나 실제기업의 기업상황의 factbook를 facilitator가 제시하고, 참가자가 탐색하는 시간이다. 이번 장에서는 2022~2023년 전기가스요금의 폭등상황을 기술한다.

2022년 2월의 러시아의 우크라이나 침공, 전세계적인 물가폭등, 금리변동, 환율급등 등으로 에너지를 공급하는 회사의 비용이 대폭 상승했다. 즉, 전기를 생산하는 에너지 가격이 급등했다. 따라서 2021년까지 에너지 요금 인상을 자제하고 있는 한국에서는 전기가스회사의 부채가 급등하였다. 2022년에는 무려 4차례의 가스요금 등의 인상이 실시되었다. 2023년 1월 난방비가 폭등한 상태로 가구에 후불제 가스요금이 부과되었고 전국적인 이슈가 되었다.

더구나, 2022년 강원도가 레고랜드에 대한 지급보증을 거절하는 사건을 저질러서 채권시장이 경색되었다. 이 때 한국의 전기회사는 부채를 상환하기 위해 사채를 발행하는데 우리나라에서 가장 신용등급이 높은 전기회사의 채권이 발행되자 채권시장의 돈은 전력회사의 채권매입에 몰려갔다. 이런 현상은 다른 산업(건설 등)의 채권수요를 크게 감소시켜서 다른 산업의 현금흐름을 막아 한국경제 주체들의 영업활동을 위한 돈을 마련하는데 어려움을 가중시켰다. 심지어는 한국의 대기업 건설회사가 은행으로부터 PF에 필요한 돈을 마련하지 못해서 그룹사의 도움을 받는 일마저 발생하였다. 이에 대한민국 정부는 더

그림 8-7 2023년 가격의사결정 측면의 에너지 대책현황

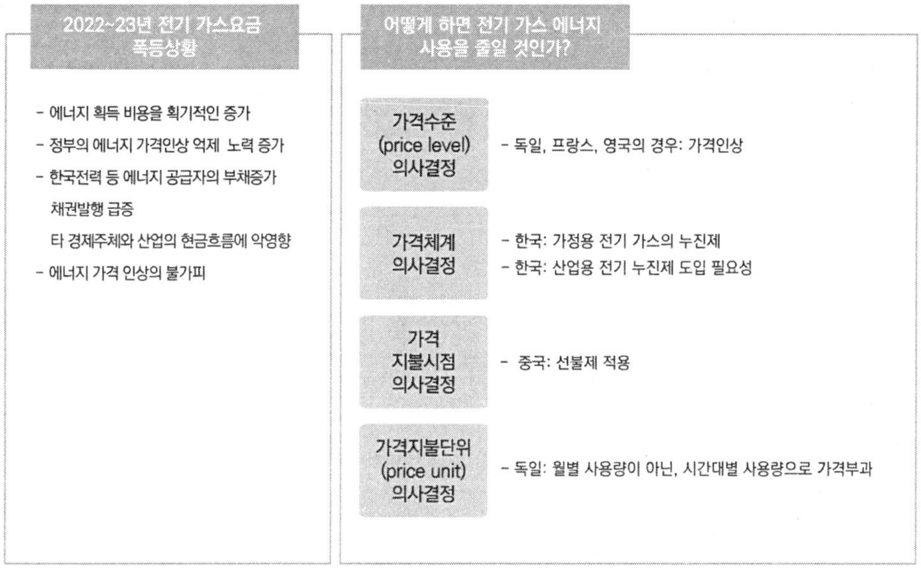

이상 버티지 못하고 전기 가스요금의 인상을 2023년에도 계속할 것임을 발표하기에 이르렀다. 그렇다면 이렇게 가격수준의사결정만이 최선의 길이었을까?

그림 8-8 공공 에너지 요금 담당자를 위한 과제

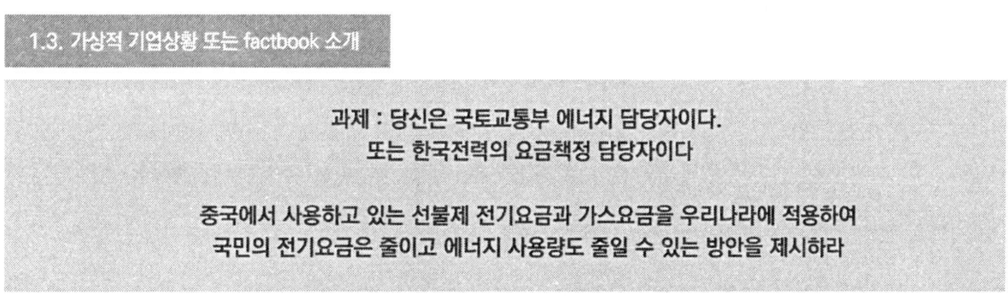

각국의 에너지 비용급등에 따른 대처행동을 가격의사결정 틀에서 살펴보자. 먼저 가격수준의사결정을 내린 국가를 보자. 한국 독일 프랑스 영국 등에서는 전기 가스요금을 인상시켰다. 가격수준을 높여서 수요를 줄이게 유도하는 것이다.

가격체계의사결정을 실시할 수 있는 여지를 살펴보자. 한국의 가정용 전기는 누진제이다. 사용량이 많을수록 단가가 급등하기 때문에 가정에서는 에너지를 아낀다. 하지만 산업용 전기는 누진제가 아니고 선형가격체계(linear pricing)이다. 아무리 에너지 사용량이 많아도 전기값은 단위당 일정하기 때문에 에너지를 필요한 만큼 돈이 있으면 마음껏 사용한다. 심지어 어느 대기업의 제철소는 철을 녹이는데 값싼 전기를 사용한다. 따라서 한국 정부는 에너지 비용을 산업용에서 깍아주고 가정용 전기값에 부과하고 있는 셈이다. 그렇다면 산업용 전기값을 비선형가격체계로 바꾸어 누진제를 써서 전기를 많이 쓰면 쓸수록 전기 요금 단가를 증가시키면 된다. 이 과제는 '가격체계 의사결정 SED 프로그램'시간에 다룰 만한 주제이다.

가격지불시점의사결정 측면에서 보면 중국 등은 전기 가스 통화요금을 선불제로 받는다. 한국은 후불제이다. 그렇다면 우리도 선불제를 검토해야 한다. 가격지불단위측면에서는 독일의 사례를 연구할 만한다. 한국은 월사용량으로 전기 요금을 부과한다. 하지만 독일은 월별 사용량이 아닌 시간대별 사용량으로 요금을 부과하기도 하고, 전력회사를 고객이 선택할 수도 있다. 전기사용량이 많은 계절과 하루 중 특정시간대의 전기사용값이 비싸기도 하다. 따라서 전기사용량이 많은 시간대의 사용량을 사용자가 스스로 억제하게 된다. 우리나라에서 시도해 볼 만하다. 이 과제는 '가격지불단위 의사결정 SED 프로그램' 시간에 다룰 만한 주제이다.

2.4. Grouping-consensus-searching information (2시간 소요)

이제 facilitator는 참가자 스스로 3명 또는 5명으로 팀을 만들게 유도한다. 반드시 홀수로 구성원의 수가 이루어져야 한다. 그리고 홀수의 팀이 구성되어야 한다. 팀이 구성된 후에 팀원들은 서로를 소개하고, 팀별로 '문제에 직면한 회사 상황인 factbook'를 소리내지 않고 읽는 시간을 부여한다. 마지막으로 팀원끼리 평가항목개발 문제를 해결하기 위해 필요한 정보가 무엇인지를 탐색하게 하는 시간이 부여된다. [그림 8-9 참조].

그림 8-9 탐색해야 할 정보의 사례

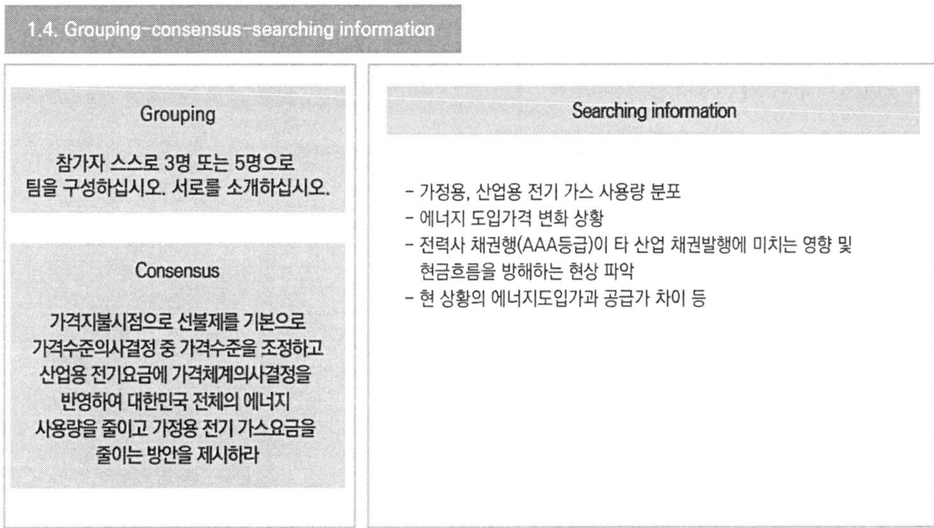

3. SED Program의 2단계 EXPLORE

EXPLORE 단계도 크게 4개의 과정으로 이루어져 있다. 첫 과정에서는 Who–What(why)–How 분석 틀을 facilitator가 참가자에게 학습시킨다. ESG 평가항목을 개발했을 경우에 목표시장(Who)과 목표시장의 어느 욕구를 해결할 것인지를 발의하고(What 또는 why), 기업이 어떻게 그 욕구를 해결하는 해결책을 마련했는지(How)를 팀 안에서 다양한 기회를 발견하고 수집하며 팀원 각자의 의견을 구체화하는 과정이다.

두 번째 과정은 팀 내 개인이 제시한 의견(Who–What–How안)을 단일안으로 정리하는 과정이다. 세 번째 과정은 ESG 보고서에 어떤 평가항목을 제시할 것인가를 단일안에서 추출하여 정체성을 밝히는 단계이다. 'What to Say' 결정과정 또는 activity identity 정리과정이라고 말할 수 있다. 마지막 단계는 이 'What to Say' 항목을 시각화하는 작업으로 'How to Present' 과정이라고 정의한다. 이런 과정을 참가자들에게 facilitator가 설명하여 준다.

3.1. Who-What(why)-How 분석 틀 (2시간 소요)

3.1.1. Who-What(why)-How 분석

이 SED 프로그램의 목적은 선불제를 도입하는 것이므로 선불제를 어느 고객(Who)이 왜(Why) 선택하는지를 탐구하고 그 목표시장의 고객들이 좋아하는 선불제 프로그램을 개발(How)하는 것이다. 따라서 facilitator가 Who－What－How 분석이라는 틀을 이용하여 참가자들이 자신의 생각을 구체화할 수 있도록 도와주어야 한다. 이 chapter에서는 코카콜라의 신상품개발과정을 Who－What－How 분석 틀에서 설명하고자 한다.

그림 8-10 1885-1886년 코카콜라를 Who-What-How 분석으로 정리

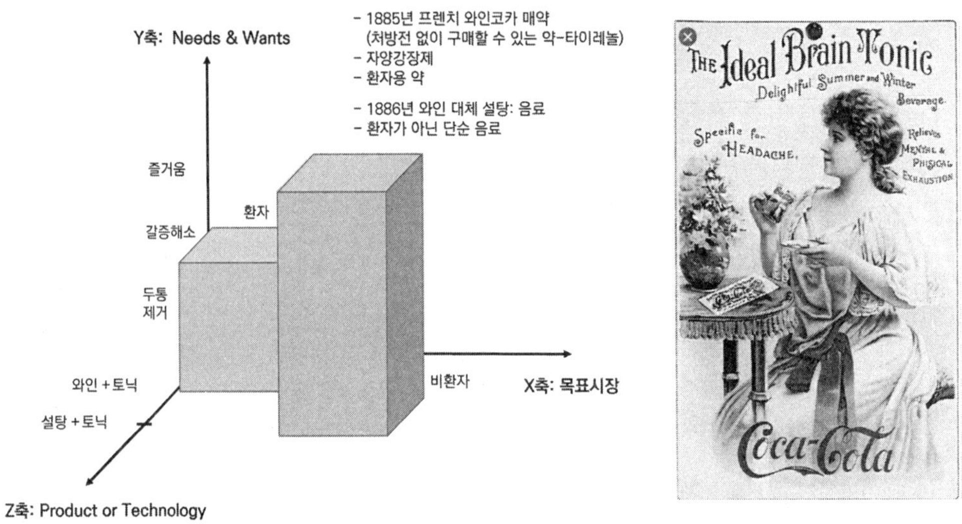

1885년에 프렌치 와인코카라는 이름으로 상품이 나왔을 때는 [그림 8－10]의 포스터처럼 처방전 없이 고객이 물건을 구매할 수 있는 매약이었다. 자양강장제로 환자들이 약으로 사용하는 것이었다. 따라서 x축에 목표시장으로 표시된 who분석 축에는 구매자가 '환자'였다. y축의 표시되는 환자가 왜 프렌치 와인코카를 사는가하는 이유인 what분석에 의하면 '두통 제거'와 '갈등해소', '피로감 제거'가 그 목적이었다. 이런 환자들의 욕구를 만족시키기 위해 와인과 토닉을 코카입과 더불어 액체로 만들어 제공했다. 이것이 how분석 결과로 z축에 표시되었다.

이 회사는 곧바로 시장에서 '공백(white space)'를 발견했다. 환자가 아닌 사람들이 프렌치 와인코카를 마시는 것을 발견한 것이다. 따라서 x축의 who분석 축에 '비환자'를 목표시장으로 설정하였다. y축의 what분석이나 why분석 축에는 '재미(fun)'을 발견했다. 비환자들은 '두통 제거'와 '갈등해소', '피로감 제거' 뿐만 아니라 재미로 추구한다는 것을 찾아낸 것이다. 이런 효과를 더 극대화하기 위한 방법(how)으로 설탕과 토닉을 더 상품에

집어 넣었다. 그 상품의 이름을 코카콜라라고 지었다.

이렇게 Who–What–How 분석에 의해 코카콜라를 분석해 보았다. 이 분석틀에 의해 x축의 목표시장, y축의 욕구, z축의 상품 축에 모두 공백을 발견하고 그 곳을 공략하여 우리가 아는 전세계적인 코카콜라가 생겨난 것이다.

이제 SED 프로그램에 참가한 멤버들은 Who–What–How 분석을 어떻게 하는 것인지를 정확히 알 수 있게 되었다. 선불제를 선호할 고객집단을 찾고, 그 고객이 왜 선불제를 선택하는지 이유를 명시하고, 선불제를 원활하게 진행하기 위한 프로그램을 계획하면 된다. 이 세 가지를 ESG 활동 보고서에 명시할 것이다.

3.1.2. 'Explore White Space' 설명하기 (15분)

진행자인 facilitator는 팀원들에게 공백(white space)의 개념을 설명한다 (15분). 공백이란 아직 시장참여자가 진입하지 않은 공간을 말한다. 이 공간을 찾아내는 작업을 'explore white space!'라고 부른다. 이 공간을 찾아내면 새로운 ESG 활동의 상품을 안착시킬 공간을 확보하는 셈이다. facilitator는 참가자인 팀원들에게 'white space'라는 공간창출을 전기요금의 선불제에서 찾기를 요구한다. [그림 8–10]에서 코카콜라가 찾아낸 것처럼.

그림 8-11 팀원별 전기요금 선불제를 Who-What-How 분석 틀에 넣기

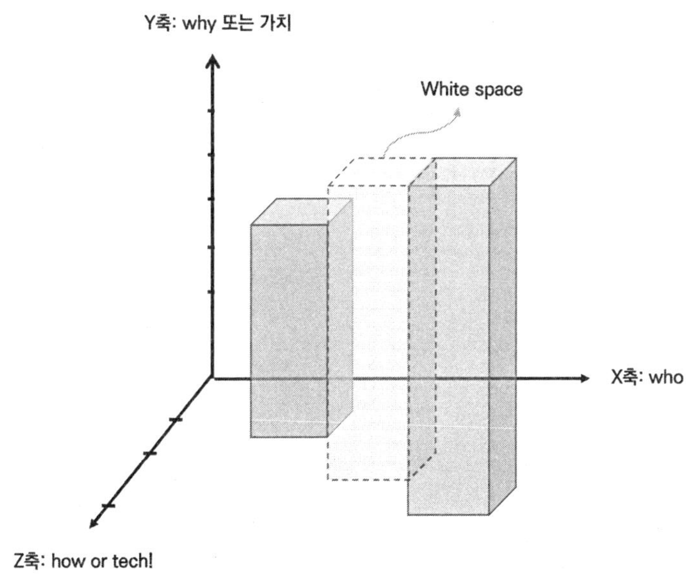

3.1.3. 기업상황에 걸맞는 Who-What-How 분석

이제 facilitator는 참가자에게 2.3. ESG 평가항목 개발대상의 특정개별기업 상황에 대한 factbook을 중점적으로 상기시킨다. 참가자들은 ESG 평가항목 개발을 Who－What－How분석을 통해 실시하게 된다. 팀원 각자가 x, y, z축에 무엇이 들어가고 새로운 상품(ESG 활동)이 어떻게 포지셔닝해야 하는 지를 작성하게 된다. 즉, 주어진 회사상황 과제에서 white space를 탐색(explore)하는 시간을 부여하게 된다. (1시간 30분 소요). 이것을 [그림 8－11]에 넣도록 유도한다.

3.2. 팀 내 단일 Who-What-How안을 결정하기 (1시간 소요)

두 번째 과정은 팀 내 개인이 제시한 의견(Who－What－How안)을 팀의 단일안으로 정리하는 과정이다. 팀 내 개인이 개발한 기존 대안(option) 중 하나를 선택하던지 또는 개발된 기존 대안의 각 구성요소를 조합하여 새로운 대안을 개발하여 단일안으로 정리하도록 유도하게 된다.

그림 8-12 팀의 단일안으로 선불제 시장공백을 찾는 분석 틀 사례

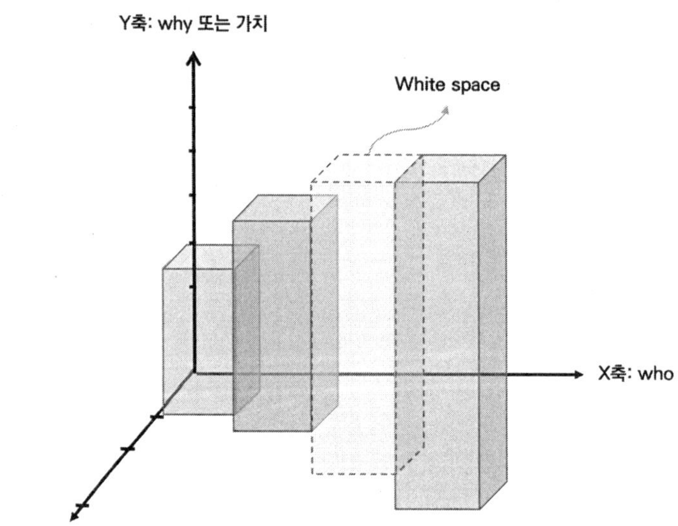

3.3. What to Say(activity identity)를 정하는 단계 (30분 소요)

세 번째 과정은 ESG 보고서에 평가항목을 무엇이라고 제시할 것인가를 단일안을 기초로 정체성을 밝히는 단계이다. 기억하기 쉽고 직관적인 결과일수록 좋다. [그림 8-13]은 Who-What-How 분석의 결과를 정리하는 셈이다.

그림 8-13 선불제 ESG 활동 정체성 적기

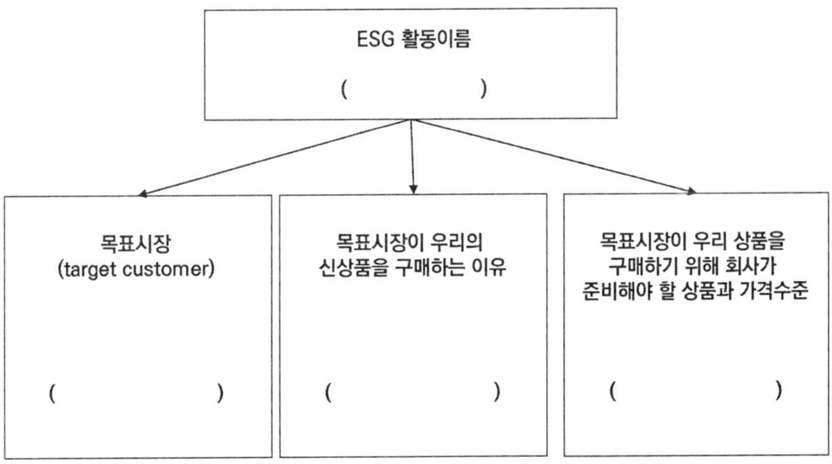

3.4. How to Present과정 (1시간 30분 소요)

마지막 단계는 앞의 'What to Say' 항목을 시각화하는 작업으로 'How to Present' 과정이라고 정의한다. [그림 8-14 참조].

그림 8-14 선불제 ESG 활동 How to Present 사례

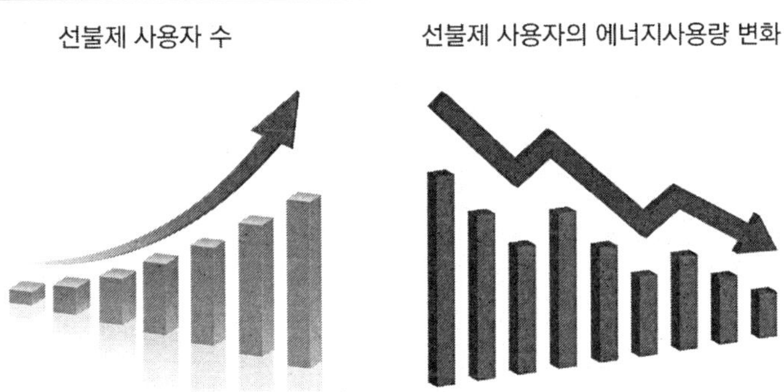

4. SED Program의 3단계 DEVELOP

DEVELOP 단계도 크게 5개의 과정으로 이루어져 있다. 첫 번째 과정에서는 팀별로 Who－What(why)－How 분석 결과를 발표하는 단계이다. 두 번째 과정은 개별팀 발표에 대해 다른 팀에서 질의응답을 실시하는 Brutal evaluation이 실행된다. 세 번째 과정은 팀별 발표안에 대해 제일 실행가능하고 효과적 효율적인 안에 투표를 실시한다. 여기에서 가장 좋은 평가를 받은 팀에 대한 시상이 진행된다. 네 번째 과정은 선정된 ESG 평가항목을 기업이 미래에 통제하고 관리하기 위한 업무분장을 토론하는 시간(What Do I got to Do)이다. 마지막 단계는 우승한 팀이 자신의 ESG 평가항목(What to Say)과 시각화 결과(How to Present)를 더욱 가다듬는 시간이다.

4.1. 팀별 'Who-What-How 안' 발표 (발표 10분씩 x 팀 수)

첫 번째 과정에서는 팀별로 자신들이 정리한 Who－What(why)－How 분석 결과를 발표하는 단계이다. 발표 중 질의응답은 실시하지 않는다.

4.2. Brutal evaluation과정 (질의응답 5분 x 팀 수)

두 번째 과정은 개별팀 발표에 대해 다른 팀에서 질의를 하고 질문을 받은 팀에서 팀장이 응답을 실행된다. 비판적인 질문을 하지 않고, 궁금한 것만을 질문하도록 facilitator가 사전에 통제한다. 마지막으로 facilitator가 전체발표자의 결과물에 대한 총평을 실시한다.

4.3. 투표 및 시상 (소요 30분)

세 번째 과정은 개별팀 발표에 대해 모든 facilitator와 참가자가 가장 좋은 결과물에 대해 투표를 실시한다. 최다득표를 얻은 결과물에 대해 시상을 실시한다.

4.4. What Do I got to Do (30분 소요)

DEVELOP 단계의 네 번째 과정은 전체 구성원을 대상으로 앞으로 우리 회사가 이 평가항목을 유지 및 발전시키기 위해서 해야 할 일을 정리하는 것이다(What Do I got to Do). 주로 업무분장을 실시하게 된다. 어느 부서의 어느 직급 레벨에서(Who), 무엇을(What), 어떻게 관리하고, 보고하고, 의사결정해야 하는 지(How)를 정리하게 된다. ESG 전략부서에서 정리된 아래 사항을 실행부서에 공문으로 시행하게 한다. facilitator는 모든 참가자들을 모아 놓고 [그림 8－16]을 함께 채워가는 시간을 갖게 된다.

그림 8-15 DEVELOP 단계 중 'What Do I got to Do' 단계 사례

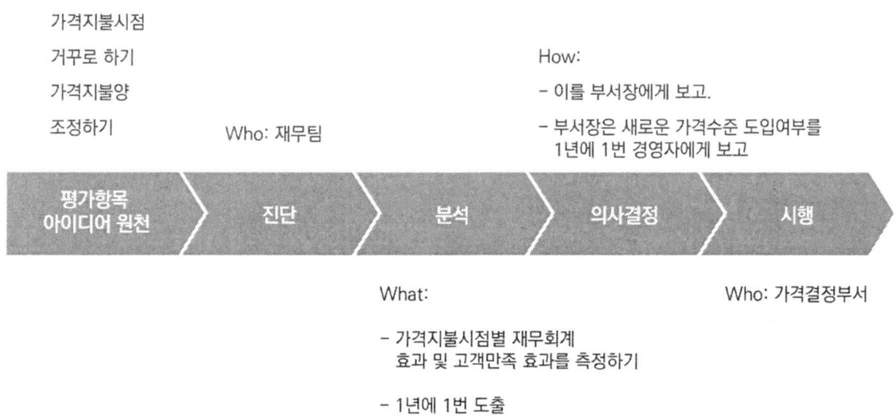

그림 8-16 SED 참가자가 채울 DEVELOP 단계 중 'What Do I got to Do' 단계 과제 장표

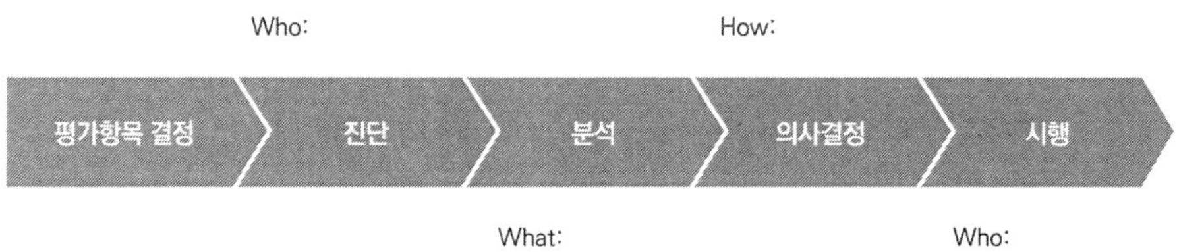

4.5. Decoration 또는 visual improvement (별도 24시간부여)

다섯 번째 과정은 담당자가 최종선택안을 ESG보고서에 담기 위해 결과물을 decoration 하는 과정이다. 평가항목의 정확한 identity, 조작적 정의, 시각적 표현을 decoration하여, 공시보고서에 직접 사용할 수 있는 상태로 정리하는 단계이다. 주로 우승팀이 이를 담당하게 된다. facilitator는 별도로 1일의 시간을 우승팀에게 부여하여 우승으로 당선된 산출물을 향상시킬 수 있는 시간을 부여한다. 이상으로 SED 프로그램을 마치게 된다.

4.4와 4.5의 순서를 바꾸어 실행해도 된다. 참가자들에게 최종 ESG 활동보고서 산출물을 공유하고 나서, 미래에 무엇을 할 지를 고민하게 해도 된다.

그림 8-17 선불제 ESG 보고서 삽입의 가상적인 사례

What to Say

평가항목 Identity

조작적 정의

평가항목 identity: 전기카드 제도

조작적 정의: 전기사용을 하는 가구가 (Who)
전기전략을 위해 선불전기카드를 구입하여 (Why)
가구마다 설치된 계량기에 전기카드를 꽂으면 해당 카드금액 안에서만 전기사용 (How)

How to Present

시각적 표현

도입 후 사용자 수와 전기량 사용량의 연도별 변화

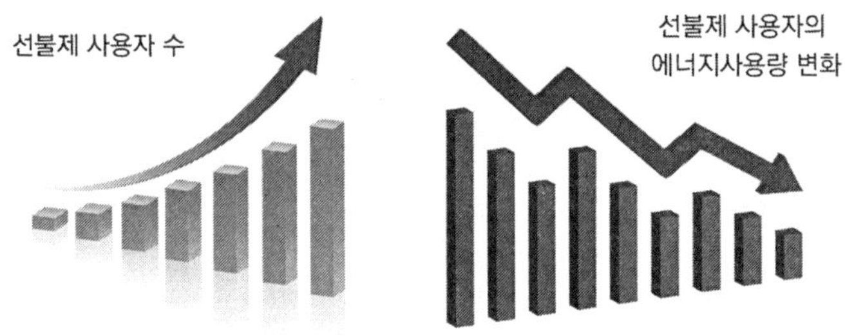

그림 8-18 선불제 ESG 보고서 삽입

What to Say

평가항목 Identity

조작적 정의

평가항목 identity: (   )

조작적 정의:

결과물:

How to Present

시각적 표현

도입 전후 소비자 효용크기 비교 및 정량적 또는 정성적 효과

5. 마무리

이 chapter에서 다룬 에너지절약은 SDGs 보고서에도 넣을 만한 좋은 아이템이다. 우리나라는 후불제로 자원사용료를 지불하는 것이 개발도상국보다 많다. 예를 들어 어느 회사에서 부서별로 사무실별 전기사용량을 사전에 결정해 놓으면, 점심시간에 회사원이 밖으로 나가면서 전등을 끄는 것은 당연히 생활화 될 것이다. 후불제이고 개인이 비용 지불하지 않은 자원낭비가 얼마나 많을 것인가?

Chapter 9

선지급 에너지바우처를 통한 ESG 활동 설계하기

그림 9-1 이 chapter의 강의개발 교안

Key 교육목표	고객이 가격을 지불하기 전에 고객에게 지원금을 주는 ESG 활동 구매자가 가격을 지불하는 것이 아니라 가격을 받을 판매자가 먼저 돈을 고객에게 제공하는 고통분담			
	주제 및 원리 소개	What to Say	How to Present	What Do I got to Do
서비스 level	• 가격을 구매자인 고객이 지불하지 않고 판매자도 공동부담	• 판매자의 선지급 • 구매자의 잔여 후지불	• 지불분담을 시차로 표현	• 새로운 가격지불 시점의 정기적인 탐색
기대효과	• 가격할인으로 수요확보 • 고통분담	• 가격으로 빼앗는 것이 아니라(loss), 돈을 받는 것(gain)으로 바꾸기 • 가격 공동부담	사회적 약자보호효과	새로운 지불시점, 지불간격, 지불횟수의 정기적인 점검 필요성 제고
Key words	- 에너지바우처 - 사회안전망	- 지속가능한 공급과 수요	최소 자원 사용량 제공	주기적 사회적 가격책정 접근가능한 가격책정 지속가능한 가격책정

이 장은 Chapter7과 Chapter8에 이어서 마케팅가격 의사결정 중 가격지불시점 의사결정과 신상품개발 기법 중 'ambigram'을 통한 가격지불주체 문제를 결합하여 ESG 활동을 설계하는 과정을 보여준다. 기존에 후불제를 시행하는 전기 가스 사업자가 선불할인제도를 도입한 에너지바우처제도를 소개한다. 이 제도가 사회적 약자를 위한 바람직한 가격지불시점과 가격지불주체의 변경 제도임을 SED 프로그램을 통해 선보이게 된다. 따라서 ESG 부문 중 사회적(social)부문의 공헌점을 개발하게 된다.

그림 9-2 이 chpater에서 다루는 ESG 활동 개발기법의 포지셔닝

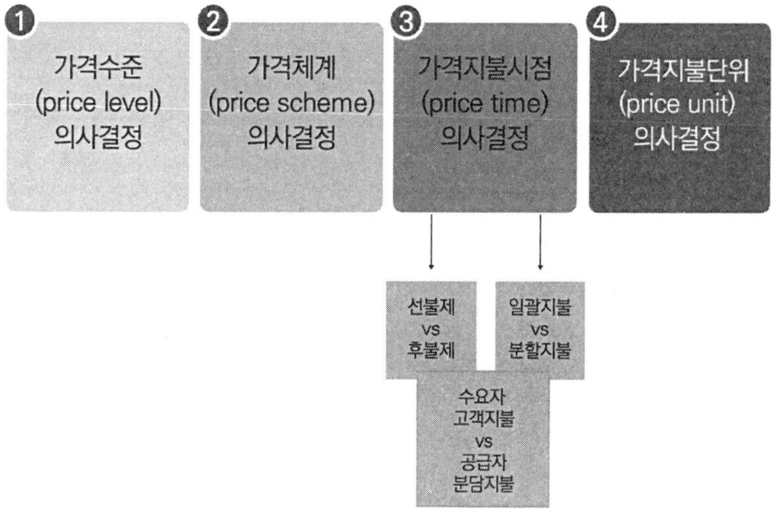

특히 에너지바우처 제도가 공급주체인 공기업과 사기업에게 주는 시사점을 많이 부각시키고 논의하고자 한다. 에너지바우처와 지난 2020년부터 2022년에 한국정부가 코로나 지원금액으로 선지급 카드를 발행한 것은 상품가격측면에서 가격을 수요자인 고객이 지불한 것이 아니라 수요자인 고객과 공급자인 회사가 동시에 부담한다는 특징을 가진다. 즉, 가격지불주체를 기존 수요자인 고객에게서 공급자까지 확대하고 있다. 이런 관점의 변화로 많은 기업조직이 수요를 자극하면서도 ESG와 SDGs에 공헌할 수 있음을 이 SED 프로그램을 통해 보여줄 예정이다.

1. SED 프로그램 진행 전 준비

1.1. 참가자 구성

이 chapter는 후불제도를 갖고 있는 사업자를 대상으로 하고 있다. 회사의 ESG 전담부서를 비롯하여 과장급 이상의 실무진 중 재무와 마케팅 담당자가 이 chapter의 내용을 습득했으면 한다. 이 SED 프로그램은 전문 facilitator를 사용할 예정이다.

1.2. SED의 프로그램 목표를 명확하게 하기 (5분 소요)

facilitator는 참가자들에게 SED 프로그램의 정의를 설명한다. SED의 이름은 Scan-Explore-Develop에서 가져왔다. SED 프로그램은 회사가 처한 상황을 훑어보고(scan), 누

구를 대상으로 무엇을 어떻게 제공할 지를 초점을 맞추어 공백을 찾아내고(explore the white space), 구체적인 해결책을 개발(develop)하는 과정을 거치게 된다고 설명한다.

> 참가자들은 facilitator의 지시에 따라 SED 프로그램을 진행하면서 현재 당신들이 취급하는 상품의 지불시점과 지불주체에 대해 생각하게 된다. 현재 고객이나 회사의 가격지불시점과 지불주체를 변경하는 것이 이 SED 프로그램의 목적이다. 이 과정 속에서 사회적으로 올바른 방향으로 고객에게 지불가능하고 공정하고 지속가능한 가격을 제시할 수 있음을 깨닫게 된다. 이를 통해 개별기업의 ESG 평가항목(company-specific ESG criteria)을 개발하는 일련의 절차와 방법을 습득하게 된다.

1.3. 산출물(output)을 명확히 하기 (10분 소요)

SED 프로그램을 진행하는 facilitator는 수강자나 참여자들 사이에 SED 프로그램이 진행되기 전에 산출물이 어떻게 나와야 하는 지를 공유(consensus)하여야 한다. facilitator는 이번 개별기업 ESG평가항목개발을 위한 SED 프로그램의 산출물은 크게 세 부분으로 이루어져 있다는 것을 정확히 전달한다.

- What to Say : ESG 보고서에 무엇을 담을 것인가?
- How to Present : ESG 활동의 결과를 어떻게 시각적으로 전달할 것인가?
- What Do I got to Do : 위의 ESG 활동을 어떻게 미래에 개선해 나갈 것인가?

그림 9-3 SED 프로그램으로 개별기업 ESG 평가항목 개발 후 산출물 이미지 예시

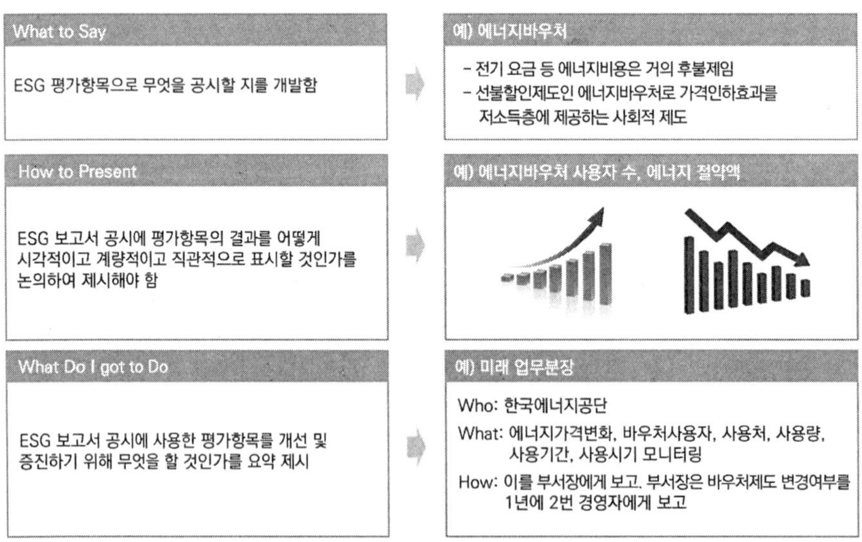

1.4. SED 프로그램의 구성과 절차

facilitator는 개별기업 ESG 평가항목 개발을 위한 SED 프로그램 구성과 절차를 참여자와 공유해야 한다. [그림 9-4 참조]. facilitator는 아래 그림을 잠시 개괄적으로 설명한다.

그림 9-4 개별기업 ESG평가항목 개발을 위한 SED 구성

1단계: SCAN	2단계: EXPLORE	3단계: DEVELOP
1.1. 특정 ESG 주제와 원리 소개 1.2. 주제별 기존 사례 소개 1.3. 가상적 기업상황 또는 factbook 소개 1.4. Grouping-consensus-searching information	2.1. Who, What, How 측면에서 미래 기회를 발견하고 수집하며 서로의 의견을 구체화 2.2. 단일안으로 정리 2.3. What to Say: activity identity 또는 조작적 정의 2.4. How to Present(시각화 작업)	3.1. 조별 Who-What-How 결과를 발표 3.2. Brutal Evaluation 3.3. 투표와 시상 3.4. What Do I got to Do 3.5. 평가항목과 조작적 정의, 시각화표현에 대한 decoration

2. SED Program의 1단계 SCAN

2.1. 특정 ESG 주제와 원리 소개하기

이번 SED 프로그램의 주제는 기존의 가격지불시점과 가격지불주체를 변경함으로써 사회적으로 바람직한 방향으로 고객이 지불가능하고 접근가능한 가격지불시점과 수준을 한 개 또는 여러 개 설정하는 것이다. 이것이 ESG 활동 중 사회적 부문에 기여하는 것을 목표로 한다. 먼저 이 주제의 정의와 필요한 개념들을 나열하여 참여자에게 제시한다.

- 동일 산업 다른 가격지불시점
- 가격지불주체

2.1.1. 동일 산업 다른 가격지불시점

제품과 서비스를 제공하고 가격을 주고 받는 교환과정을 크게 아래와 같이 세 부류로 구분할 수 있다.

- 제품과 서비스가 공급되고 나서 일정시간이 지난 후 소비자로부터 돈을 받는 '제품공급 이후 돈 받기'(어음, 외상): 후불제
- 제품과 서비스가 공급되자마자 소비자가 돈을 지불하는 '제품공급시점 돈 받기'(현금 박치기)

- 제품과 서비스가 공급되기 전에 소비자가 돈을 지불하는 '제품공급 이전 돈 받기' (입도선매): 선불제

위의 세 보기 중 선불제와 후불제를 한국의 전기 및 가스요금 부과순서와 중국의 전기 및 가스 요금부과순서로 비교하면 [그림 9-5]와 같다. 동일한 전기사업자인데 국가에 따라 가격지불시점이 다르다는 것을 알 수 있다.

그림 9-5 가격지불시점의 ambigram과 국가별 상품 지불시점차이

가격지불시점 의사결정

정의:

가격지불시점 변화를 통해 고객가치를 증대시키고 조직의 자원배분 효율성, 효과성도 증대

Ambigram: 거꾸로 하기

- 선불제: 공급자가 수요자에게 상품을 제공 전에 가격을 부과하는 지불시점제도
- 후불제: 공급자가 수요자에게 상품을 제공 후에 가격을 부과하는 지불시점제도
- 일반적인 기업에서는 선불제를 선호
- 일반적인 고객은 후불제를 선호
- 선불제가 후불제보다 자원소비가 적을 가능성
- 가격할인의 경우에 고객은 선제할인을 선호
- 사회적 가격책정 시에는 선제할인을 실시

주요공헌영역: ESG중 Social 부문

원리 또는 논리

- 우리나라의 에너지 가격지불시점과 중국의 에너지가격지불시점

Typology (classification)		서비스와 가격지불 순서			
		개통	충전(선불)	사용	지불(후불)
나라 차이	한국 전기				
	한국 가스				
	중국 전기/ 가스 사용				

2.1.2. 가격지불주체

일반적으로 가격지불주체는 당연히 상품 수요자인 구매자(customers, buyers)이다. 구매자가 상품에서 느끼는 가치가 가격보다 높았을 때 구매가 이루어지게 된다. 마케팅 가격의사결정은 고객이 느끼는 가치만큼 가격을 매기려는 판매자의 노력이다.

- 가격수준 의사결정 중 하나인 가격할인(price discount) 또는 세일(sales)은 가격수준을 낮춤으로써 고객이 느끼는 가치가 가격을 초과할 수 있는 기회를 더 부여하는 판매자의 행위이다.
- 가격체계 의사결정에서 구매량에 따라 단위당 가격(단가)를 변경하는 이유는 구매하는 양에 따라 상품에 대해 느끼는 가치가 달라지기 때문이다. 예를 들어 더운 날 마시는 맥주 첫 잔에서는 매우 많은 가치를 느끼고, 두 번째 잔 부터는 고객이

느끼는 가치나 효용이 떨어진다. 이를 한계효용의 법칙이라 한다. 따라서 구매량에 따라 가격을 변경함으로써 고객이 느끼는 가치가 가격을 초과할 가능성을 높이는 판매자의 행위가 가격체계변경이다.

- 가격지불시점 의사결정에서 고객의 선호에 따라 가격지불시점을 변경하려는 시도를 하는 것은 구매를 촉진하기 위해서이다.
- 가격지불단위 의사결정에서 우리 산업에서 사용하는 가격지불단위를 세분화하거나 색다른 가격지불단위를 채택하는 것은 상품에 대한 가치를 변경하려는 시도이다.

위의 마케팅 가격의사결정의 4개는 모두 판매자(seller)의 행동이다. 따라서 이런 판매자 행위의 전제에는 '가격은 수요자인 고객이 지불한다'라는 것이다. 과연 수요자인 구매자만 가격을 지불해야 하는 것인가?

판매자가 가격을 지불하는 현상이 존재하는가? 존재한다.

- 서울 동대문구의 무료급식소 '밥퍼'을 운영하는 다일복지대단은 식사 가격을 받지 않는다.
- 서울 영등포구 요셉의원은 무료병원이다.

따라서 가격을 부담하는 주체를 세 가지로 구분할 수 있다. 이 중 우리가 주목하는 것은 수요자인 구매자와 공급자인 판매자가 가격을 분담하는 경우이다. 오직 공급자인 판매자가 가격을 부담하는 경우에는 판매자가 영업을 계속할 수 없는 위험에 처하게 된다. 이것은 계속기업의 원칙에 벗어난다.

- 오직 수요자인 구매자가 가격을 부담하는 경우 - 오직 공급자인 판매자가 가격을 부담하는 경우 - 수요자인 구매자와 공급자인 판매자가 가격을 분담하는 경우

수요자인 구매자와 공급자인 판매자가 가격을 분담하는 경우는 가격지불주체가 두 개다. 이 경우를 주체별 분담시점에 따라 분류할 수 있다.

- 판매자인 공급자가 먼저 부담하고 수요자인 고객이 나중에 부담하는 경우
- 수요자인 고객이 먼저 부담하고 판매자인 공급자가 나중에 부담하는 경우

가만히 우리 주변의 거래현상을 살펴보면 수요자인 고객이 먼저 부담하고 판매자인 공급자가 나중에 부담하는 경우가 많다.

- 저자가 핸드폰을 사용하고 나면 후불로 통신료를 지불하는데 이 때 통신사로부터 요금청구서를 받는다. 요금청구서는 이렇게 이야기한다. '통신사가 너그러운 마음으로 너의 요금을 이만큼 할인해서 나머지인 이 만큼만 돈을 내거라'
- 자동차를 보유하고 있는 나의 국민이여. '너의 자동차세가 배기량이라는 합리적인 기준에 의해 이만큼 나왔는데, 미리 내면 얼마만큼 깍아줄게'
- 한국국민은 병원에 가서 치료를 받고 나서 병원비를 내야 하는데 의료보험이 적용된 나머지만 지불하면 된다. '하긴 매달 미리 내긴 했지'

우리가 이 SED에서 다루고자 하는 것은 수요자인 구매자와 공급자인 판매자가 가격을 분담하는 경우 중에서 판매자인 공급자가 먼저 부담하고 수요자인 고객이 나중에 부담하는 경우이다.

2.2. 가격을 판매자가 분담하고, 더나가 판매자가 먼저 가격을 지불한 사례: 에너지바우처

우리나라 전기와 가스요금은 대표적으로 후불제 가격부과제도를 시행한다. 사용자가 일정기간 동안 (우리나라는 월 단위) 사용한 에너지 사용량에 근거하여 가격이 부과된다. 선사용 후 가격지불이라는 제도이다. 그런데, 한국정부는 '에너지바우처'라는 사회적으로 바람직한 제도를 갖고 있다.

- 가스가격을 2022년에 4번 인상한 결과에 따라 2023년 1월 설날 근처에 각 가구에서는 폭등한 난방비 청구서를 받았다. 언론에서는 이것을 '에너지폭탄'이라고 불렀다. 이에 저자가 느끼기에 민심이 흉흉했다. 정부는 사회안전망을 위해 에너지바우처 금액을 기존 12만4천원에서 30만원으로 인상한다고 발표했다.

오랜 시간동안의 대통령이나 정치주체자들의 공약과 국민적 요구에 의해 한국정부는 '에너지바우처'라는 제도를 정립하였다. 이 제도를 집행하는 기관은 한국에너지공단이다.

한국에너지공단의 홈페이지에는 에너지바우처란 국민 모두가 따뜻한 겨울을 보낼 수 있도록 에너지취약계층을 위해 에너지이용권을 지급하여 전기, 도시가스, 지역난방, 등유, LPG, 연탄을 구입할 수 있도록 지원하는 제도라고 명시되어 있다. 하지만 여름의 냉방과 난방 시에 모두 이 바우처를 사용할 수 있으므로 실제적으로는 사회적 약자(취약가구)의 에너지 사용가격의 할인정책이라고 평가할 수 있다.

신청대상은 소득기준과 세대원특성기준에 의해 결정되는데 그 대상자는 다음과 같이 사회적 약자이다. 신청대상은 소득기준과 세대원특정기준을 모두 동시에 충족해야 한다.

소득기준
- 「국민기초생활 보장법」에 따른 생계급여·의료급여·주거급여·교육급여 수급자

세대원 특성기준: 주민등록상의 수급자(본인) 또는 세대원이 다음 어느 하나에 해당
- 노인 : 주민등록기준 1957. 12. 31 이전 출생자
- 영유아 : 주민등록기준 2016. 01. 01 이후 출생자
- 장애인 : 「장애인복지법」에 따라 등록한 장애인
- 임산부 : 임신 중이거나 분만 후 6개월 미만인 여성
- 중증질환자, 희귀질환자, 중증난치질환자 : 「국민건강보험법 시행령」에 따른 중증질환 「본인일부부담금 산정특례에 관한 기준」[별표3], 희귀질환[별표4], 중증난치질환 [별표4의 2]을 가진 사람
- 한부모가족 : 「한부모가족지원법」 제4조에 따른 "모" 또는 "부"로서 아동인 자녀를 양육하는 사람
- 소년소녀가정 : 보건복지부에서 정한 아동분야 지원대상에 해당하는 사람(「아동복지법」 제3조에 의한 가정위탁보호 아동 포함)

그림 9-6 대한민국 에너지바우처 제도 지원금액 (2022년의 경우)

바우처 지원금액

구분	1인 세대	2인 세대	3인 세대	4인 이상 세대
여름	29,600 원	44,200 원	65,500 원	93,500 원
가을	118,500 원	159,400 원	212,500 원	278,600 원
겨울	148,100 원	203,600 원	278,000 원	372,100 원

에너지바우처의 지원시기는 에너지 사용 이전이다. 신청자에게 신용카드 등으로 에너지 사용 전에 지원금액을 지원한다. 우리 모두는 2020년부터 코로나 지원금 사용방식을 기억할 것이다. 신용카드 등에 지원금을 넣어 주면 우리가 사용할 때마다 잔액이 표시된

문자를 받았던 기억이 있을 것이다. 한국에너지공단 입장에서는 카드사에 돈을 미리 지불한 셈이다.

즉, 가격지불시기에 대한 평가를 해보면 판매자가 먼저 돈을 지불하고, 사용자는 사용 후 할인된 가격만을 나중에 지불한 것이다. 판매자인 공급자와 수요자인 국민이 분담을 했다. 정부가 먼저 에너지 사용금액을 지불했고, 국민은 에너지 사용금액을 나중에 지불했다. ESG적 평가로는 사회적 약자를 위한 멋진 제도이다. ESG성과에는 에너지바우처 사용자 수와 사용에너지량을 명시하면 된다.

2.3. ESG 평가항목 개발대상의 특정개별기업 상황의 팩트북 제시와 질의응답 (30분 소요)

이제 ESG 평가항목을 개발하기로 한 가상적이거나 실제기업의 기업상황의 factbook를 facilitator가 제시하고, 참가자가 탐색하는 시간이다. 먼저 에너지바우처 제도가 직면한 문제점을 나열한다.

그림 9-7 2023년 에너지바우처제도의 집행현황과 우수사례 속출

에너지바우처 집행상황

- 공급자 문제 : 바우처 지원 예산확보 문제
- 공급자 문제 2 : 에너지 가격의 폭등 (2022-2023년)
- 수요자 문제 :
  에너지바우처 존재를 모르는 대상자 존재
  실질적 신청 및 사용과정의 어려움이 있는 사회적 약자 존재 (노인 등)

- 한국정부는 에너지바우처 제도의 사회적 기여를 인식하고, 지속적인 확산을 위해 고민 (신청독려 등)

우수사례 속출

- 수요자인 사회적 약자 및 지자체, 공급사, 복지단체 등에서 우수 사례 속출
- 대한민국 정부의 우수 행정사례 (SDGs, ESG사례)

한국에너지공단은 사회적으로 바람직한 에너지바우처제도를 활성화하고 싶어 한다. 수요자인 사회적 약자를 비롯해서 지자체 공급사 복지단체 등에서 우수사례가 속출하고 있고, 혜택을 받은 사람의 만족도가 매우 높은 상황이다. 대한민국 정부의 우수행정사례로 국가 SDGs 보고서에도 들어갈 만한 좋은 행정제도이다.

그런데, 한국에너지공단은 매해 바우처집행을 예산확보에 투쟁을 해야 한다. 특히 에너지가격이 급등하여 전기 가스값이 폭등하고 있는 2022~2023년에는 에너지바우처제도의 지원금액이 과거에 비해 세대별로 줄어든 셈이다. 한편, 에너지바우처 존재를 모르는 대상자가 존재한다. 또한 이 제도의 대상자들이 기술적 물리적 제약조건으로 인해 실질적으로 바우처를 신청하고 사용하는 과정 속에서 어려움이 겪고 있다는 보도도 언론을 통해 나오고 있다. 대한민국정부는 에너지바우처 제도의 사회적 기여를 인식하고, 지속적인 확산을 위해 고민 중이다. 신청독려 활동이 대표적이다.

이제 SED 프로그램 참가자는 한국에너지공단의 바우처 담당자가 된다. 에너지바우처 제도를 개선시킬 방안을 마련해 보자. 이것이 과제 1이다. [그림 9-8]과 [그림 9-9]의 과제를 읽어보자.

그림 9-8 과제: 한국에너지공단의 선불제 확산 과제

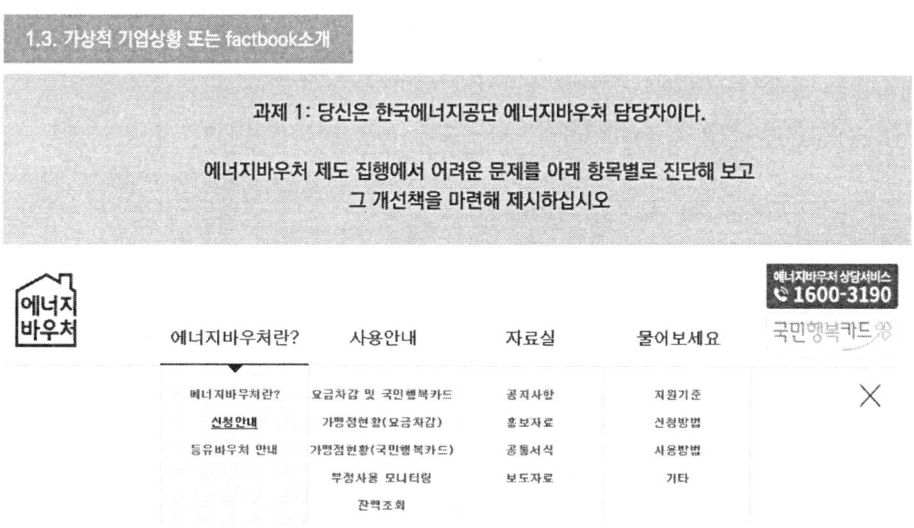

그림 9-9 과제1을 위해 탐색해야 할 정보의 사례

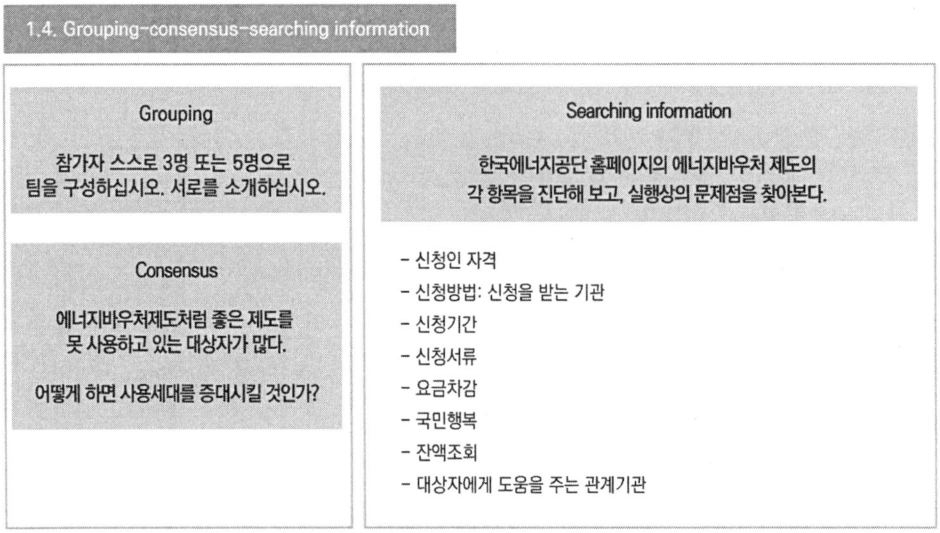

이제 과제 2가 주어진다. 실제 SED 프로그램에서 facilitator는 과제 2를 갖고 팀원들에게 ESG 활동을 설계할 것을 주문하게 된다. [그림 9-10]의 과제를 보면 현재 통신사는 통신사용 후 후불로 가격지불시점에 고객과 동시에 가격을 부담하고 있다. 에너지바우처처럼 통신사도 '먼저 가격을 부담하고, 고객은 나중에 시점을 달리해서 잔여요금'을 지불할 수 있는 제도를 구상하여 제시할 수 있다. 그 과제가 [그림 9-10]이다. 이 때 이 새로운 제도는 ESG 보고서 및 SDGs 보고서에 넣을 수 있도록 설계되어 있어야 한다. 2020년부터 시행된 비대면 수업 진행시 얼마나 많은 학생이 무료통신에 접근할 수 없었는지를 파악하면 [그림 9-10]의 과제를 풀어나가는데 도움이 될 것이다.

그림 9-10 탐색해야 할 정보의 사례

1.3. 가상적 기업상황 또는 factbook 소개

과제 2: 당신은 통신회사 마케팅 담당자이다.

에너지바우처를 통신바우처 제도로 모방하여 실천할 수 있는 방안을 제시하십시오

통신회사는 주로 후불제로 가격을 부과하고 있다.
매월 고객의 통신사용 후에
'총사용금액-할인액-고객이 부담해야 하는 요금'
이라는 형식으로 고객과 통신사가 동시에 가격을 분담하고 있다.

통신바우처를 통해 통신사가 먼저 일부가격을 부담하고
나머지는 고객이 부담하는 생색을 낼 수 있는 제도를 제시하라

이 새로운 제도를 ESG 보고서 및 SDGs 보고서에 넣을 수 있도록 설계하라

2.4. Grouping-consensus-searching information (2시간 소요)

이제 facilitator는 참가자 스스로 3명 또는 5명으로 팀을 만들게 유도한다. 반드시 홀수로 구성원의 수가 이루어져야 한다. 그리고 홀수의 팀이 구성되어야 한다. 팀이 구성된 후에 팀원들은 서로를 소개하고, 팀별로 '문제에 직면한 회사 상황인 factbook'를 소리내지 않고 읽는 시간을 부여한다. 마지막으로 팀원끼리 평가항목개발 문제를 해결하기 위해 필요한 정보가 무엇인지를 탐색하게 하는 시간이 부여된다. [그림 9-10 참조].

3. SED Program의 2단계 EXPLORE

EXPLORE 단계도 크게 4개의 과정으로 이루어져 있다. 첫 과정에서는 Who-What(why)-How 분석 틀을 facilitator가 참가자에게 학습시킨다. ESG 평가항목을 개발했을 경우에 목표시장(Who)과 목표시장의 어느 욕구를 해결할 것인지를 발의하고(What 또는 why), 기업이 어떻게 그 욕구를 해결하는 해결책을 마련했는지(How)를 팀 안에서 다양한 기회를 발견하고 수집하며 팀원 각자의 의견을 구체화하는 과정이다.

두 번째 과정은 팀 내 개인이 제시한 의견(Who-What-How안)을 단일안으로 정리하

는 과정이다. 세 번째 과정은 ESG 보고서에 어떤 평가항목을 제시할 것인가를 단일안에서 추출하여 정체성을 밝히는 단계이다. 'What to Say' 결정과정 또는 activity identity 정리과정이라고 말할 수 있다. 마지막 단계는 이 'What to Say' 항목을 시각화하는 작업으로 'How to Present' 과정이라고 정의한다. 이런 과정을 참가자들에게 facilitator가 설명하여 준다.

3.1. Who-What(why)-How 분석 틀 (2시간 소요)

3.1.1. Who-What(why)-How 분석

이 SED 프로그램의 목적은 판매자와 구매자가 가격을 분담하는 시점을 도입하는 것이므로 어느 고객(Who)이 왜(Why) 선택하는지를 탐구하고 그 목표시장의 고객들이 좋아하는 프로그램을 개발(How)하는 것이다. 따라서 facilitator가 Who－What－How 분석이라는 틀을 이용하여 참가자들이 자신의 생각을 구체화할 수 있도록 도와주어야 한다. 이 chapter에서는 재봉틀의 신상품개발과 확산과정을 Who－What－How 분석 틀에서 설명하고자 한다.

그림 9-11 공장용제봉틀에서 가정용제봉틀의 공백시장 찾기

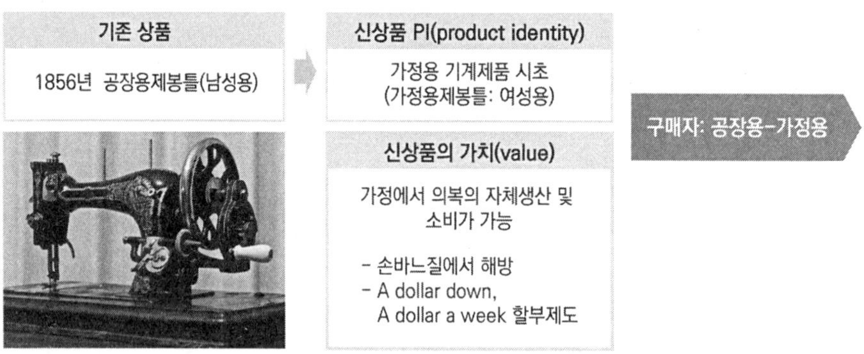

- 17세기부터 방적기, 방직기 발명(faster), 하지만 손바느질(slow)
- 빠른 바느질이 가능한 기계에 대한 욕구 강함
- 1851년 singer의 미국 특허획득
- 1912년 미국시장의 60%, 세계 90% 장악
- 1877년 일본에서 김용원이 구입, 1896년 이화학당 교과목, 1905년 Singer한국지사설립

인류는 17세기부터 방직기를 발명했다. 이 기계화된 방직기는 직물을 짜는데 매우 속도가 빨랐다. 한편, 바느질 분야에서는 진척이 별로 없었다. 손바느질은 무척 느렸다. 빠른 바느질이 가능한 기계에 대한 욕구가 강하게 있었다. 1851년에 Singer라는 사람이 미국에서 재봉틀로 특허를 획득했다. 1856년에 공장용 제봉틀이 도입되었는데 주로 노동자인

남성이 공장에서 사용하였다. 이것을 가정용 제봉틀로 바꾸어서 여성이 집에서도 사용할 수 있도록 변화를 시도했다.

구매고객인 목표시장(Who)을 공장 기업에서 가정으로, 남성사용자에서 여성사용자로 변경한 것이다. 가정에서 의복의 자체생산 및 소비가 증가할 수 있었다. 이것이 제품의 가치이다. 가사노동을 향상시키고 개인별 의복 판매가 가능하게 되었다(목표시장의 욕구(Why)). 가정이 재봉틀을 구입하는 것을 돕기 위해 Singer는 'a dollar a week pricing'제도를 만들었다. 1주일에 1달러만 할부로 지불하라는 것이었다(How).

그림 9-12 Who-What-How 분석으로 제봉틀 설명하기

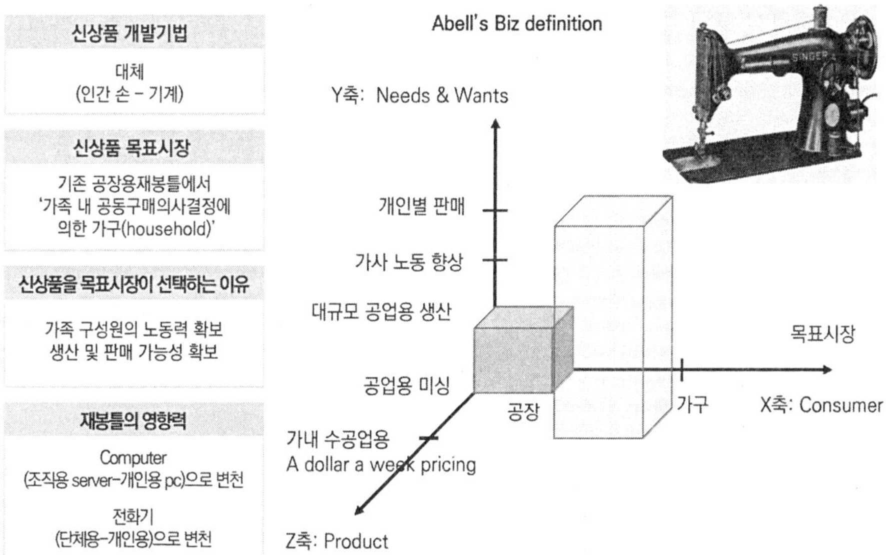

Singer의 재봉틀은 1912년 미국시장의 60%, 세계 90%를 장악했다. 1877년 일본에서 김용원이 재봉틀을 구입하여 한국에 들어온 이후, 1896년 이화학당 교과목에 등장했으며, 1905년에 Singer한국지사가 설립되었다. 한국전쟁이후에 많은 가정에서 재봉틀로 가내수공업의 수단으로 사용되었다. 재봉틀의 영향력은 대단했다. 공장용 등 대규모사용자에서 가정용 또는 개인용으로 시장공백을 찾아가는 시도를 컴퓨터시장과 전화기 시장 등에서 발견할 수 있다.

위의 사례를 통해 참가자는 Who–What–How 분석을 그림이나 표로 정리하면 기존 상품과 달리 이번에 설계한 ESG 활동상품을 시각적으로 제시할 수 있음을 알게 된다.

3.1.2. 'Explore White Space' 설명하기 (15분)

진행자인 facilitator는 팀원들에게 공백(white space)의 개념을 설명한다 (15분). 공백이란 아직 시장참여자가 진입하지 않은 공간을 말한다. 이 공간을 찾아내는 작업을 'explore white space!'라고 부른다. 이 공간을 찾아내면 새로운 ESG 활동의 상품을 안착시킬 공간을 확보하는 셈이다. facilitator는 참가자인 팀원들에게 'white space'라는 공간창출을 지속적으로 요구한다. [그림 9-12]는 재봉틀, 컴퓨터, 전화기가 x축의 목표시장과 y축의 욕구, z축의 기술이나 상품구성측면에서 비어있는 시장(공백, white space)을 찾아 신제품을 출시한 사례를 Who-What-How 분석 틀에서 발견할 수 있다.

3.1.3. 기업상황에 걸맞는 Who-What-How 분석

이제 facilitator는 참가자에게 2.3. ESG 평가항목 개발대상의 특정개별기업 상황에 대한 factbook을 중점적으로 상기시킨다. 참가자들은 ESG평가항목 개발을 Who-What-How 분석을 통해 실시하게 된다. 팀원 각자가 x, y, z축에 무엇이 들어가고 새로운 상품(ESG 활동)이 어떻게 포지셔닝해야 하는 지를 작성하게 된다. 즉, 주어진 회사상황 과제에서 white space를 탐색(explore)하는 시간을 부여하게 된다. (1시간 30분 소요). 이것을 [그림 9-13]에 넣도록 유도한다.

그림 9-13 팀원별로 구체적으로 제시해야 하는 새로운 가격지불시점을 Who-What-How 분석 틀에 넣기

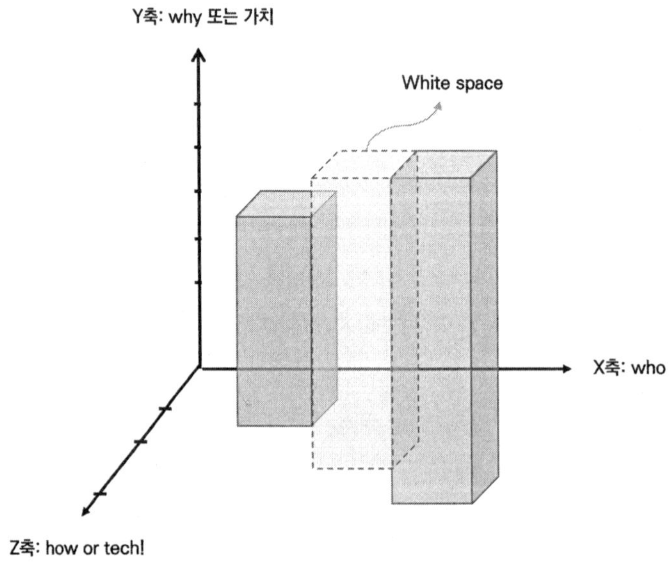

3.2. 팀 내 단일 Who-What-How안을 결정하기 (1시간 소요)

두 번째 과정은 팀 내 개인이 제시한 의견(Who-What-How안)을 팀의 단일안으로 정리하는 과정이다. 팀 내 개인이 개발한 기존 대안(option) 중 하나를 선택하던지 또는 개발된 기존 대안의 각 구성요소를 조합하여 새로운 대안을 개발하여 단일안으로 정리하도록 유도하게 된다.

그림 9-14 팀의 단일안으로 가격지불시점의 공백을 찾는 분석 틀 사례

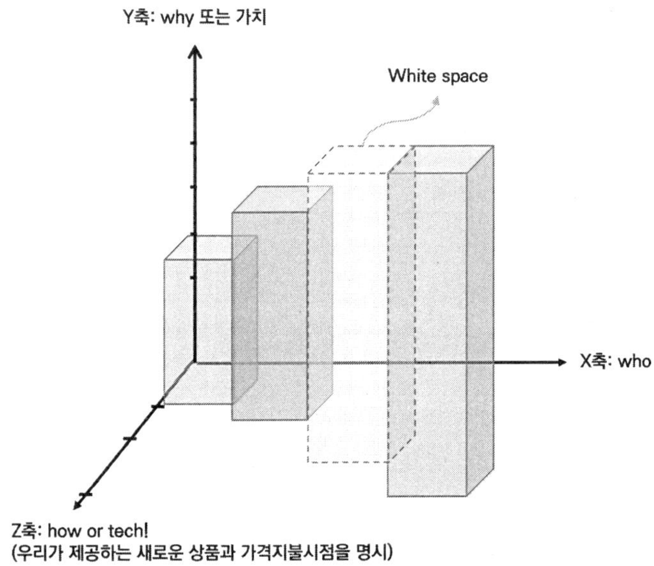

3.3. What to Say(activity identity)를 정하는 단계 (30분 소요)

세 번째 과정은 ESG 보고서에 평가항목을 무엇이라고 제시할 것인가를 단일안를 기초로 정체성을 밝히는 단계이다.

그림 9-15 가격지불주체, 가격지불시점을 활용한 통신사의 ESG 활동 정리

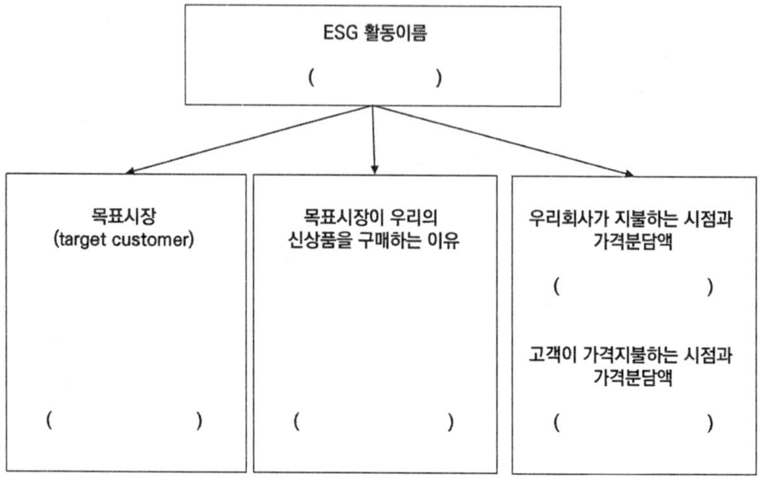

3.4. How to Present과정 (1시간 30분 소요)

마지막 단계는 앞의 'What to Say' 항목을 시각화하는 작업으로 'How to Present' 과정이라고 정의한다. [그림 9-16]과 같이 시각적이면서도 기억에 잘 들어오는 이름과 설명이 필요하다.

그림 9-16 How to Present의 산출물 이미지 예시

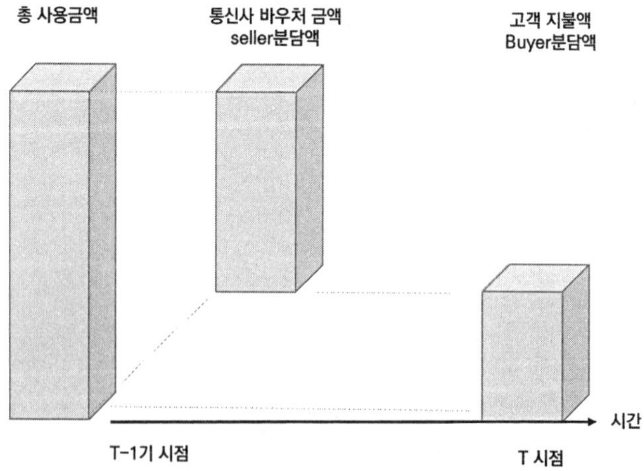

4. SED Program의 3단계 DEVELOP

DEVELOP 단계도 크게 5개의 과정으로 이루어져 있다. 첫 번째 과정에서는 팀별로 Who－What(why)－How 분석 결과를 발표하는 단계이다. 두 번째 과정은 개별팀 발표에 대해 다른 팀에서 질의응답을 실시하는 Brutal evaluation이 실행된다. 세 번째 과정은 팀별 발표안에 대해 제일 실행가능하고 효과적 효율적인 안에 투표를 실시한다. 여기에서 가장 좋은 평가를 받은 팀에 대한 시상이 진행된다. 네 번째 과정은 선정된 ESG 평가항목을 기업이 미래에 통제하고 관리하기 위한 업무분장을 토론하는 시간(What Do I got to Do)이다. 마지막 단계는 우승한 팀이 자신의 ESG 평가항목(What to Say)과 시각화 결과(How to Present)를 더욱 가다듬는 시간이다.

4.1. 팀별 'Who-What-How 안' 발표 (발표 10분씩 x 팀 수)

첫 번째 과정에서는 팀별로 자신들이 정리한 Who－What(why)－How 분석 결과를 발표하는 단계이다. 발표 중 질의응답은 실시하지 않는다.

4.2. Brutal evaluation과정 (질의응답 5분 x 팀 수)

두 번째 과정은 개별팀 발표에 대해 다른 팀에서 질의를 하고 질문을 받은 팀에서 팀장이 응답을 실행된다. 비판적인 질문을 하지 않고, 궁금한 것만을 질문하도록 facilitator가 사전에 통제한다. 마지막으로 facilitator가 전체발표자의 결과물에 대한 총평을 실시한다.

4.3. 투표 및 시상 (소요 30분)

세 번째 과정은 개별팀 발표에 대해 모든 facilitator와 참가자가 가장 좋은 결과물에 대해 투표를 실시한다. 최다득표를 얻은 결과물에 대해 시상을 실시한다.

4.4. What Do I got to Do (30분 소요)

DEVELOP 단계의 네 번째 과정은 전체 구성원을 대상으로 앞으로 우리 회사가 이 평가항목을 유지 및 발전시키기 위해서 해야 할 일을 정리하는 것이다(What Do I got to Do). 주로 업무분장을 실시하게 된다. 어느 부서의 어느 직급 레벨에서(Who), 무엇을(What), 어떻게 관리하고, 보고하고, 의사결정해야 하는 지(How)를 정리하게 된다. ESG전략부서에서 정리된 [그림 9－18]을 실행부서에 공문으로 시행하게 한다. facilitator는 모든 참가자들을 모아 놓고 함께 채워가는 시간을 갖게 된다.

그림 9-17 DEVELOP 단계 중 'What Do I got to Do' 단계 사례

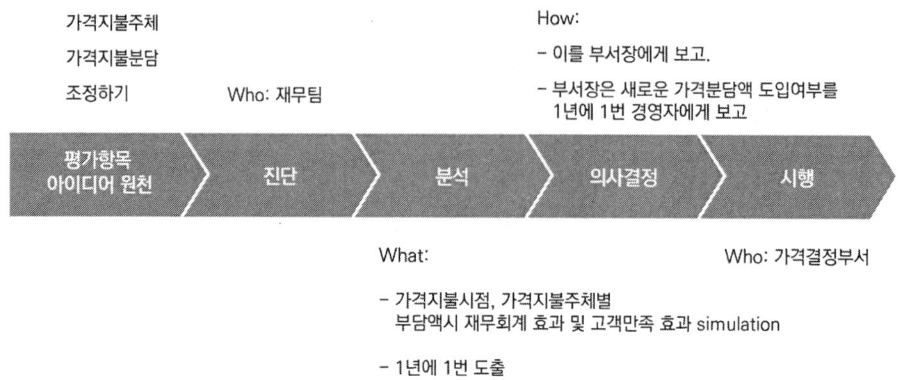

그림 9-18 이번 과제물 'What Do I got to Do' 단계 과제 장표

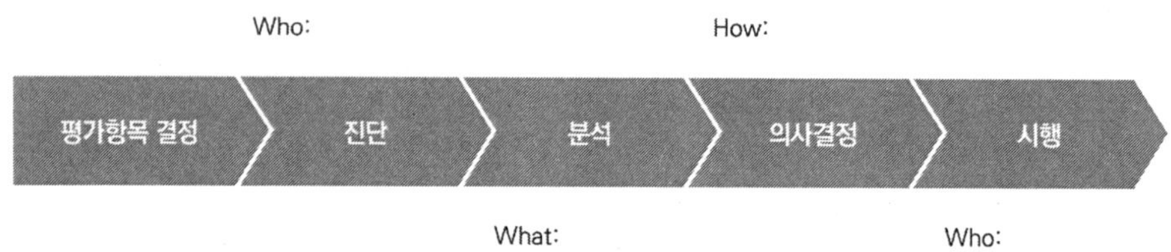

4.5. Decoration 또는 visual improvement (별도 24시간부여)

다섯 번째 과정은 담당자가 최종선택안을 ESG 보고서에 담기 위해 결과물을 decoration 하는 과정이다. 평가항목의 정확한 identity, 조작적 정의, 시각적 표현을 decoration하여, 공시보고서에 직접 사용할 수 있는 상태로 정리하는 단계이다. 주로 우승팀이 이를 담당하게 된다. facilitator는 별도로 1일의 시간을 우승팀에게 부여하여 우승으로 당선된 산출물을 향상시킬 수 있는 시간을 부여한다. 이상으로 SED 프로그램을 마치게 된다.

4.4와 4.5의 순서를 바꾸어 실행해도 된다. 참가자들에게 최종 ESG 활동보고서 산출물을 공유하고 나서, 미래에 무엇을 할 지를 고민하게 해도 된다. 이 장표가 SDGs 보고서에 활용될 수 있음을 명심해야 한다.

그림 9-19 가상적인 통신회사의 가격지불주체와 가격분담 ESG 보고서 이미지

What to Say

평가항목 Identity

조작적 정의

평가항목 identity: 통신바우처 제도

조작적 정의: 취약가구에게 (Who)
통신바우처를 통신사가 미리 지급하여 통신 사회안전망 구축할 수 있도록 (Why)
가구가 통신바우처를 신청할 수 있는 시스템도입 (How)

How to Present

시각적 표현

도입 후 사용자 수와 전기량 사용량의 연도별 변화

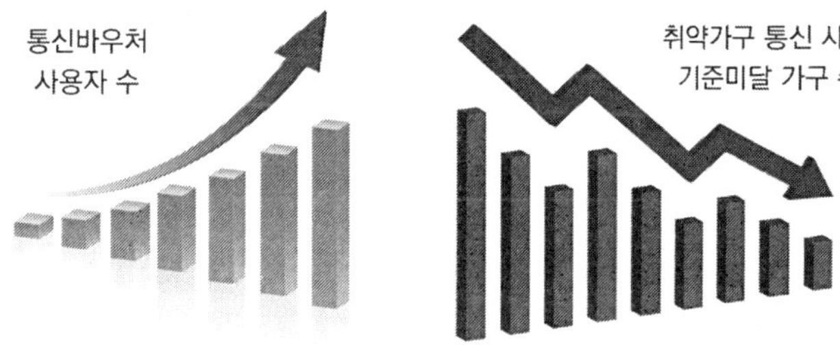

그림 9-20 가상적인 통신회사의 가격지불주체와 가격분담 ESG 보고서 작성장표

What to Say

평가항목 Identity

조작적 정의

평가항목 identity: ( )

조작적 정의:

결과물:

How to Present

시각적 표현

도입 전후 소비자 효용크기 비교 및 정량적 또는 정성적 효과

5. 마무리

이 chapter에서는 이 책에서 다룬 마케팅 가격전술의 근간이 되었던 4개의 가격전술에서 벗어나 가격을 지불하는 주체에 대해 다루었다. 여기서 가격지불주체를 공급자와 수요자로만 분류했는데, 사실 에너지 바우처 제도는 정부라는 제3자가 개입한 경우이다. 따라서 미래의 ESG 활동설계에서는 가격지불주체를 상품공급자, 상품수요자, 제3자로 나누어서 구성하는 것도 필요한 것으로 보인다.

※ 어느 군인부부(수요자)가 다섯쌍둥이를 낳았는데 차량을 생산하지 않는 포스코(제3자)가 9인승 현대(공급자) 카니발을 선물했다.

Chapter 10

커피 가격지불단위 변경으로 낭비줄이기: 크기에서 양으로 대체

그림 10-1 이 chapter의 강의개발 교안

Key 교육목표	마케팅 가격의사결정 중 가격지불단위 (pricing unit)변경으로 자원낭비 제거 ESG 보고서 평가항목으로 가격지불단위 의사결정이 '대체'로 활용되어 E부문에 사용가능함을 소개 1			
	주제 및 원리 소개	What to Say	How to Present	What Do I got to Do
서비스 level	• 가격지불단위 대체 원리와 그 효과	• 기존 상품의 새로운 가격지불단위 적용	• 새로운 가격지불 단위의 사용자 수, 자원 사용량 변화를 소개	• 다양한 가격지불 단위를 정기적으로 점검
기대효과	현재 지불단위가 최적이 아님을 인식시킴	가격지불단위 변경으로 ESG가 가능을 소개	고객 수 증가, 폐기물 절약 등을 시각적으로 표시	타 산업과 경쟁사의 지불단위를 벤치 마킹하는 조직학습
Key words	가격지불단위 (pricing unit)	새로운 가격지불단위	소비자잉여 증가 고객만족 증가 자원 절약	가격지불단위의 다양성

이 chapter는 마케팅가격 의사결정 중 가격지불단위 의사결정과 신상품개발 기법 중 '대체(substitution)'을 결합하여 ESG 활동을 설계하는 과정을 보여준다. 기존 커피프랜차이즈산업에서 사용하는 '크기'라는 가격지불단위를 '무게 또는 양'이라는 가격지불단위로 대체하여 새롭게 제시함으로써 ESG 부문 중 환경(Enviornmental)부문의 활동을 SED 프로그램을 통해 보여주고 있다.

그림 10-2 이 chpater에서 다루는 ESG 활동 개발기법의 포지셔닝

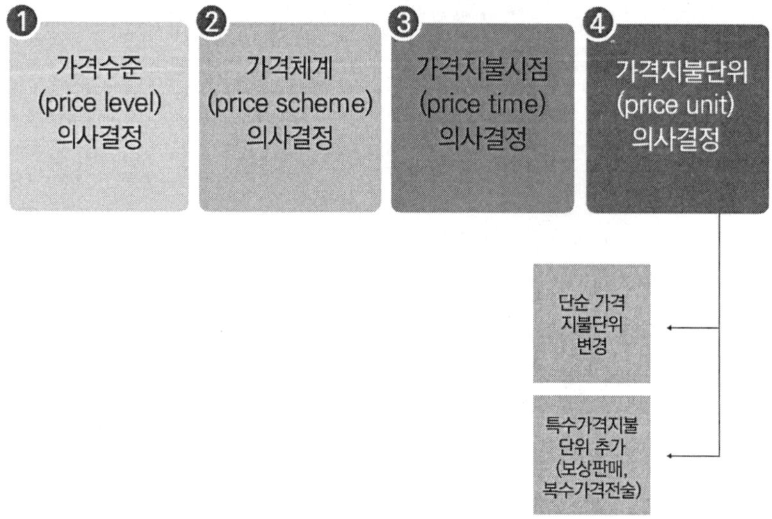

1. SED 프로그램 진행 전 준비

1.1. 참가자 구성

이 chapter는 전국적인 체인을 가진 식품회사의 ESG 전담부서를 비롯하여 실무진 중 마케팅 및 재무담당자를 SED 프로그램 대상자로 하고 있다. 이 SED 프로그램은 전문 facilitator가 진행을 도울 것이다.

1.2. SED의 프로그램 목표를 명확하게 하기 (5분 소요)

facilitator는 참가자들에게 SED 프로그램의 정의를 설명한다. SED의 이름은 Scan－Explore－Develop에서 가져왔다. SED 프로그램은 회사가 처한 상황을 훑어보고(scan), 누구를 대상으로 무엇을 어떻게 제공할 지에 초점을 맞추어 공백을 찾아내고(explore the white space), 구체적인 해결책을 개발(develop)하는 과정을 거치게 된다고 설명한다.

> 참가자들은 facilitator의 지시에 따라 SED 프로그램을 진행하면서 현재 회사가 취급하는 상품의 가격지불단위에 대해 처음 생각하게 된다. 현재 고객의 가격지불단위를 대체하는 것이 이 SED 프로그램의 목적이고, 이 과정 속에서 환경적으로 자원낭비를 줄일 수 있음을 깨닫게 된다. 이를 통해 참가자는 개별기업의 ESG 평가항목(company-specific ESG criteria)을 개발하는 일련의 절차와 방법을 습득하게 된다.

1.3. 산출물(output)을 명확히 하기 (10분 소요)

SED 프로그램을 진행하는 facilitator는 수강자나 참여자들 사이에 SED 프로그램이 진행되기 전에 산출물이 어떻게 나와야 하는 지를 공유(consensus)하여야 한다. facilitator는 이번 개별기업 ESG 평가항목개발을 위한 SED 프로그램의 산출물은 크게 세 부분으로 이루어져 있다는 것을 정확히 전달한다.

- What to Say : ESG 보고서에 무엇을 담을 것인가?
- How to Present : ESG 활동의 결과를 어떻게 시각적으로 전달할 것인가?
- What Do I got to Do : 위의 ESG 활동을 어떻게 미래에 개선해 나갈 것인가?

그림 10-3 SED 프로그램으로 개별기업 ESG 평가항목개발 후 산출물 이미지 예시

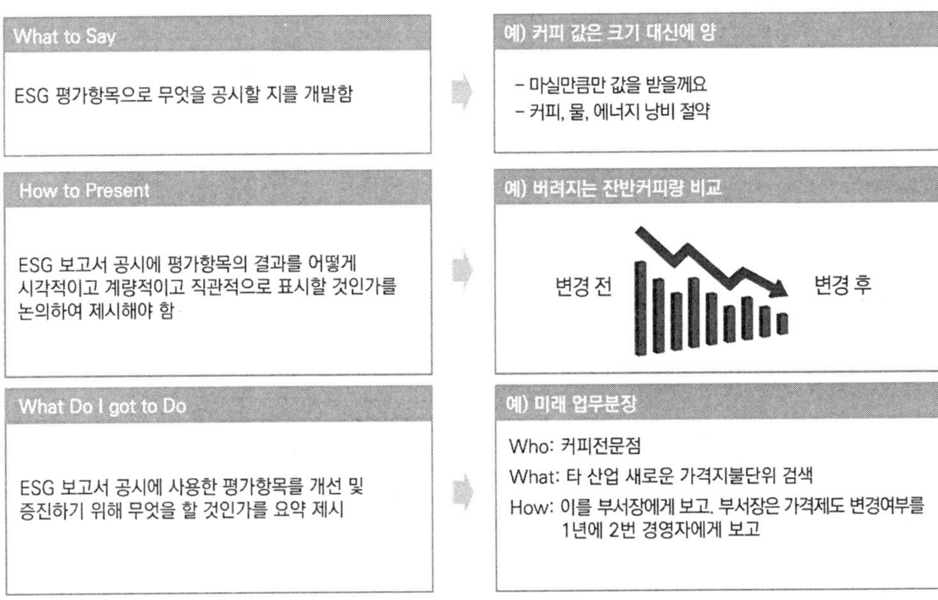

1.4. SED 프로그램의 구성과 절차

facilitator는 개별기업 ESG평가항목 개발을 위한 SED 프로그램 구성과 절차를 참여자와 공유한다. [그림 10-4 참조]. facilitator는 아래 그림을 잠시 개괄적으로 설명한다. SCAN단계는 이번 SED 프로그램의 주제를 소개하고, 이 주제에 대한 기존 회사의 사례를 제공한다. 우리가 해결해야 할 과제를 설명하고, 팀을 조직한다. EXPLORE 단계에서는 팀

원별로 각자가 생각하는 과제해결책을 Who-What-How 분석틀에 의해 제시하고, 그것을 팀 안에서 조정하여 단일안을 만들어 낸다. DEVELOP 단계에서는 복수의 팀 간에 competition이 실시되고 이 중 가장 많은 공감을 얻는 안을 선택하는 과정을 거친다. 선발된 최종안을 가시적으로 돋보이게 하는 과정이 추가된다.

그림 10-4 개별기업 ESG 평가항목 개발을 위한 SED 구성

1단계: SCAN	2단계: EXPLORE	3단계: DEVELOP
1.1. 특정 ESG 주제와 원리 소개 1.2. 주제별 기존 사례 소개 1.3. 가상적 기업상황 또는 factbook 소개 1.4. Grouping-consensus-searching information	2.1. Who, What, How 측면에서 미래 기회를 발견하고 수집하며 서로의 의견을 구체화 2.2. 단일안으로 정리 2.3. What to Say: activity identity 또는 조작적 정의 2.4. How to Present(시각화 작업)	3.1. 조별 Who-What-How 결과를 발표 3.2. Brutal Evaluation 3.3. 투표와 시상 3.4. What Do I got to Do 3.5. 평가항목과 조작적 정의, 시각화표현에 대한 decoration

2. SED Program의 1단계 SCAN

2.1. 특정 ESG 주제와 원리 소개하기

이번 SED 프로그램은 회사가 기존에 사용하고 있는 가격지불단위를 대체함으로써 사회적으로 환경적으로 바람직한 방향으로 가격지불제도를 변경하는 일련의 절차를 보여주고 있다. 먼저 이 주제의 정의와 필요한 개념들을 나열하여 참여자에게 제시한다.

- 대체(substitution)
- SDGs중 12번째 목표 '지속가능한 소비와 생산 양식의 보장(responsible consumption and production)
- 가격지불단위의 개념과 다양한 산업의 다양한 가격지불단위 이질성

2.1.1. 대체(substitution)

중세 유렵 신학자들은 빛 자체를 신으로 여길 정도로 빛을 숭배했다. 예술가들은 빛을 자신의 작품에 구현하기 위해 빛을 내는 황금 등을 예술품의 재료로 사용하다가 빛이 없이도 색상을 드러내는 재료를 찾게 되었다(진중권 2008). 이렇게 기존의 것 중 무엇인가를 없애버리고, 그 대신에 다른 것을 가져다가, 기존의 것이 하던 기능이나 역할을 대신하거나 증대시키는 것이 대체(substitution)이다. 이것의 연장선상에서 지속가능한 발전을 보

장하기 위한 SDGs와 ESG 실천으로 기존 구성요소를 다른 구성요소로 바꾸는 것도 대체이다.

(1) 제품의 소재를 대체한 사례

일반적인 상품개발에서 제품의 소재를 대체하여 신상품을 개발하고 판매한 사례는 매우 많다.

- 벽면에 부착하는 벽지를 대체할 수 있는 것이 무엇일까? 페인트로도 대치되고 실크벽지로도 대체된다.
- 유리로 안경렌즈 만들기에서 플라스틱으로 안경렌즈 만들기
- 철로 자동차 프레임 만들기에서 플라스틱으로 자동차 프레임 만들기
- 면을 사용하던 기저귀를 종이로 만들기
- 추울 때 입는 패딩 안의 소재는 오리털일 수도 있고 거위털일 수도 있다.
- 신발의 소재는 식물성 소재와 동물성 소재가 경쟁적으로 대체되는 현상을 보인다. 조선시대 신은 식물성 소재인 짚이나 동물성 소재인 가죽으로 되어 있었다. 일제강점기에 처음으로 고무신이 등장하여, 기존 소재를 인공적인 것으로 대체했다. 다시, 서양식 구두가 등장하면서 새로운 가공형태의 가죽 등으로 신의 주소재가 변경되었다.
- 간장약의 역사는 대체재의 역사이다. 피로회복에 좋다는 동물성 소재와 식물성 소재가 서로 대체되면서 새로운 제품을 만들어 내게 된다. 밀크씨슬, 헛개나무, 표고버섯, 민들레 등은 요즘 각광받는 간기능개선제의 식물성원료이다.

ESG 경영을 다룬 책에서 가장 많이 다루어지는 것이 제품의 소재를 대체하여 ESG 경영을 실천한 사례이다.

- 동물의 고기를 생산하면 많은 탄소배출과 자연파괴가 발생하므로 이것을 대체육으로 대체. 특히, 콩은 두부 등과 같이 고기의 대체물로 각광받아왔다.
- RE100이란 재생에너지 100%를 사용하는 것을 말한다. 석탄 등의 화력발전소 대신에 많은 돈을 들여서 재생에너지 비율을 높이고 있다. 독일은 재생에너지 발생장치를 부담하는 비용을 몇 십년 동안 개별 가구를 포함한 에너지 수요자에게 부담시키고 있다.

신현암과 전성률(2022)는 '왜 파타고니아는 맥주를 팔까?'라는 책에서 다양한 기업의 ESG 활동사례를 제시하고 있다.

- 파타고니아라는 의류회사에서는 100% 면화 옷 티셔츠를 생산하여 왔는데, 자신이 판매한 옷에서 포름알데히드가 발생한다는 것을 발견하였다. 전 세계 농약의 25%는 면화재배에 사용되기 때문이었다. 그래서 이 회사는 1988년부터 100% 유기농 재배 면으로만 티셔츠를 생산한다. 따라서 판매단가가 증가했지만, 고객들은 유기농 재배 면 소재의 안정성과 지구 표명 토양의 안정성 제고 및 암 발생물질이 없다는 것에 열광한다
- Seventh Generation이라는 회사는 1990년 북미 최초의 재생종이를 활용한 무독성 생필품 제품라인을 선보였다. 2001년에는 수질오염을 가속화시킨다는 이유로 인산염을 넣지 않은 식기세척기 세제를 출시하기도 했다.
- Method하는 회사는 화학세제 대신에 천연세제를 만든다. 코코넛오일로 세제를 만드는데 심지어는 인간이 마셔도 안전하다. 하지만 세제를 음료로 마시는 것은 지양해야 한다.
- Ripple이라는 회사는 기존 동물성 우유를 대체하여 식물성 우유을 판매한다. 이 회사의 식물성 우유는 동물성 우유에 대비하여 칼슘은 50% 많고, 당분은 50%가 적지만, 맛은 동물성 우유와 동일하다고 여겨지고 있다.

(2) 기업경영의 대체

기업경영의 여러 요소에서도 대체가 이루어진다.

- Outsourcing
- Channel의 대체
- 업무의 대체
- 생산범위의 대체
- 비즈니스모델의 대체
- 사업대상의 대체

예를 들어 엑손모빌의 사업대상과는 대조적으로 덴마크의 Orsted는 2023년까지 석탄연료사업을 중지하고 2025년까지는 녹색에너지만을 생산하기로 하였다. 이 회사는 1970년대 까지만 해도 천연가스와 석유전담회사였는데 이제는 전세계 최고의 풍력발전회사가 되었다. 사업대상을 완전히 대체하였다.

그림 10-5 사업대상을 대체하여 ESG를 실천한 사례와 그렇지 않은 사례

엑손모빌	덴마크: Orsted
• 1870년 록펠러의 스탠다드 오일이 모태 • 1911년 엑손 쉐브론 모빌로 분항 • 1999년 엑손+모빌 • 2014년 시장가치 최고 • 2020년 S&P와 다우지수에서 퇴출	• 1970년 북해 천연가스, 석유전담회사 • 2006년 풍력발전회사 합병 • 2009년 85/15비전발표 • 2023년 석탄연료사업 중지 • 2025년 녹색에너지로만 생산
• 석유사업에 고집	• 전세계 최고의 풍력발전회사

2.1.2. SDGs중 12번째 목표 '지속가능한 소비와 생산 양식의 보장(responsible consumption and production)

지금까지 다룬 '대체'는 UN이 정한 지속가능발전을 위한 목표 중의 하나인 '지속가능한 소비와 생산 양식의 보장'를 중점적으로 달성하는 수단이 될 수 있다. 한국정부의 공식 진단을 식품차원에서만 살펴보자 (http://ncsd.go.kr/unsdgs?content=2).

수치와 현황
인구가 2050년까지 96억에 달할 경우 현재의 생활양식을 유지하는 데 필요한 천연자원을 공급하기 위해서는 거의 3개의 지구가 필요합니다. 기반시설과 건설분야에서 비금속광물 사용 증가로 생활수준이 크게 개선되었습니다. 개발도상국의 1인당 "물질발자국(material footprint)"은 2000년 5톤에서 2017년 9톤으로 증가했습니다. 세계 250대 대기업의 93%가 현재 지속가능성에 대해 보고하고 있습니다.

에너지
전 세계 사람들이 에너지 소비 효율이 높은 전구로 바꾸면 연간 120억 달러를 절약할 수 있습니다. 에너지 효율 향상을 촉진한 기술적 발전에도 불구하고 OECD 국가들의 에너지 사용은 2020년까지 35% 증가할 것입니다. 상업 및 주거용 에너지 사용은 운송에 이어 두 번째로 빠르게 증가하는 에너지 사용 영역입니다. 2002년 OECD 국가 자동차 재고량은 5억5000만대(그 중 75%가 개인차)였다. 2020년까지 차량 소유권이 32% 증가할 것으로 예상됩니다. 동시에 자동차 사용량은 40퍼센트 증가할 것으로 예상되며, 전 세계 항공여행은 같은 기간 동안 3배로 증가할 것으로 예상됩니다. 가구는 전 세계 에너지의 29%를 소비하며 결과적으로 CO2 배출량의 21%에 기여합니다. 최종 에너지 소비에서 재생 에너지의 비중은 2015년에 17.5%에 달했습니다.

식품

식품으로부터 발생하는 가장 큰 환경적인 영향은 생산 단계(농업, 식품 가공)에서 일어나지만, 가정에서도 식생활 선택과 식습관을 통해 환경에 영향을 미칠 수 있습니다. 주로 식품 관련 에너지 소비와 폐기물 생성을 통해서 말입니다.
해마다 생산되는 모든 식품의 약 3분의 1(약 1조 달러 상당)은 소비자와 소매점 쓰레기통에서 썩거나 교통과 수확의 부실로 인해 폐기됩니다.
전 세계 20억 명의 사람들이 과체중이거나 비만입니다.
토지 황폐화, 토양의 비옥도 감소, 지속 가능하지 않은 용수 사용, 어류 남획, 해양환경 파괴로 식량공급 능력이 떨어지고 있습니다.
식품업계는 세계 총 에너지 소비량의 약 30%를 차지하며, 온실가스 배출량의 약 22%를 차지하고 있습니다.

위의 진단을 보면 물, 에너지, 식품 등의 대체와 절약이 절대적으로 필요하다. 이를 가능하게 하는 수단 하나가 대체이다. 이런 대체를 마케팅의 가격지불단위 측면에서 살펴보자.

2.1.3. 가격지불단위의 개념과 다양한 산업의 다양한 가격지불단위 이질성

가격지불단위(pricing unit)란 가격을 매기는 기준이 되는 단위를 말한다.

- 사모아항공은 몸무게에 따라 요금을 매긴다. 가격지불단위가 연령이 아니라 몸무게이다.
- 유럽의 어느 케이블카는 날씨가 좋으면 요금을 비싸게 받고, 흐리면 요금을 할인해 준다. 가격지불단위가 날씨다.
- 영화 볼 때 아침에 볼 것인가(조조할인), 밤에 볼 것인가(야간할인)와 같이 구매하는 시간에 따라서 가격이 달라진다.
- 한국의 수박은 대중소 등 눈으로 보는 크기에 따라 가격이 다르다. 중국은 무게를 잰다. 진나라 때부터 그랬다.
- 한국의 영화관람료는 1편을 기준으로 한다. 중국 북경 왕징에 있는 싱메이영화관은 선불로 몇백 위안을 지불하면, 한 달간 무제한으로 영화를 볼 수 있다. 가격지불단위가 '편'이 아니라 '기간'이다.

한 산업 내부에 있는 많은 기업들은 매우 비슷한 가격지불단위를 가진다. 오래된 특정 산업 내부에서 일정한 가격지불단위를 갖는 것은 관습적인 이유가 가장 크다. 선배들이 이 산업에 종사하면서 익숙한 지불단위를 그대로 사용하는 것이다. 하지만 산업 간에는 독특한 가격지불단위가 발생하기도 한다. 산업만이 갖고 있는 독특한 고객요인, 상품요인, 환경요인이 적용된 결과이다. 따라서 산업간 공통적인 가격지불단위와 이질적인 가격지불단위가 존재한다. [그림 10-6 참조].

그림 10-6 산업마다 표준화, 규범화, 관습화된 가격지불단위가 존재

1.1. 특정 ESG 주제 소개

ESG를 위한 가격지불단위 의사결정

- 주요공헌점: Environmental과 Social 부문

- 정의: 가격지불단위(pricing unit):
  상품의 가격매김단위

원리

산업마다 표준화, 규범화, 관습화된 가격지불단위가 있음
- 커피숍: 커피잔의 크기에 따른 가격매김
- 극장: 사람, 연령
- 비행운송업: 연령, 무게
- 대학교 등록금: 학기
- 놀이공원: 연령

타 산업에서 사용하는 가격지불단위는 우리 산업에 도입되지 않는 경우가 많음

이 chapter에서는 매우 다양한 가격지불단위가 있다는 사실을 부각시키고, 마케터가 자기 산업에 사용하는 가격지불단위가 얼마나 다양하지 않는지를 느끼게 하는 데 목적을 가지고 있다. 그리고 자신의 산업에서 사용하지 않은 가격지불단위를 개발하여 다양하게 사용하기를 권한다. 예를 들어 아래 사례는 중국 상해에 위치한 CGV 싱싱 영화관과 그 경쟁사의 가격지불단위를 보여준다. 적어도 8개의 가격지불단위가 있다. 한국의 CGV의 영화관람을 위한 가격지불단위보다 훨씬 많다 [표 10-1 참조]. 한국의 극장은 중국 극장이 제시하는 가격지불단위를 왜 사용하지 않는 것일까?

표 10-1 중국 상해 지역 영화관의 가격지불단위(2022년)

가격지불단위	가격전술 내용
1회 구매량	- 2장이면(couple) CGV 20% 할인(커플 요금제) - 단체 구매하면 할인(단체구매)
시간	- CGV 화요일 50% 할인 (현장구매 중 요일할인) - CGV 목~일 오후 2시 전에 할인(현장구매 중 요일·시간할인) - 万达国际影城 화요일, 수요일 50% 할인(현장구매 중 요일할인)

	- 星美正大影城, 永华电影城 12:30 전에 50% 할인, 22:00 이후 50% 할인 (현장구매 중 시간할인)
영화제작년도	- 새롭게 상영한 영화는 비싸다(제작년도할인). - 옛날에 개봉한 영화를 재상영하고 있는데, 새로운 영화보다 저렴한 관람료를 지불한다.
구매통로	- Gewara(상해지역 최대 공동구매사이트)에서 구매하면 할인(인터넷에 구매 할인) - 공동구매에서 구매하면 할인(인터넷에 공동구매 할인) - VIP카드로 구매하면 20%-50% 할인(현장구매 회원할인)
연령	- 万达国际影城 70세 이상~노인 50% 할인(현장구매 연령할인)
직업	- CGV 학생 20-35위안 특가표 있다(현장구매 직업할인). - 万达国际影城 학생 군인 50% 할인 (현장구매 직업할인)
원산지	- 수입영화는 비싸고 국산영화는 싸다(현장, 인터넷에서 원산지에 따라 할인).
상영관 종류	- 시설차이에 따라 영화 가격이 다르다(현장, 인터넷에서 상영관 종류할인)

이 chapter에서는 일반적으로 다른 산업에서 사용하고 있으나 우리 산업에서는 사용하고 있지 않은 가격지불단위를 우리 회사가 채용함으로써 ESG 활동으로 부각시킬 수 있는 기회를 제공하고 있다. 다음 chapter에서는 다발가격매김이나 보상판매, multi-person pricing과 같은 특수한 가격지불단위로 ESG 활동을 개발하는 사례를 보여줄 것이다.

2.2. 가격지불단위의 대체, 모방, 반복으로 ESG 활동 개발 가능함을 보여주는 사례 (프랜차이즈 커피회사)

참가자 여러분의 대부분은 스타벅스에서 커피를 마신 경험이 있다. 이 회사의 가격지불단위를 살펴보자. 스타벅스는 고객의 사이즈취향을 고려하여 4개의 커피 사이즈(size, 크기)를 준비했다. 자신이 먹고자 하는 사이즈를 고객이 선택한다. 그리고 생각해 보라. 마시고 나면 얼마만큼의 잔반 커피가 남아서 커피잔을 반납하면서 얼마만큼을 스스로 폐기했는가? 그리고 그것은 여러분이 스스로 지불한 가격에 포함되어 있고, 커피자원을 낭비했을 뿐만 아니라, 물과 에너지도 낭비했는가를 상상하라.

> 이런 폐기물이 생기는 원인은 고객이 원하는 커피양과 스타벅스가 제공하는 커피양의 차이에서 발생한 것이다.

하지만 지금은 없어진 디저트 매장인 '망고식스'는 고객이 스스로 먹을 만큼만 컵에 따라서 상품을 판매한 적이 있다. 자신이 원하는 만큼 컵에 담은 후 무게를 담아서 가격을 지불했다. 가격지불단위가 '고객이 선택한 상품의 양(quantity)'이다.

그림 10-7 커피는 사이즈가 가격지불단위이다. 망고식스는 달랐다.

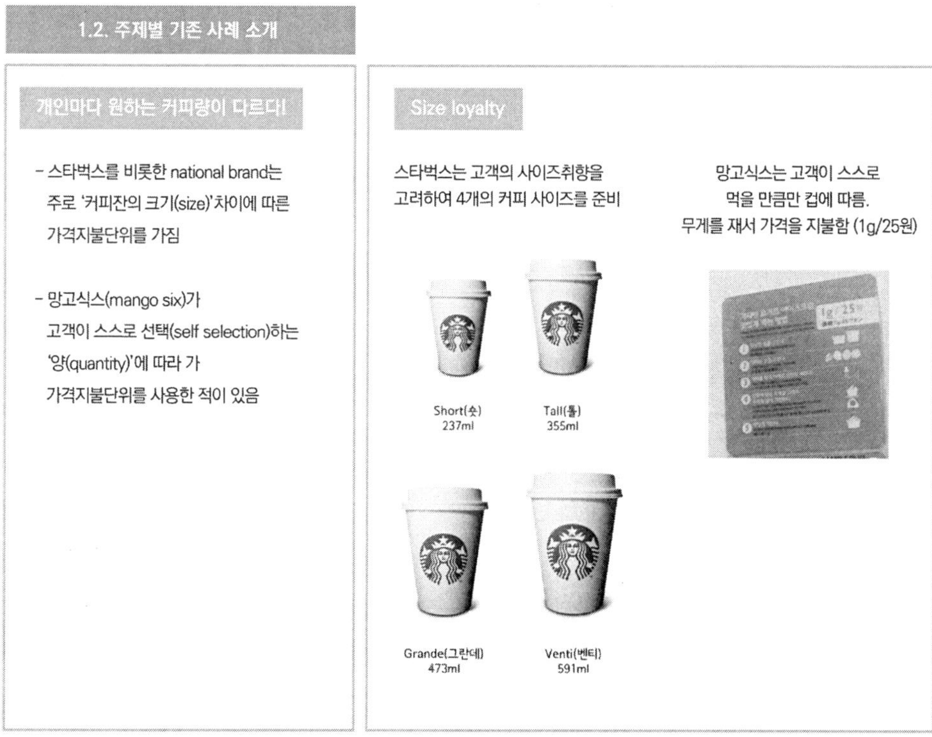

여기에서 저자들의 경험을 한 번 더 사례로 들어보자. 진주 문산에 아름다운 연못 앞에 '엔제리너스'매장이 있다. 매장에서 고객이 선택할 수 있는 커피 사이즈는 하나인데 그 양이 너무 많아서 저자 중의 한 사람은 아내와 그 곳에 가서 항상 1잔을 주문하여 마시는데, 그래도 남는다. 이 매장은 베트남 반미가 맛있는데 이 반미와 커피를 먹어도 커피가 항상 남는다.

그림 10-8 엔제리너스에서 판매되는 커피 크기 (2022년)

1.3. 가상적 기업상황 또는 factbook 소개

Angel-In-Us 금호뭇점의 아메리카노 커피잔에서는

- 오직 1개 사이즈만을 제공(400ml)
- 4,500 원
- 고객은 자신이 원하는 사이즈를 선택할 수 없음
- 고객이 매장에서 아메리카노 섭취 후 퇴실 한 후 종업원이 잔반커피를 발견하는 사례속출

선택할 수 없는 커피양

아메리카노 HOT ICED

풍미가 진한 에스프레소에 물을 넣어 연하게 마시는 커피입니다.

구분	중량(g)	열량 (kcal)	탄수화물(당류) g(%)
HOT	400	14	2(0)(1)
단백질 g(%)	**포화지방 g(%)**	**나트륨 mg(%)**	**카페인 mg(%)**
2(4)	0(0)	7(0)	317

구분	중량(g)	열량 (kcal)	탄수화물(당류) g(%)
ICE	416	14	2(0)(1)
단백질 g(%)	**포화지방 g(%)**	**나트륨 mg(%)**	**카페인 mg(%)**
2(4)	0(0)	7(0)	317

이 회사의 공식홈페이지에 표시된 용량은 400g으로 되어있다. 학생 때 자판기에서 커피를 먹기 시작한 50대의 저자들은 자판기 종이컵 용량 6.5oz=192ml에 배가 익숙해져 있으므로 이 커피가 부담스런 크기이다. 하지만 젊은 사람들이 1 liter 짜리 커피를 마시는 것을 보면 400g이 어떤 사람에게는 부담스럽지 않은 용량이다. 하지만 이 회사의 커피 사이즈 다양성은 존재하지 않기 때문에 고객이 원하는 양과 매장에서 판매하는 양의 차이가 존재하는 것은 부인할 수 없다. 결과적으로 고객 스스로 매장 취식 후 반납하는 커피반납대에 폐기되는 커피의 양이 상당할 것으로 판단된다.

2.3. ESG 평가항목 개발대상의 특정개별기업 상황의 팩트북 제시와 질의응답 (30분 소요)

이제 ESG 평가항목을 개발하기로 한 가상적이거나 실제기업의 기업상황의 factbook을 facilitator가 제시하고, 참가자가 탐색하는 시간이다. 이번 장에서는 참가자는 롯데그룹의 엔젤인너스 마케팅담당자가 된다.

그림 10-9 엔젤인너스 ESG 및 마케팅 담당자에게 제시되는 가상적인 과제

1.3. 가상적 기업상황 또는 factbook 소개

과제 : 당신은 롯데그룹의 엔젤인너스 마케팅 담당자이다.

지금까지 논의된 커피 가격부과제도에서 컵의 사이즈 대신에 고객이 선택하는 양에 따라
가격을 부과할 수 있는 시스템을 카페매장 내 도입할 수 있는 구체적인 실행방안을 제시하시오

1. 매장 안에 고객의 방문에서 퇴실까지의 동선을 '가격지불단위가 양'인 경우를 가정하여 시나리오를 제시하시오.
2. '사이즈' 대신에 '커피 양'으로 가격을 고객이 지불할 수 있기 위해서 매장에서 필요한 물품을 나열하시오
3. 서비스 접점인들에게 어떤 교육이 필요한지를 나열하시오
4. ESG 활동으로 얼마의 커피잔반이 절약되는지를 어떻게 측정할 지를 제시하시오

참가자는 지금까지 논의된 커피 가격지불단위 부과제도에서 컵의 사이즈 대신에 고객이 선택하는 양에 따라 가격을 부과할 수 있는 시스템을 카페매장 내 도입할 수 있는 구체적인 실행방안을 제시하여야 한다. 구체적인 과제물은 [그림 10-9]와 같다. 위의 구체적인 4개의 과제물을 완성하기 위해서 먼저 커피 사이즈에서 커피 양으로 가격지불단위를 변경하는 것을 면밀히 검토해야 한다.

2.4. Grouping-consensus-searching information (2시간 소요)

이제 facilitator는 참가자 스스로 3명 또는 5명으로 팀을 만들게 유도한다. 반드시 홀수로 구성원의 수가 이루어져야 한다. 그리고 홀수의 팀이 구성되어야 한다. 팀이 구성된 후에 팀원들은 서로를 소개하고, 팀별로 '문제에 직면한 회사 상황인 factbook'을 소리내지 않고 읽는 시간을 부여한다. 마지막으로 팀원끼리 평가항목개발 문제를 해결하기 위해 필요한 정보가 무엇인지를 탐색하게 하는 시간이 부여된다. [그림 10-10 참조].

그림 10-10 탐색해야 할 정보의 사례

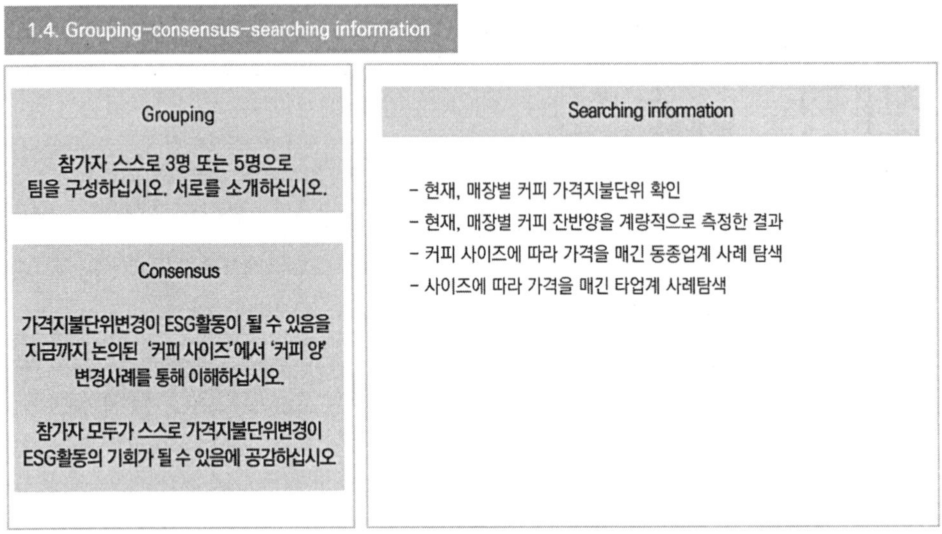

3. SED Program의 2단계 EXPLORE

EXPLORE 단계도 크게 4개의 과정으로 이루어져 있다. 첫 과정에서는 Who-What why)-How 분석 틀을 facilitator가 참가자에게 학습시킨다. ESG 평가항목을 개발했을 경우에 목표시장(Who)과 목표시장의 어느 욕구를 해결할 것인지를 발의하고(What 또는 why), 기업이 어떻게 그 욕구를 해결하는 해결책을 마련했는지(How)를 팀 안에서 다양한 기회를 발견하고 수집하며 팀원 각자의 의견을 구체화하는 과정이다.

두 번째 과정은 팀 내 개인이 제시한 의견(Who-What-How안)을 단일안으로 정리하는 과정이다. 세 번째 과정은 ESG 보고서에 어떤 평가항목을 제시할 것인가를 단일안에서 추출하여 정체성을 밝히는 단계이다. 'What to Say' 결정과정 또는 activity identity 정리과정이라고 말할 수 있다. 마지막 단계는 이 'What to Say' 항목을 시각화하는 작업으로 'How to Present' 과정이라고 정의한다. 이런 과정을 참가자들에게 facilitator가 설명해준다.

3.1. Who-What(why)-How 분석 틀 (2시간 소요)

3.1.1. Who-What(why)-How 분석

이 SED 프로그램의 목적은 가격지불단위를 대체할 것인데 어느 고객(Who)이 왜(Why) 새로운 가격지불단위를 선택하는지를 탐구하고 그 목표시장의 고객들이 좋아하는 프로그램을 개발(How)하는 것이다. 따라서 facilitator가 Who－What－How 분석이라는 틀을 이용하여 참가자들이 자신의 생각을 구체화할 수 있도록 도와주어야 한다. Who－What(why)－How 분석은 Abell(1980)의 업의 개념(Biz definition)과 유사하므로 이를 중심으로 설명한다.

그림 10-11 Abell의 업 개념(Biz definition) 그림

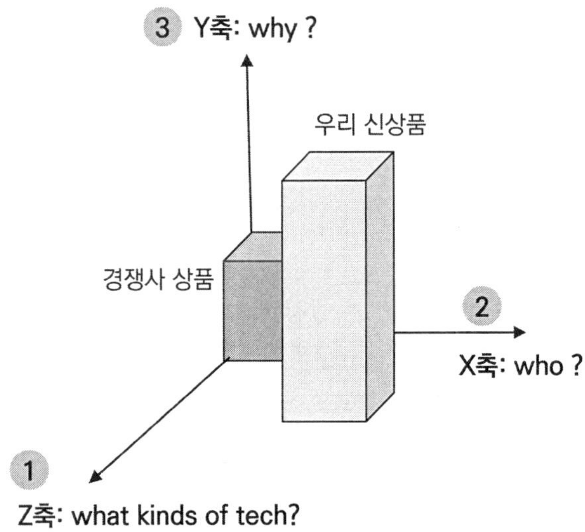

Abell은 목표시장(Who), 제품 · 서비스가치(Why), 제품 · 서비스공급형태(How or What)를 사업의 정의를 내리는 기본 분석단위로 제시한다. 첫 번째 분석단위는 우리 회사가 누구를 대상으로 사업을 하고 있는지를 명확히 하는 것이다. [그림 10－11]의 그림을 보면 Abell 틀의 x축은 우리 제품이나 서비스를 현재 사용하거나 미래에 사용가능할 고객집단(Who)을 나열하는 축이다. 아직 나열되지 않은 고객집단이 공백으로 남아 있을 수 있다.

두 번째 분석구성요소는 그 고객집단이 왜 우리의 제품 · 서비스를 사는 지를 분석할 수 있는 '고객욕구(What or Why)'이다. 이 기준을 활용하기 위해 y축은 이 고객들이 왜 이 제품이나 서비스를 구매하는지에 대한 욕구를 나열하는 축이다.

세 번째는 그 욕구를 만족시키기 위해 우리 회사가 채택하고 있는 '기술'(How)이다. z축은 x축의 고객이 y축의 욕구를 만족시키기 위해 기업이 어떤 제품이나 서비스를 제공해야 하는지에 대한 기술(technology)이나 콘텐츠(contents)를 나열하는 축이다.

이 chapter에서는 미국국립공원연간패스(annual pass)의 도입을 Who－What－How 분석 틀에서 설명하고자 한다. 미국 국립공원은 매우 다양한 가격지불단위를 가졌다.

– 차량종류(자동차, 오토바이), 관람기간(1회, 연간), 사람(보행) 수,

미국의 국립공원은 관람기간에 따라 개별가격매김과 다발가격매김을 동시에 제공한다. 개별가격매김의 경우에는 각 국립공원의 입장료는 모두 다르다. 무료입장이 가능한 Capitol Reef 국립공원부터 $10, $15, $20, $25, $30까지 다양한 입장료가 존재하고, 제일 비싼 곳은 $35를 입장료로 받는 그랜드캐년 국립공원이 있다.

다발 가격매김은 여러 제품을 한꺼번에 묶어서 가격을 매기는 특수한 가격지불단위 제도인데, 미국 국립공원에는 한 번 $80(2022년 경우)를 지불하면 1년 동안 미국 전역의 국립공원을 들어갈 수 있는 제도가 있다. 이를 연간패스(annual pass)라 한다. [그림 10－12]에서 작은 네모칸은 개별가격매김의 1회입장료의 Who－What－How position이다. 반면에 오른쪽 큰 네모칸은 다발가격매김의 연간패스의 Who－What－How position이다. 즉, 새로운 가격지불단위의 위치를 시각적으로 표시하고 있다.

그림 10-12 Abell의 업 개념(Biz definition)에 연간패스를 Who-What-How 분석

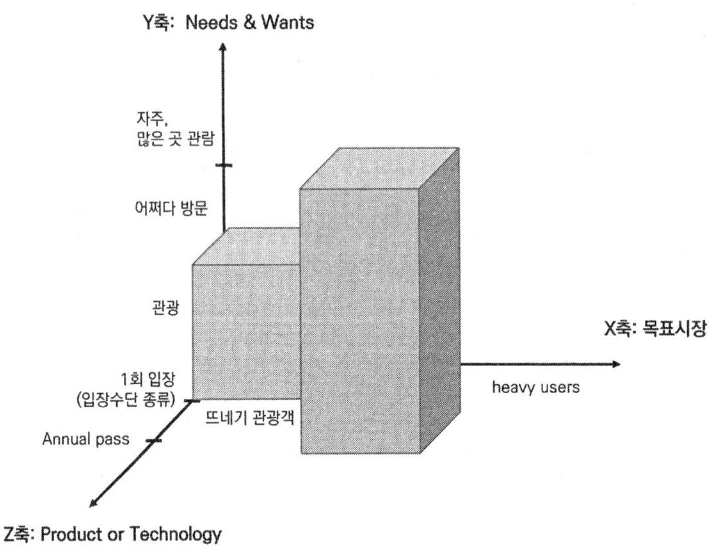

이 SED 프로그램의 참가자가 ESG 활동을 개발할 때 위와 같이 Who－What－How 분석을 실시해야 한다.

3.1.2. 'Explore White Space' 설명하기 (15분)

진행자인 facilitator는 팀원들에게 공백(white space)의 개념을 설명한다 (15분). 공백이란 아직 시장참여자가 진입하지 않은 공간을 말한다. 이 공간을 찾아내는 작업을 'explore white space!'라고 부른다. 이 공간을 찾아내면 새로운 ESG 활동의 상품을 안착시킬 공간을 확보하는 셈이다. facilitator는 참가자인 팀원들에게 'white space'라는 공간창출을 요구한다.

[그림 10−12]의 연간패스 제도가 없었을 때를 상상해 보라. 이곳이 비어있는 시장이었을 것이다. 커피과제로 다시 생각해 보면 우리는 이런 질문을 던질 수 있다.

> '크기' 이외에 '양'으로 커피를 판매할 때 우리 커피를 마실 사람이 존재하는가? 존재한다면 몇 사람이나 있을까? 왜 양으로 마시지? 귀찮을 수도 있겠다. 크기 대신 양으로 마시면 복잡하게 결제를 할 것 같은데!

3.1.3. 기업상황에 걸맞는 Who-What-How 분석

이제 facilitator는 참가자에게 2.3. ESG 평가항목 개발대상의 특정개별기업 상황에 대한 factbook을 중점적으로 상기시킨다. 참가자들은 ESG 평가항목 개발을 Who−What−How분석을 통해 실시하게 된다. 팀원 각자가 x, y, z축에 무엇이 들어가고 새로운 상품(ESG 활동)이 어떻게 포지셔닝해야 하는 지를 작성하게 된다. 즉, 주어진 회사상황 과제에서 white space를 탐색(explore)하는 시간을 부여하게 된다. (1시간 30분 소요). 이것을 [그림 10−13]에 넣도록 유도한다.

그림 10-13 팀원별 Who-What-How 분석 (새로운 가격지불단위를 선호하는 집단표시)

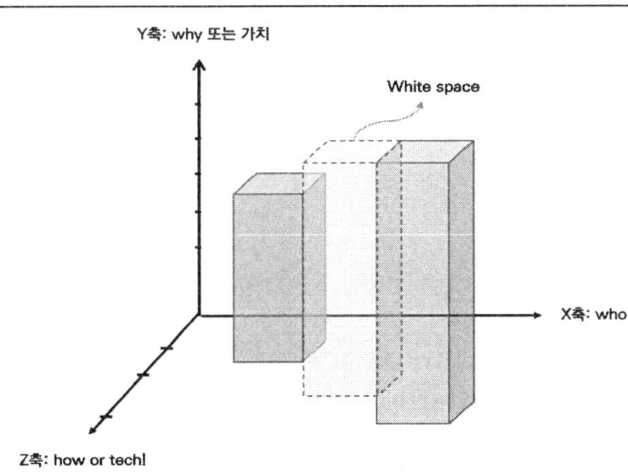

3.2. 팀 내 단일 Who-What-How안을 결정하기 (1시간 소요)

두 번째 과정은 팀 내 개인이 제시한 의견(Who－What－How안)을 팀의 단일안으로 정리하는 과정이다. 팀 내 개인이 개발한 기존 대안(option) 중 하나를 선택하던지 또는 개발된 기존 대안의 각 구성요소를 조합하여 새로운 대안을 개발하여 단일안으로 정리하도록 유도하게 된다.

그림 10-14 팀의 단일안으로 가격지불단위 적용집단을 찾는 분석 틀 사례

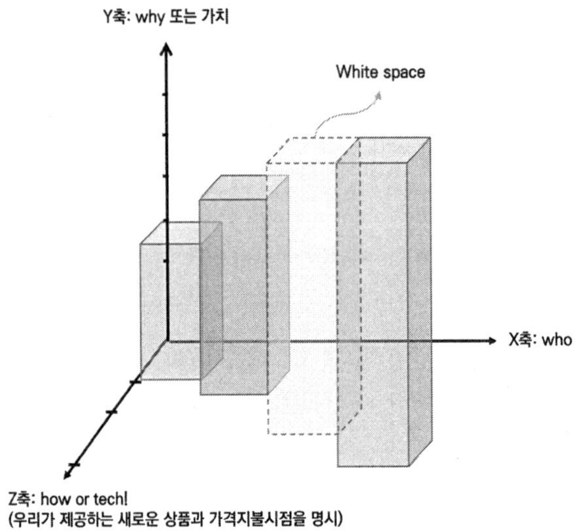

3.3. What to Say(activity identity)를 정하는 단계 (30분 소요)

세 번째 과정은 ESG 보고서에 평가항목을 무엇이라고 제시할 것인가를 단일안를 기초로 정체성을 밝히는 단계이다. 기억하기 쉽고 직관적인 결과일수록 좋다. [그림 10－15]처럼 이름과 목표시장, 사용 TPO, 고객가치, 경쟁우위를 적으면 더욱 좋다.

그림 10-15 ESG 활동 정리하기 예시

3.4. How to Present과정 (1시간 30분 소요)

마지막 단계는 앞의 'What to Say' 항목을 시각화하는 작업으로 'How to Present' 과정이라고 정의한다. [그림 10-16 참조].

그림 10-16 How to Present의 산출물 이미지 사례 1

그림 10-17 How to Present의 산출물 이미지 사례 2

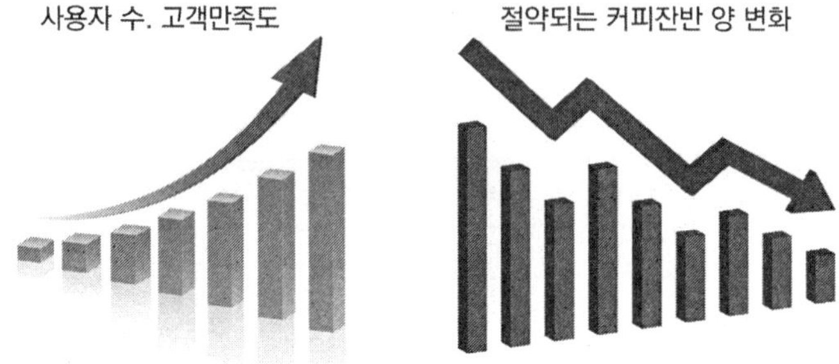

4. SED Program의 3단계 DEVELOP

DEVELOP 단계도 크게 5개의 과정으로 이루어져 있다. 첫번째 과정에서는 팀별로 Who－What(why)－How 분석 결과를 발표하는 단계이다. 두 번째 과정은 개별팀 발표에 대해 다른 팀에서 질의응답을 실시하는 Brutal evaluation이 실행된다. 세 번째 과정은 팀별 발표안에 대해 제일 실행가능하고 효과적 효율적인 안에 투표를 실시한다. 여기에서 가장 좋은 평가를 받은 팀에 대한 시상이 진행된다. 네 번째 과정은 선정된 ESG 평가항목을 기업이 미래에 통제하고 관리하기 위한 업무분장을 토론하는 시간(What Do I got to Do)이다. 마지막 단계는 우승한 팀이 자신의 ESG 평가항목(What to Say)과 시각화 결과(How to Present)를 더욱 가다듬는 시간이다.

4.1. 팀별 'Who-What-How 안' 발표 (발표 10분씩 x 팀 수)

첫 번째 과정에서는 팀별로 자신들이 정리한 Who－What(why)－How 분석 결과를 발표하는 단계이다. 발표 중 질의응답은 실시하지 않는다.

4.2. Brutal evaluation과정 (질의응답 5분 x 팀 수)

두 번째 과정은 개별팀 발표에 대해 다른 팀에서 질의를 하고 질문을 받은 팀에서 팀장이 응답을 실행된다. 비판적인 질문을 하지 않고, 궁금한 것만을 질문하도록 facilitator가 사전에 통제한다. 마지막으로 facilitator가 전체발표자의 결과물에 대한 총평을 실시한다.

4.3. 투표 및 시상 (소요 30분)

세 번째 과정은 개별팀 발표에 대해 모든 facilitator와 참가자가 가장 좋은 결과물에 대해 투표를 실시한다. 최다득표를 얻은 결과물에 대해 시상을 실시한다.

4.4. What Do I got to Do (30분 소요)

DEVELOP 단계의 네 번째 과정은 전체 구성원을 대상으로 앞으로 우리 회사가 이 평가항목을 유지 및 발전시키기 위해서 해야 할 일을 정리하는 것이다(What Do I got to Do). 주로 업무분장을 실시하게 된다. 어느 부서의 어느 직급 레벨에서(Who), 무엇을(What), 어떻게 관리하고, 보고하고, 의사결정해야 하는 지(How)를 정리하게 된다. ESG 전략부서에서 정리된 아래 사항을 실행부서에 공문으로 시행하게 한다. facilitator는 모든 참가자들을 모아 놓고 [그림 10-19]를 함께 채워가는 시간을 갖게 된다.

그림 10-18 DEVELOP 단계 중 'What Do I got to Do' 단계 사례

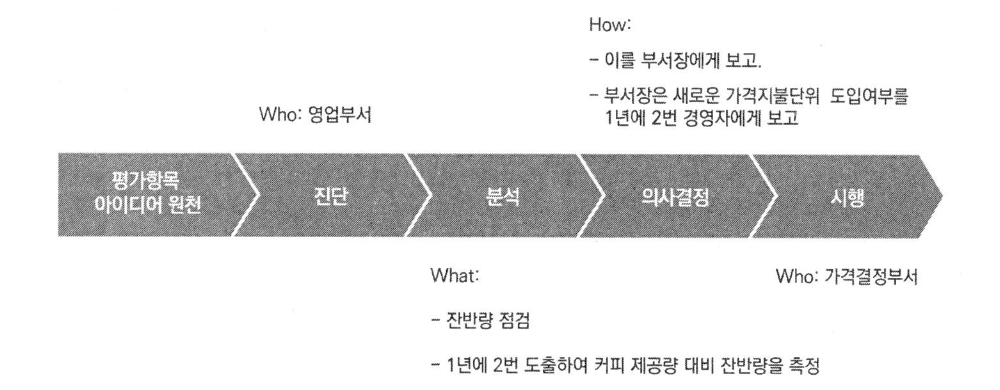

그림 10-19 이번 SED 'What Do I got to Do' 단계 과제 장표

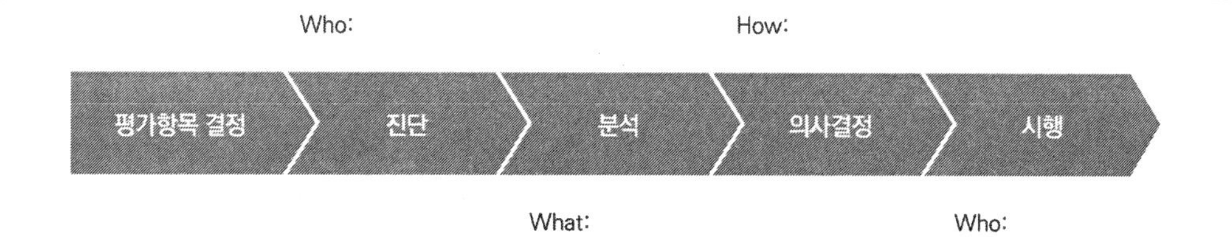

4.5. Decoration 또는 visual improvement (별도 24시간부여)

다섯 번째 과정은 담당자가 최종선택안을 ESG 보고서에 담기 위해 결과물을 decoration 하는 과정이다. 평가항목의 정확한 identity, 조작적 정의, 시각적 표현을 decoration하여, 공시보고서에 직접 사용할 수 있는 상태로 정리하는 단계이다. 주로 우승팀이 이를 담당하게 된다. facilitator는 별도로 1일의 시간을 우승팀에게 부여하여 우승으로 당선된 산출물을 향상시킬 수 있는 시간을 부여한다. 이상으로 SED 프로그램을 마치게 된다.

4.4와 4.5의 순서를 바꾸어 실행해도 된다. 참가자들에게 최종 ESG 활동보고서 산출물을 공유하고 나서, 미래에 무엇을 할 지를 고민하게 해도 된다.

그림 10-20 엔제리너스의 가상적인 ESG 활동 공시내용 사례

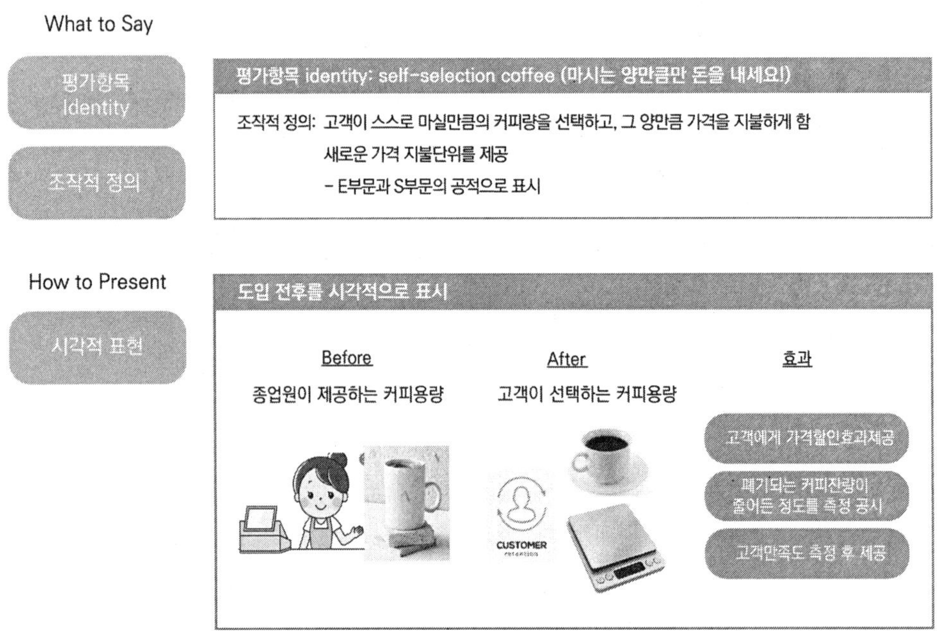

그림 10-21 가상적인 회사의 가격지불단위 변경 ESG 보고서 산출물 이미지

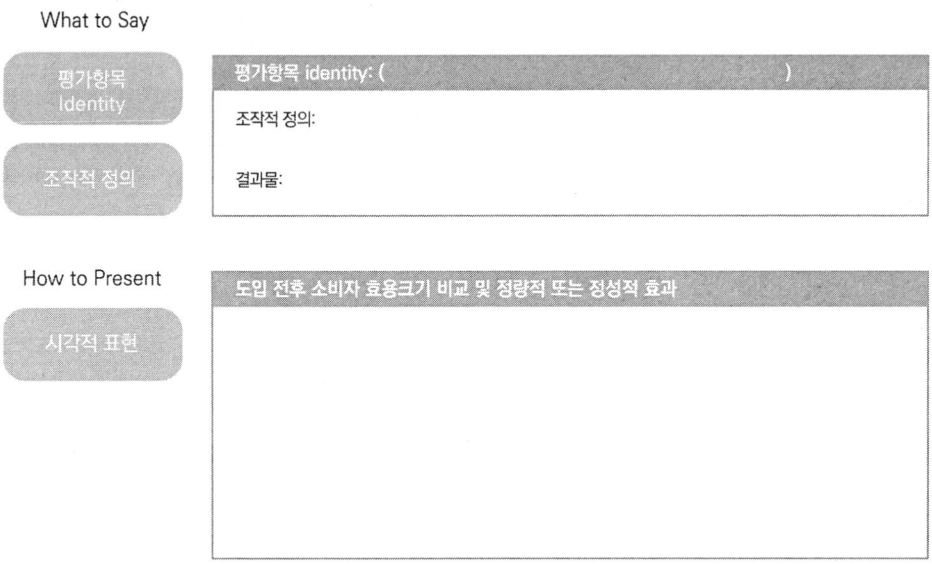

5. 마무리

이렇게 ESG 활동이 개발되고 나면 실제 실행상의 문제에 봉착한다. 앞서 과제물로 제시된 아래 질문들에 대한 답을 실무자가 준비해야 한다.

- 매장 안에 고객의 방문에서 퇴장까지의 동선을 '가격지불단위가 양'인 경우를 가정하여 시나리오를 제시하시오.
- 고객이 '사이즈' 대신에 '커피 양'으로 가격을 지불할 수 있기 위해서 매장에서 필요한 물품을 나열하시오.
- 서비스 접점인들에게 어떤 교육이 필요한지를 나열하시오
- ESG 활동으로 얼마의 커피잔반이 절약되는지, 어떻게 측정할 지를 제시하시오

이 중 첫 번째 과제물의 경우에는, [그림 10-22]처럼 극장에 들어와서 퇴장 때까지의 고객동선 사례를 시각적으로 준비한 customer journey를 커피매장을 대상으로 준비하는 것이다. 가격지불단위변경은 비즈니스모델을 변경해야 하기 때문에 기업자원의 재배치 및 물적 인적 토대의 변경을 초래하는 일이다. 조직 내 신중한 검토가 필요한 일이다.

그림 10-22 가상적인 영화관의 customer journey 사례

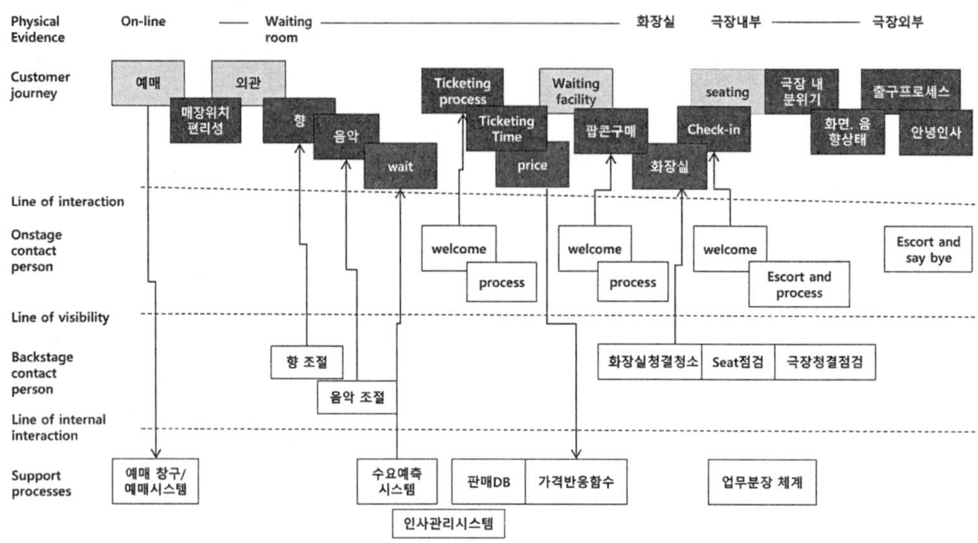

하지만 명확한 것은 한 산업의 마케터는 다른 산업의 가격지불단위를 파악함으로써 우리 산업에서 사용할 수 있는 새로운 가격지불단위를 만들어 낼 수 있다는 것이다. 새로운 가격지불단위변경이 조직의 자원을 아주 조금만 소비하고 고객의 만족과 소비자잉여를 창출하면서 동시에 ESG 활동으로 발현될 수 있다면 적극적으로 도입하여 할 과제이다.

한편, 이번 SED 프로그램는 SDGs의 12번 주제를 실천하고 있다. [그림 10-21]을 작성할 때 이 점을 부각하여 자원의 낭비 절약분을 공시할 수 있다.

참고문헌

데안 수직 (2008), 사물의 언어, 서울: 홍시.
신현암과 전성률 (2022), 왜 파타고니아는 맥주를 팔까? 서울: 흐름출판.
야콥, 하인리히 (2002), 커피의 역사, 서울: 우물이 있는 집.
야콥, 하인리히 (2005), 빵의 역사, 서울: 우물이 있는 집.
진중권 (2008), 진중권의 서양미술사, 서울; 휴머니스트.
http://ncsd.go.kr/unsdgs?content=2

Chapter 11

비행기운임 가격지불단위 변경으로 에너지 낭비 줄이기: 연령에서 무게로 대체

그림 11-1 이 chapter의 강의개발 교안

Key 교육목표

마케팅 가격의사결정 중 가격지불단위 (pricing unit)변경으로 자원 효율성제고

ESG 보고서 평가항목으로 가격지불단위 의사결정이 '대체'로 활용되어 E부문에 사용가능함을 소개 2

	주제 및 원리 소개	What to Say	How to Present	What Do I got to Do
서비스 level	• 가격지불단위 대체 원리와 그 효과	• 기존 상품의 새로운 가격지불단위 적용	• 새로운 가격지불 단위의 사용자 수, 자원 사용량 변화를 소개	• 다양한 가격지불 단위를 정기적으로 점검
기대효과	현재 지불단위가 최적이 아님을 인식시킴	가격지불단위 변경으로 ESG가 가능을 소개	고객 수 증가, 에너지 절약 등을 시각적으로 표시	동일 산업과 경쟁사의 지불단위를 벤치 마킹하는 조직학습
Key words	- 가격지불단위 (pricing unit) - 회사 내 cash-inflow 증가	새로운 가격지불단위	고객만족 증가 자원 절약	가격지불단위의 다양성

이 chapter는 마케팅가격 의사결정 중 가격지불단위 의사결정과 신상품개발 기법 중 '대체(substitution)'을 결합하여 ESG 활동을 설계하는 과정을 보여준다. 기존에 사용하던 가격지불단위를 대체하여 새롭게 제시함으로써 ESG 부문 중 환경(Enviornmental)부문과 사회적(social)부문의 활동을 SED 프로그램을 통해 보여주고 있다.

그림 11-2 가격의사결정 중 이 chapter에서 다루는 ESG 활동 개발기법의 포지셔닝

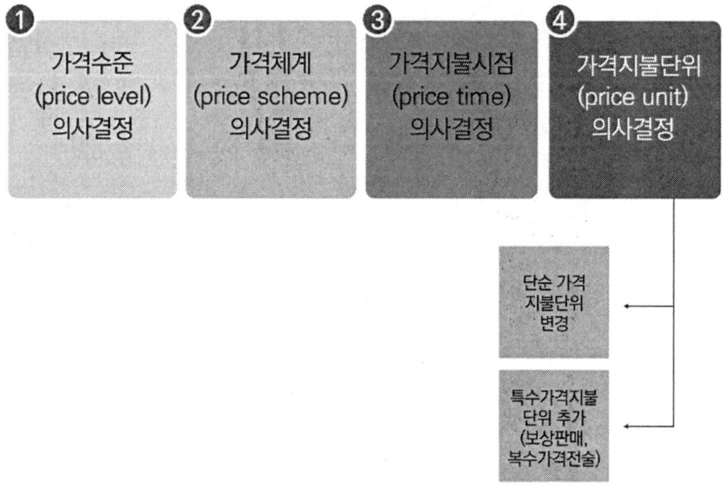

1. SED 프로그램 진행 전 준비

1.1. 참가자 구성

이 chapter의 내용은 승객이나 화물을 운송하는 운송서비스업의 ESG 전담부서를 포함하여 실무진 중 마케팅 및 재무담당자를 대상으로 작성되었다. 이 chapter의 SED 프로그램은 전문 facilitator가 진행을 맡게 된다.

1.2. SED의 프로그램 목표를 명확하게 하기 (5분 소요)

facilitator는 참가자들에게 SED 프로그램의 정의를 다음과 같이 설명한다. SED의 이름은 Scan−Explore−Develop에서 가져왔다. SED 프로그램은 회사가 처한 상황을 훑어보고(scan), 누구를 대상으로 무엇을 어떻게 제공할 지에 초점을 맞추어 공백을 찾아내고(explore the white space), 구체적인 해결책을 개발(develop)하는 과정을 거치게 된다고 설명한다.

> 참가자들은 facilitator의 지시에 따라 SED 프로그램을 진행하면서 현재 회사가 취급하는 상품의 가격지불단위를 검토하게 된다. 현재 회사가 가격지불단위로 고객에게 부과하고 있는 것을 대체하거나 추가하는 것이 이 SED 프로그램의 목적이다. 이 과정 속에서 환경적으로 자원낭비를 줄일 수 있고, 동시에 고객이 느끼는 가격의 공정성을 제공하게 된다. 이를 통해 개별기업의 ESG 평가항목(company-specific ESG criteria)을 개발하는 SED 프로그램에 실무자들이 그 일련의 절차와 방법을 습득하게 한다.

1.3. 산출물(output)을 명확히 하기 (10분 소요)

이제 SED 프로그램을 진행하는 facilitator는 참여자에게 SED 프로그램이 진행되기 전에 산출물이 어떻게 나와야 하는 지를 공유(consensus)하여야 한다. facilitator는 이번 개별기업 ESG 평가항목개발을 위한 SED 프로그램의 산출물은 크게 세 부분으로 이루어져 있다는 것을 정확히 전달한다.

- What to Say : ESG 보고서에 무엇을 담을 것인가?
- How to Present : ESG 활동의 결과를 어떻게 시각적으로 전달할 것인가?
- What Do I got to Do : 위의 ESG 활동을 어떻게 미래에 개선해 나갈 것인가?

그림 11-3 SED 프로그램으로 개별기업 ESG 평가 항목개발 후 산출물 이미지 예시

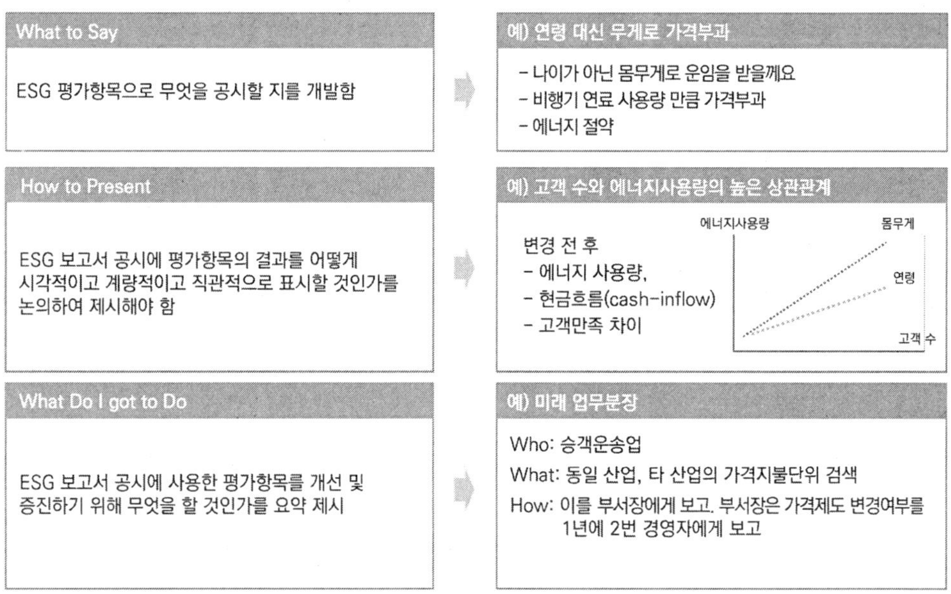

1.4. SED 프로그램의 구성과 절차

facilitator는 개별기업 ESG 평가항목 개발을 위한 SED 프로그램 구성과 절차를 참여자와 공유한다. [그림 11-4 참조]. facilitator는 아래 그림을 잠시 개괄적으로 설명한다. SCAN단계는 이번 SED 프로그램의 주제를 소개하고, 이 주제에 대한 기존 회사의 사례를 제공한다. 우리가 해결해야 할 과제를 설명하고, 팀을 조직한다.

EXPLORE 단계에서는 팀원별로 각자가 생각하는 과제해결책을 Who－What－How 분석틀에 의해 제시하고, 그것을 팀 안에서 조정하여 단일안을 만들어 낸다. DEVELOPE 단계에서는 복수의 팀 간에 competition이 실시되고 이 중 가장 많은 공감을 얻는 안을 선택하는 과정을 거친다. 선발된 최종안을 가시적으로 돋보이게 하는 과정이 추가된다.

그림 11-4 개별기업 ESG 평가항목 개발을 위한 SED 구성

1단계: SCAN	2단계: EXPLORE	3단계: DEVELOP
1.1. 특정 ESG 주제와 원리 소개 1.2. 주제별 기존 사례 소개 1.3. 가상적 기업상황 또는 factbook 소개 1.4. Grouping-consensus-searching information	2.1. Who, What, How 측면에서 미래 기회를 발견하고 수집하며 서로의 의견을 구체화 2.2. 단일안으로 정리 2.3. What to Say: activity identity 또는 조작적 정의 2.4. How to Present(시각화 작업)	3.1. 조별 Who-What-How 결과를 발표 3.2. Brutal Evaluation 3.3. 투표와 시상 3.4. What Do I got to Do 3.5. 평가항목과 조작적 정의, 시각화표현에 대한 decoration

2. SED Program의 1단계 SCAN

2.1. 특정 ESG 주제와 원리 소개하기

이번 SED 프로그램은 회사가 기존에 사용하고 있는 가격지불단위를 대체 또는 추가함으로써 사회적으로 환경적으로 바람직한 방향으로 가격지불제도를 변경하는 일련의 절차를 보여주고 있다. 먼저 이 주제의 정의와 필요한 개념들을 나열하여 참여자에게 제시한다.

- 가격지불단위의 개념과 다양한 산업의 다양한 가격지불단위 이질성
- 가격옵션

2.1.1. 가격지불단위 개념과 다양한 산업의 다양한 가격지불단위 이질성

가격지불단위(pricing unit)란 가격을 매기는 기준이 되는 단위를 말한다. 가격지불단위의 특징은 다음과 같다.

첫째, 동일 산업 내부에 있는 많은 기업들은 매우 비슷한 가격지불단위를 가진다. 오래된 특정 산업 내부에서 일정한 가격지불단위를 갖는 것은 관습적인 이유가 가장 크다. 선배들이 이 산업에 종사하면서 익숙한 지불단위를 그대로 사용하는 것이다. 한국의 전기요금은 사용량에 따라 요금을 받는다. 독일은 사용시간과 사용량에 따라 요금을 받는다.

그림 11-5 가격지불단위의 산업별 다양성

1.1. 특정 ESG 주제 소개

ESG를 위한 가격지불단위 의사결정

- 주요공헌점: Environmental과 Social 부문
- 정의: 가격지불단위(pricing unit): 상품의 가격매김단위

원리

산업마다 표준화, 규범화, 관습화된 가격지불단위가 있음

- 커피숍: 커피잔의 크기에 따른 가격매김
- 극장: 사람, 연령
- 비행운송업: 연령, 무게
- 대학교 등록금: 학기
- 놀이공원: 연령

우리 산업에서 사용하는 가격지불단위이더라도 우리회사가 도입되지 않는 경우가 많음

둘째, 동일 산업 내부에 가격지불단위를 혁신하는 기업이 발생하곤 한다. 선불제를 사용하고 있는 보험업계에서는 '보험기간'을 중심으로 가격을 매긴다. 하지만, 디지털 손해보험사 '캐롯'은 기본료를 보험계약 시 받고, 고객이 자동차를 주행한 거리만큼 후불제로 보험료를 받은다. '주행거리'가 가격지불단위이다.

셋째, 산업 간에는 독특한 가격지불단위의 차이가 발생하기도 한다. 산업만이 갖고 있는 독특한 고객요인, 상품요인, 환경요인이 적용된 결과이다. 따라서 산업간 공통적인 가격지불단위와 이질적인 가격지불단위가 존재한다. [그림 11-5 참조].

넷째, 동일 산업 내부에서도 매우 다양한 가격지불단위가 존재한다. 여러 개의 지불단위를 가진 회사도 있고, 단순한 가격지불단위를 가진 회사도 존재한다. 이탈리아 시에나에서 투어를 신청해 보라. 얼마나 많은 가격지불옵션이 있는지를 발견하게 된다.

2.1.2. 가격옵션이 많으면 많을수록 이익은 증가한다.

그림 11-6 많은 수의 가격선택 옵션이 판매자의 이익과 판매액을 증가시킴

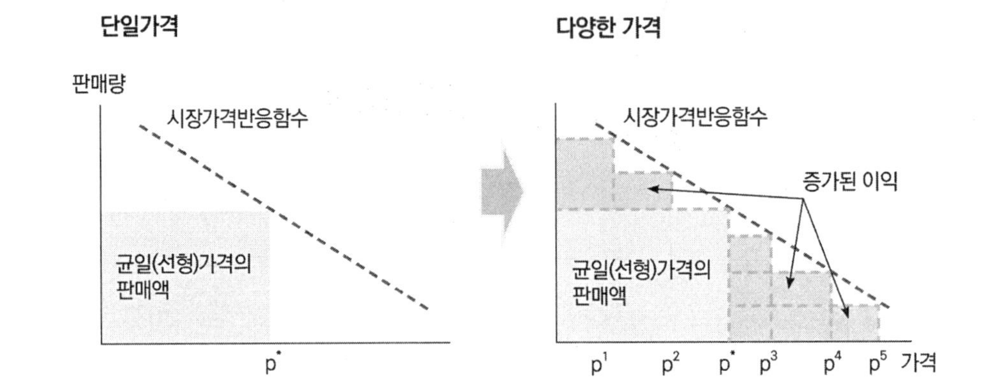

[그림 11-6]에는 가격이 변화할 때 시장에서 발견되는 판매량의 변화(가격반응함수)를 우하향하는 직선으로 표시하고 있다. 가격이 하나일 때는 상품의 비용이 '0'이라면, 한 개의 가격을 제시하는 균일가격일 때의 매출과 이익은 [그림 11-6]의 왼쪽 그림과 같이 된다. 반면에 시장에 여러 개의 가격을 제시하고 고객이 그중에 자신이 원하는 가격대의 제품을 고르게 하면 [그림 11-6]의 오른쪽 부분과 같이 매출이 증가하게 된다. 따라서 고객이 원하는 가격대를 여러 개 제시하는 경우가 균일하거나 적은 수의 가격수준을 제시할 때보다 높은 매출과 이익을 가져올 수 있다.

이 chapter에서는 승객운송서비스 중 비행운수업에서 묵시적 단합하여 '연령'을 가격지불단위로 사용하고 있으나, 묵시적 단합에서 벗어나서 동일업종에서 매우 특이하게 '몸무게'를 사용하고 있는 사례를 소개한다. 이 특수한 가격지불단위가 상대적으로 SDGs와 ESG 활동을 더 충실히 수행하는 수단이 될 수 있음을 소개하고 있다. 또한 연령보다 몸무게가 더 많은 가격옵션을 고객에게 제공하는 셈이어서 회사의 cash-inflow을 증가시킴을 보여준다.

2.2. 가격지불단위의 대체로 ESG 활동 개발 가능함을 보여주는 사례 (사모아 항공)

여러분의 대부분은 비행기를 타 본 경험이 있을 것이다. 승객이 짐과 반려견과 동반하여 비행기를 타려한다면 운임은 어떻게 받고 있는지를 가격지불단위로 살펴보자.

그림 11-7 승객운송서비스 중 항공서비스의 가격지불단위의 차별성

1.2. 주제별 기존 사례 소개

운송서비스업에서 사용하는 가격지불단위

비행기 운송서비스업이 사용하는 가격지불단위
- 인간: 연령 (성인, 아동, 유아, 실버)
- 수화물(짐): 무게 (kg)
- 동물: 무게 (kg)
- 화물: 무게 또는 부피

인간을 제외하고 비행기운송서비스에서 사용하는 가격지불단위는 거의 무게임

운송서비스의 에너지소비량은 무게와 관련있기 때문임

인간 몸무게가 가격지분단위: 사모아 항공(Samoa Air)

- 2013, Samoa Air Charging passengers by Weight (Pay-as-you-weigh airfaires)
- $1 to around $4.16 per kilogram

먼저 운임 값을 받는 대상을 분리해 보자.

– 승객인 인간, 승객이 보내는 수화물, 승객이 동반한 반려동물

승객인 인간은 연령에 따라 요금을 매긴다. 대한항공의 경우에 1살 이하는 무료이다. 24개월에서 13세까지는 '소아'라고 부르고 요금이 성인보다 저렴하다. 청소년 요금은 13~22세 사이에 적용된다. 성인은 22세에서 65세까지 정상요금으로 받는다. 65세 이상은 경로우대라고 할인해 준다. 즉, 승객의 가격지불단위는 '연령'이다. 이 연령을 두고 많은 질문이 나온다. 어느 것 하나 이해타당(reasonable)하지 않다.

- 왜 1살 미만은 가격이 없는가?
- 1세~13세를 소아 또는 아동이라고 하는데, 왜 13세이지? 다른 나이로 분할하면 안 되나?
- 여자에 비해 남자의 몸무게가 많이 나가는데 왜 남녀가 동일한 요금을 받지?
- 22세까지가 청소년이냐? 성인은 18세 아닌가? 왜 22세로 나누었지? 취업활동을 하는 나이를 감안하지 않았구나!
- 왜 65세이지? 퇴직은 60세 정도인데? 몇 살부터 경로우대하고 부르지?

– 난 몸무게가 50kg인데 100kg의 사람과 나이가 같다는 이유로 동일한 요금을 내는구나! 공평하지 않다. 차지하는 공간도 차이가 나는데 말이야!

승객이 보내는 수화물을 보자. 대한항공의 홈페이지에 가면 수화물은 무게, 품목, 위험물 여부, 입체지불금, 착지불 등 다양하다. 즉, 가격지불단위가 복합적이고 다양하다는 말이다. 승객의 요금지불단위보다 더 합리적이고 설득적이다. 수화물 운송에 들어가는 에너지 소비량과 위험도에 대해 가격을 매기고 있다.

승객이 동반하는 반려동물의 경우를 보자. 가격지불단위가 몸무게이다. 2가지 가격수준이 있다. 반려견과 운송용기의 무게가 32kg이하인 경우와 32~45kg사이이다. 승객처럼 살아있는 생물인데 운송에 필요한 에너지량과 관계있는 무게를 가격지불단위로 사용하고 있다. 여기에도 불만은 폭발한다.

– 강아지의 경우, 소형견(7kg)은 기내 동반이 가능한데, 7kg~45kg사이의 중형견 대형견은 화물칸에 실어야 한다!
– 베들링턴테리어 등 중형견들은 10kg전후의 몸무게를 가졌는데 32kg의 대형견들과 동일한 가격을 지불해야 한다. 몸무게가 3배 차이가 나는데 동일한 요금이라니!

결론적으로 승객인 인간, 승객이 보내는 수화물, 승객이 동반한 반려동물 중 가장 에너지 사용량과 관계없고, 승객 간에 불만을 야기시킬 수 있는 운송대상은 승객이다.

2.3. ESG 평가항목 개발대상의 특정개별기업 상황의 팩트북 제시와 질의응답 (30분 소요)

사모아 항공(SAMOA Air)은 이런 고객들의 불만과 상대적으로 몸집이 큰 사모아 사람들의 특징을 이용하여 2013년부터 몸무게에 따라 가격을 매기고 있어서 대서특필되었다(Pay–as–you–weigh pricing plan). 거리에 따라 다르지만 kg당 $1–$4.16의 가격을 매긴다고 알려져 있다(The Guardian 2013).

그 결과, 고객들의 가격에 대한 만족도는 크게 높아졌다. 연령에 비해 몸무게가 훨씬 가격차이에 대한 공정성을 느끼게 하기 때문이다. 또한 고객 수와 몸무게에 비례하여 비행기가 소모하는 에너지 사용량도 증가하는 현상을 반영하고 있는 것이다. 연령에 따라 가격을 매기는 기존 가격체계의 경우 몸무게가 많이 나가는 청소년이 단체로 탑승하면 에너지사용량과 회사 매출의 상관관계가 떨어진다. 그 반대의 경우도 있지만 말이다.

이제 ESG 평가항목을 개발하기로 한 가상기업 혹은 실제기업의 기업상황의 factbook를 facilitator가 제시하고 참가자가 탐색하는 시간이다. 이번 장에서는 참가자는 대한항공의 마케팅담당자가 된다.

대한항공의 승객에 대한 항공운임은 연령에 의해 4가지이다. 사모아 항공은 몸무게로 운임을 받기 때문에 적어도 수십 가지의 가격수준을 제공한다. 따라서 사모아 항공의 가격지불단위인 몸무게는 대한항공의 가격지불단위인 연령보다 이익창출능력이 뛰어나다. 따라서 대한항공은 사모아 항공의 가격지불단위를 검토할 필요가 있다.

그림 11-8 대한항공 ESG 및 마케팅담당자에게 제시되는 가상적인 과제

1.3. 가상적 기업상황 또는 factbook 소개

과제 : 당신은 대한항공의 마케팅 담당자이다.

우리회사가 고객인간에 대한 항공운임은 연령에 의해 4가지입니다.
사모아항공은 몸무게로 운임을 받기 때문에 수십가지입니다.
비선형가격체계의 원리에 따라 가격의 종류가 많으면 많을수록 이익이 증가합니다.

1. 동종업계 사모아항공의 가격지불단위인 몸무게를 우리 승객요금에 적용할 수 있는 구체적인 실행방안을 제시하시오.
이를 통해 ESG 활동보고서에 담을 고객 수와 에너지사용량과의 상관관계 값을 계산하십시오.
승객에게는 얼마의 가격을 할인해 주고, 비행기회사는 에너지를 얼마나 줄였는지를 계산하십시오

2. 반려동물 동반고객의 불만을 줄이기 위해 반려동물 운송단위를 반려산업 전문가와 상의하여 몸무게 적용단위를 변경해 보십시오.

1. 사모아 항공의 가격지불단위인 몸무게를 우리 승객요금에 적용할 수 있는 구체적인 실행방안을 제시하시오. 이를 통해 ESG 활동보고서에 담을 고객 수와 에너지사용량과의 상관관계 값을 계산하십시오. 또한 승객에게는 얼마의 가격을 할인해 주고, 비행기회사는 에너지를 얼마나 줄였는지를 계산하십시오. 고객이 몸무게로 가격을 받았을 때의 가격공정성에 대한 만족도를 측정해 보십시오.

2. 반려동물 동반고객의 불만을 줄이기 위해 반려동물 운송단위를 반려산업 전문가와 상의하여 몸무게 적용단위를 변경해 보십시오. 반려동물 미용실, 애견카페, 동물병원의 반려동물 분류와 항공사의 분류가 매우 상이함에 주목하십시오.

2.4. Grouping-consensus-searching information (2시간 소요)

이제 facilitator는 참가자 스스로 3명 또는 5명으로 팀을 만들게 유도한다. 반드시 홀수로 구성원의 수가 이루어져야 한다. 그리고 홀수의 팀이 구성되어야 한다. 팀이 구성된 후에 팀원들은 서로를 소개하고, 팀별로 '문제에 직면한 회사 상황인 factbook'를 소리내지 않고 읽는 시간을 부여한다. 마지막으로 팀원끼리 평가항목개발 문제를 해결하기 위해 필요한 정보가 무엇인지를 탐색하게 하는 시간이 부여된다. [그림 11-9 참조].

그림 11-9 탐색해야 할 정보의 사례

1.4. Grouping-consensus-searching information

Grouping

참가자 스스로 3명 또는 5명으로 팀을 구성하십시오. 서로를 소개하십시오.

Consensus

가격지불단위변경이 ESG활동이 될 수 있음을 지금까지 논의된 '연령 부과단위'에서 '무게 부과단위' 변경사례를 통해 이해하십시오.

참가자 모두가 스스로 가격지불단위변경이 ESG활동의 기회가 될 수 있음에 공감하십시오

Searching information

- 사모아 항공(Samoa Air)의 요금정책
- 예약사이트에서의 문제점

- 기존, 1번 비행당 가격총수입과 에너지 사용량 분포 (연령 가격)
- 미래, 1번 비행당 가격총수입과 에너지 사용량 분포(몸무게 가격)

- 시뮬레이션도 가능!

3. SED Program의 2단계 EXPLORE

EXPLORE 단계도 크게 4개의 과정으로 이루어져 있다. 첫 과정에서는 Who－What(why)－How 분석 틀을 facilitator가 참가자에게 학습시킨다. ESG 평가항목을 개발했을 경우에 목표시장(Who)과 목표시장의 어느 욕구를 해결할 것인지를 발의하고(What 또는 why), 기업이 어떻게 그 욕구를 해결하는 해결책을 마련했는지(How)를 팀 안에서 다양한 기회를 발견하고 수집하며 팀원 각자의 의견을 구체화하는 과정이다.

두 번째 과정은 팀 내 개인이 제시한 의견(Who－What－How안)을 단일안으로 정리하는 과정이다. 세 번째 과정은 ESG 보고서에 어떤 평가항목을 제시할 것인가를 단일안에서

추출하여 정체성을 밝히는 단계이다. 'What to Say' 결정과정 또는 activity identity 정리과정이라고 말할 수 있다. 마지막 단계는 이 'What to Say' 항목을 시각화하는 작업으로 'How to Present' 과정이라고 정의한다. 이런 과정을 참가자들에게 facilitator가 설명하여 준다.

3.1. Who-What(why)-How 분석 틀 (2시간 소요)

3.1.1. Who-What(why)-How 분석

이 SED 프로그램의 목적은 가격지불단위를 대체할 것인데 어느 고객(who)이 왜(why) 새로운 가격지불단위를 선택하는지를 탐구하고 그 목표시장의 고객들이 좋아하는 프로그램을 개발(how)하는 것이다. 따라서 facilitator가 Who-What-How 분석이라는 틀을 이용하여 참가자들이 자신의 생각을 구체화할 수 있도록 도와주어야 한다. Who-What(why)-How 분석은 Abell(1980)의 업의 개념(Biz definition)과 유사하므로 이를 중심으로 설명한다.

그림 11-10 Abell의 업 개념(Biz definition)

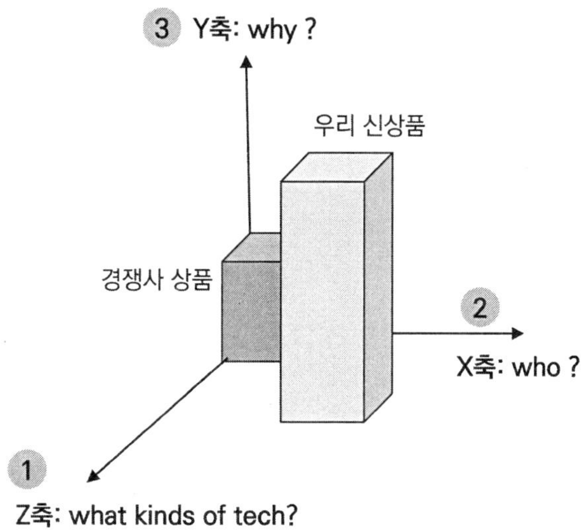

Abell은 목표시장(Who), 제품·서비스가치(Why), 제품·서비스공급형태(How or What)를 사업의 정의를 내리는 기본 분석단위로 제시한다. 첫 번째 분석단위는 우리 회사가 누구를 대상으로 사업을 하고 있는지를 명확히 하는 것이다. [그림 11-10]의 그림을 보면 Abell 틀의 x축은 우리 제품이나 서비스를 현재 사용하거나 미래에 사용가능할 고객집단(who)을 나열하는 축이다. 아직 나열되지 않은 고객집단이 공백으로 남아 있을 수 있다.

두 번째 분석구성요소는 그 고객집단이 왜 우리의 제품·서비스를 사는 지를 분석할 수 있는 '고객욕구(what or Why)'이다. 이 기준을 활용하기 위해 y축은 이 고객들이 왜 이 제품이나 서비스를 구매하는지에 대한 욕구를 나열하는 축이다.

세 번째는 그 욕구를 만족시키기 위해 우리 회사가 채택하고 있는 '기술'(how)이다. z축은 x축의 고객이 y축의 욕구를 만족시키기 위해 기업이 어떤 제품이나 서비스를 제공해야 하는지에 대한 기술(technology)이나 콘텐츠(contents)를 나열하는 축이다.

이 chapter에서는 대형 항공사와 LCC 항공사를 이용하는 고객(Who)과 그 이유(Why)와 대형항공사와 LCC의 시스템차이(How)를 Who－What－How 분석 틀에서 설명하고자한다.

그림 11-11 Abell의 업 개념에 LCC와 대형항공사를 Who-What-How 분석

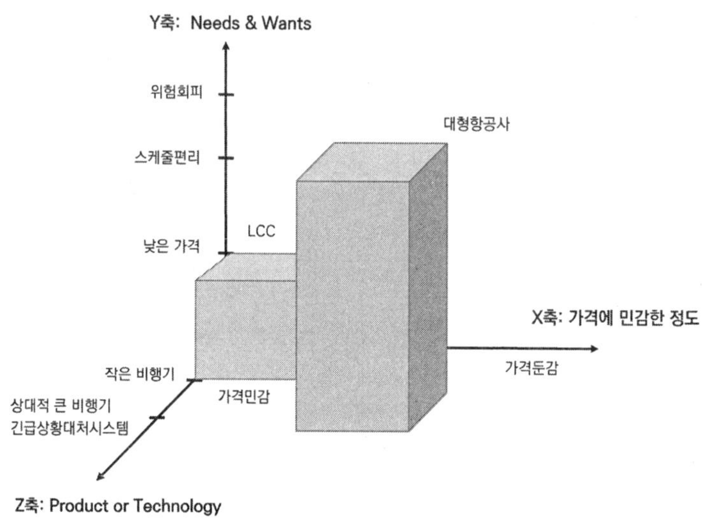

항공시장에 등장한 LCC(low cost carrier)는 가격에 민감한 고객을 목표시장으로 한다(who). 그들에게 낮은 가격만을 찾는 고객의 욕구를 만족시킨다(why). 낮은 판매운임을 받기 때문에 낮은 비용을 추구한다. 상대적으로 고객서비스를 위한 시스템 개선에 투자여력이 없는 듯 하다.

- 2023년 1월 24일에 제주공항에 폭설이 내리자. 거의 모든 비행기가 결항되었다. 이에 대한항공은 숙소에서 결항된 비행기 대신 대체 항공편의 예약과 탑승수속을 진행했는데 비해, LCC는 공항카운터에서 줄을 서서 대체 항공편의 수속을 다시 해야 했다. 대한항공과 아시아나항공은 중대형 항공편을 투입하여 다음 날 승객

을 목적지로 이동시켰는데 비해, LCC는 대형기와 여유항공기가 없어서 평상시 수송능력만큼 승객을 이동시켰다(아시아 투데이 2023.1.29.)

대형항공사는 편리한 스케줄과 위험회피가능성이 높은 항공사를 선택하고자 하는 욕구(Why)를 가진 상대적으로 가격에 둔감한 고객을 목표시장으로 하고 있다(Who). 이들을 위해 긴급상황에서 오래된 대처능력으로 승객의 편리성을 돕고, 대형항공기와 여유항공기 투입으로 고객의 지체를 최소화하는 시스템을 갖추었다(How).

Who－What－How 분석과 시차분석에 따르면 FSC(full service carrier)가 미처 만족시키지 못한 가격민감고객이 존재한다는 시장공백에 LCC가 진입한 것이다. 이제 위를 학습한 결과에 따라 이 SED 프로그램의 참가자는 ESG 활동을 개발할 때 위와 같이 Who－What－How 분석을 실시할 수 있는 능력을 갖게 되었다.

3.1.2. 'Explore White Space' 설명하기 (15분)

진행자인 facilitator는 팀원들에게 공백(white space)의 개념을 설명한다 (15분). 공백이란 아직 시장참여자가 진입하지 않은 공간을 말한다. 이 공간을 찾아내는 작업을 'explore white space!'라고 부른다. 이 공간을 찾아내면 새로운 ESG 활동의 상품을 안착시킬 공간을 확보하는 셈이다. facilitator는 참가자인 팀원들에게 'white space'라는 공간창출을 요구한다. FSC가 미처 공략하지 않은 시장을 LCC가 공략한 것처럼 말이다.

3.1.3. 기업상황에 걸맞는 Who-What-How 분석

이제 facilitator는 참가자에게 2.3. ESG 평가항목 개발대상의 특정개별기업 상황에 대한 factbook을 중점적으로 상기시킨다. 참가자들은 ESG평가항목 개발을 Who－What－How 분석을 통해 실시하게 된다. 팀원 각자가 x, y, z축에 무엇이 들어가고 새로운 상품(ESG 활동)이 어떻게 포지셔닝해야 하는 지를 작성하게 된다. 즉, 주어진 회사상황 과제에서 white space를 탐색(explore)하는 시간을 부여하게 된다. (1시간 30분 소요). 이것을 [그림 11－10]에 넣도록 유도한다.

3.2. 팀 내 단일 Who-What-How안을 결정하기 (1시간 소요)

두 번째 과정은 팀 내 개인이 제시한 의견(Who－What－How안)을 팀의 단일안으로 정리하는 과정이다. 팀 내 개인이 개발한 기존 대안(option) 중 하나를 선택하던지 또는 개발된 기존 대안의 각 구성요소를 조합하여 새로운 대안을 개발하여 단일안으로 정리하도록 유도하게 된다.

그림 11-12 팀원별 Who-What-How 분석 (새로운 가격지불단위를 선호하는 집단표시)

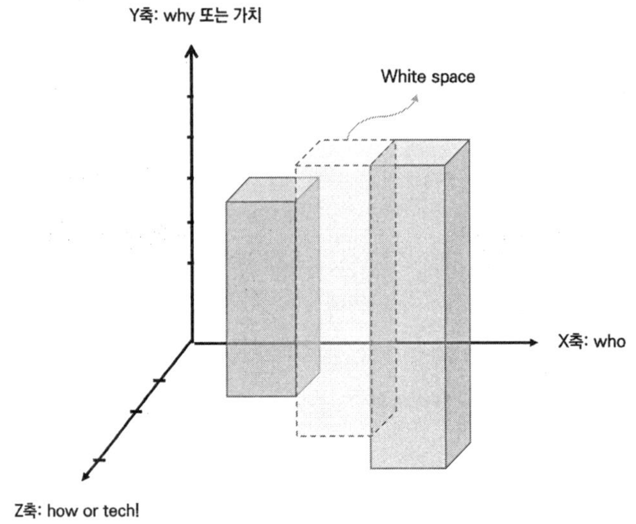

그림 11-13 팀의 단일안으로 가격지불단위 적용집단을 찾는 분석 틀 사례

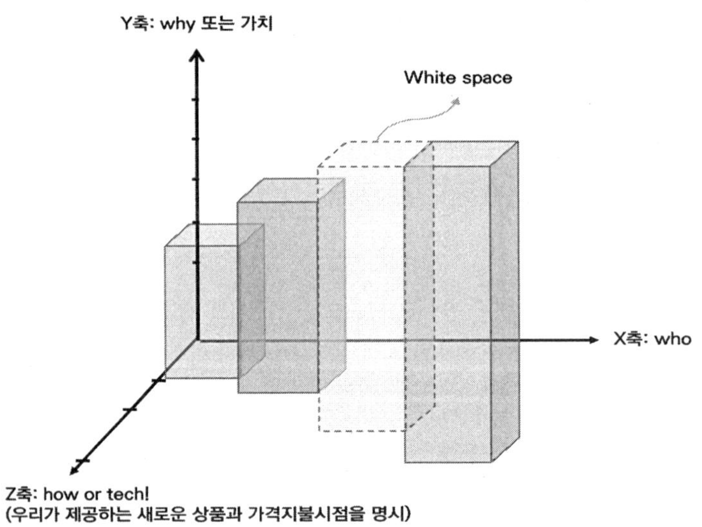

3.3. What to Say(activity identity)를 **정하는 단계** (30분 소요)

세 번째 과정은 ESG 보고서에 평가항목을 무엇이라고 제시할 것인가를 단일안를 기초로 정체성을 밝히는 단계이다. 기억하기 쉽고 직관적인 결과일수록 좋다. [그림 11-14]

처럼 이름과 목표시장, 사용 TPO, 고객가치, 경쟁우위를 적으면 더욱 좋다.

그림 11-14 사모아항공의 가격지불단위를 ESG 활동으로 정리하기

3.4. How to Present과정 (1시간 30분 소요)

마지막 단계는 앞의 'What to Say' 항목을 시각화하는 작업으로 'How to Present' 과정이라고 정의한다. [그림 11-15]와 [그림 11-16]처럼 시각적으로 제시하라.

그림 11-15 How to Present의 산출물 이미지 사례 1

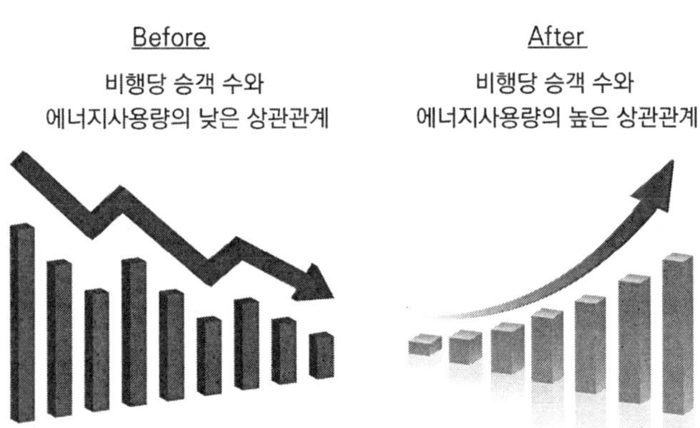

그림 11-16 How to Present의 산출물 이미지 사례 2

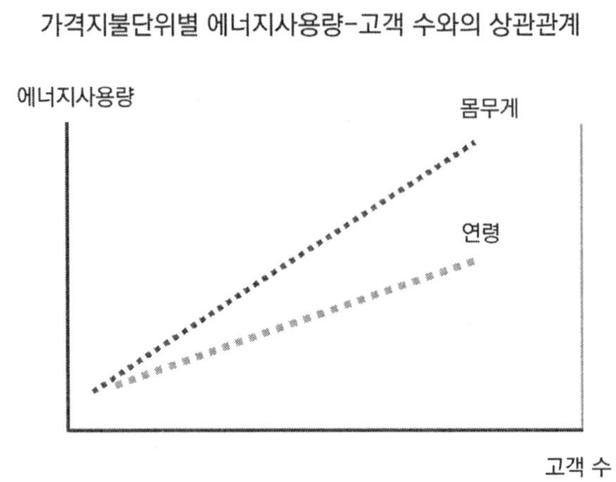

4. SED Program의 3단계 DEVELOP

DEVELOP 단계도 크게 5개의 과정으로 이루어져 있다. 첫번째 과정에서는 팀별로 Who–What(why)–How 분석 결과를 발표하는 단계이다. 두 번째 과정은 개별팀 발표에 대해 다른 팀에서 질의응답을 실시하는 Brutal evaluation이 실행된다. 세 번째 과정은 팀별 발표안에 대해 제일 실행가능하고 효과적 효율적인 안에 투표를 실시한다. 여기에서 가장 좋은 평가를 받은 팀에 대한 시상이 진행된다. 네 번째 과정은 선정된 ESG 평가항목을 기업이 미래에 통제하고 관리하기 위한 업무분장을 토론하는 시간(What Do I got to Do)이다. 마지막 단계는 우승한 팀이 자신의 ESG 평가항목(What to Say)과 시각화 결과(How to Present)를 더욱 가다듬는 시간이다.

4.1. 팀별 'Who-What-How 안' 발표 (발표 10분씩 x 팀 수)

첫 번째 과정에서는 팀별로 자신들이 정리한 Who–What(why)–How 분석 결과를 발표하는 단계이다. 발표 중 질의응답은 실시하지 않는다.

4.2. Brutal evaluation과정 (질의응답 5분 x 팀 수)

두 번째 과정은 개별팀 발표에 대해 다른 팀에서 질의를 하고 질문을 받은 팀에서 팀장이 응답을 실행된다. 비판적인 질문을 하지 않고, 궁금한 것만을 질문하도록 facilitator가 사전에 통제한다. 마지막으로 facilitator가 전체발표자의 결과물에 대한 총평을 실시한다.

4.3. 투표 및 시상 (소요 30분)

세 번째 과정은 개별팀 발표에 대해 모든 facilitator와 참가자가 가장 좋은 결과물에 대해 투표를 실시한다. 최다득표를 얻은 결과물에 대해 시상을 실시한다.

4.4. What Do I got to Do (30분 소요)

DEVELOP 단계의 네 번째 과정은 전체 구성원을 대상으로 앞으로 우리 회사가 이 평가항목을 유지 및 발전시키기 위해서 해야 할 일을 정리하는 것이다(What Do I got to Do). 주로 업무분장을 실시하게 된다. 어느 부서의 어느 직급 레벨에서(Who), 무엇을(What), 어떻게 관리하고, 보고하고, 의사결정해야 하는 지(How)를 정리하게 된다. ESG 전략부서에서 정리된 아래 사항을 실행부서에 공문으로 시행하게 한다. facilitator는 모든 참가자들을 모아 놓고 [그림 11-17]를 함께 채워가는 시간을 갖게 된다.

그림 11-17 DEVELOP 단계 중 'What Do I got to Do' 단계 사례

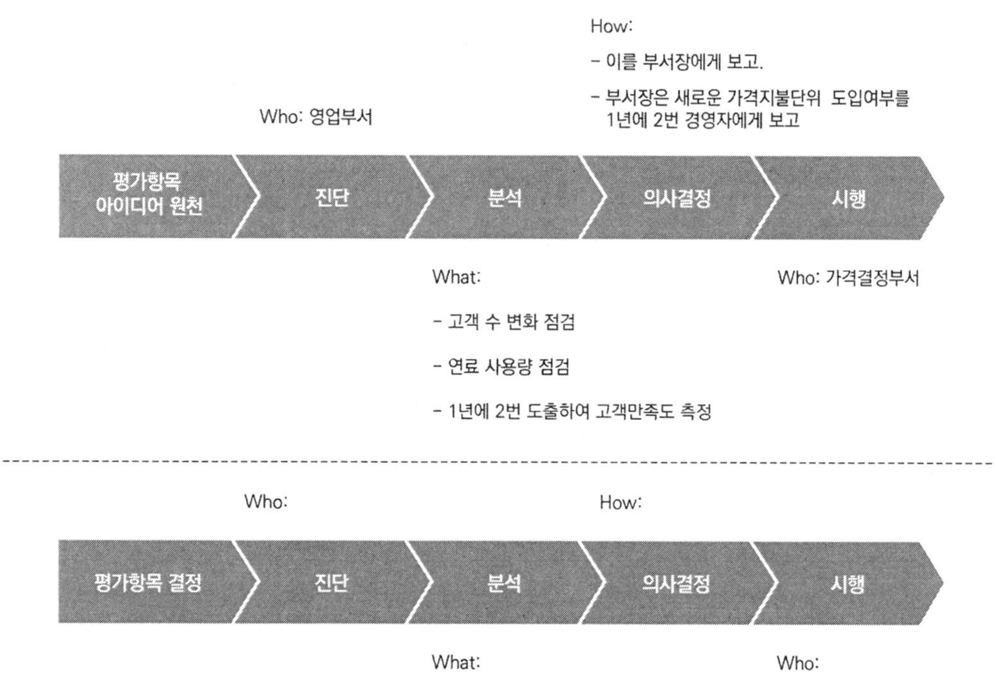

4.5. Decoration 또는 visual improvement (별도 24시간부여)

다섯 번째 과정은 담당자가 최종선택안을 ESG 보고서에 담기 위해 결과물을 decoration 하는 과정이다. 평가항목의 정확한 identity, 조작적 정의, 시각적 표현을 decoration하여, 공시보고서에 직접 사용할 수 있는 상태로 정리하는 단계이다. 주로 우승팀이 이를 담당하게 된다. facilitator는 별도로 1일의 시간을 우승팀에게 부여하여 우승으로 당선된 산출물을 향상시킬 수 있는 시간을 부여한다. 이상으로 SED 프로그램을 마치게 된다.

4.4와 4.5의 순서를 바꾸어 실행해도 된다. 참가자들에게 최종 ESG 활동보고서 산출물을 공유하고 나서, 미래에 무엇을 할 지를 고민하게 해도 된다.

그림 11-18 대한항공의 가상적인 ESG 활동공시내용 사례

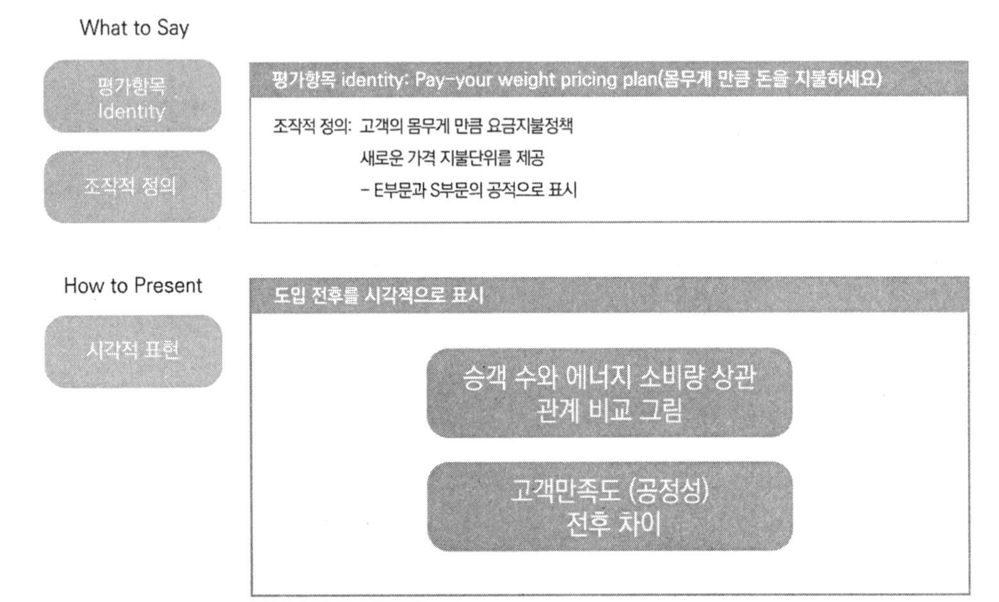

그림 11-19 가상적인 회사의 가격지불단위 변경 ESG 보고서 산출물 이미지

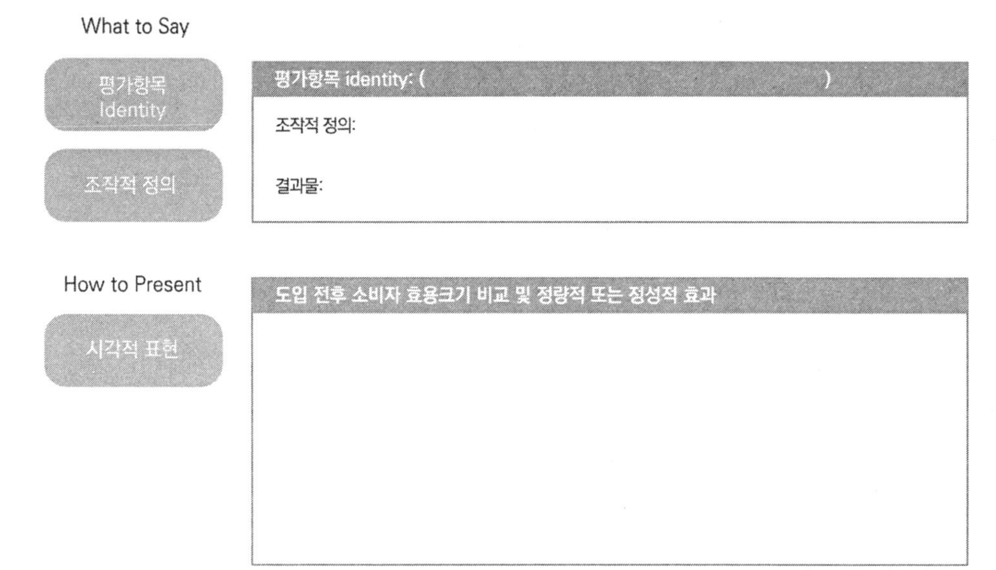

5. 마무리

이 SED가 지난 Chapter10의 결과와 다른 점은 가격과 에너지의 상관관계를 표시한다는 점이다. SED 참가자가 구체적인 에너지 소비량과 가격과의 상관관계를 제시할 수 없지만, 항공회사의 실무자는 자료접근이 가능할 것이다. 이를 통해 가격과 에너지의 상관관계가 높아져서 에너지 사용에 걸맞는 공정한 가격을 지불하였다고 공시하는 것이 이 SED의 목표인 것이다. 동시에 에너지 사용에 대한 합리적 근거를 회사가 공시한다는 특징도 갖게 될 것이다.

참고문헌과 자료

https://www.theguardian.com/world/2013/apr/02/samoa-air-pay-what-you-weigh

아시아투데이(2023.1.29.), 대한항공은 숙소서 탐승수속, LCC는 10시간 대기줄, 폭설 결항 위기대처 극과극.www.asiatoday.co.kr/view.php?key=20230126010012804

Chapter 12

핸드폰 보상판매에 의한 가격지불단위 변경으로 순환경제에 기여

그림 12-1 이 chapter의 강의개발 교안

Key 교육목표	마케팅 가격의사결정 중 가격지불단위 (pricing unit)변경으로 자원 효율성제고 ESG 보고서 평가항목으로 가격지불단위을 '보상판매'를 '결합'하여 E부문에 사용가능함을 소개 3			
	주제 및 원리 소개	What to Say	How to Present	What Do I got to Do
서비스 level	• 보상판매 • 가격지불단위 추가와 그 효과	• 보상판매는 순환경제의 수단	• 새로운 가격지불 단위의 효과를 환경 측면에서 부각	• 다양한 가격지불 단위를 정기적으로 점검
기대효과	보상판매가 지불단위변경임을 인식	보상판매로 가격 지불단위변경과 ESG 중 E를 강화	에너지 절약 고객지출절약 등을 시각적으로 표시	타 산업 내 벤치마킹 대상 추적 시스템 구축
Key words	- Green Profit - 순환경제 - 보상판매	- 알레아토릭 (보상판매와 핸드폰)	에너지 자원 절약	가격지불단위의 다양성

이 chapter는 마케팅가격 의사결정 중 가격지불단위 의사결정과 신상품개발 기법 중 '알레아토릭(aleatorik, combination, 결합하기)'을 도입하여 ESG 활동을 설계하는 과정을 보여준다. 기존에 사용하던 가격지불단위에 보상판매를 추가하여 새롭게 제시함으로써 ESG 부문 중 환경(enviornmental)부문 활동개발사례를 SED 프로그램을 통해 보여주고 있다.

그림 12-2 가격의사결정 중 이 chapter에서 다루는 ESG 활동 개발기법의 포지셔닝

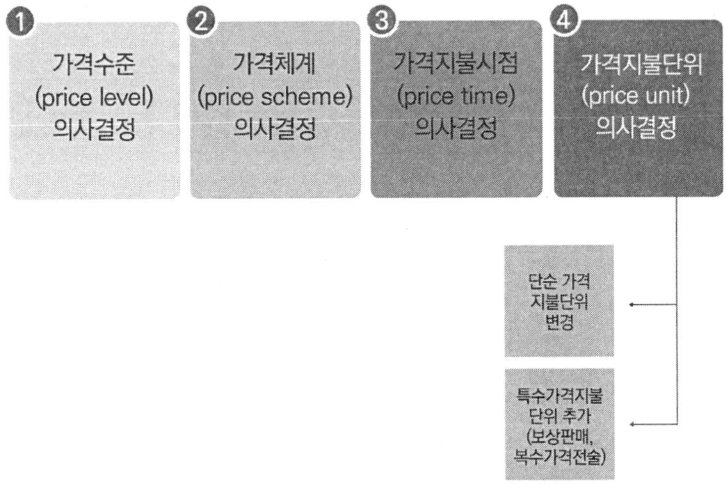

1. SED 프로그램 진행 전 준비

1.1. 참가자 구성

이 장의 내용은 중국과 한국의 삼성전자 마케팅 및 ESG 전담부서를 포함하여 실무진을 대상으로 작성되었다. 이 장의 SED 프로그램은 전문 facilitator가 진행을 맡게 된다.

1.2. SED의 프로그램 목표를 명확하게 하기 (5분 소요)

facilitator는 참가자들에게 SED 프로그램의 정의를 다음과 같이 설명한다. SED의 이름은 Scan－Explore－Develop에서 가져왔다. SED 프로그램은 회사가 처한 상황을 훑어보고(scan), 누구를 대상으로 무엇을 어떻게 제공할 지에 초점을 맞추어 공백을 찾아내고(explore the white space), 구체적인 해결책을 개발(develop)하는 과정을 거치게 된다고 설명한다.

> 참가자들은 facilitator의 지시에 따라 SED 프로그램을 진행하면서 현재 당신들이 취급하는 상품 중 중국에서 판매되는 핸드폰의 가격지불단위에 대해 되돌아보게 된다. 현재 회사가 가격지불단위로 고객에게 부과하고 있는 것에 보상판매가 누락되어 있음을 알게 하는 것이 이 SED 프로그램의 목적이다. 이 과정 속에서 보상판매를 통해 환경적으로 자원낭비를 줄일 수 있고, 동시에 고객이 느끼는 삼성전자 핸드폰의 가치를 증가시킬 수 있게 된다. 또한 이를 통해 실무자들이 개별기업의 ESG 평가항목(company-specific ESG criteria)을 개발하는 SED 프로그램의 절차와 방법에 익숙해지는데 도움이 되게 한다.

1.3. 산출물(output)을 명확히 하기 (10분 소요)

이제 SED 프로그램을 진행하는 facilitator는 참여자에게 SED 프로그램이 진행되기 전에 산출물이 어떻게 나와야 하는 지를 공유(consensus)하여야 한다. facilitator는 이번 개별기업 ESG 평가항목개발을 위한 SED 프로그램의 산출물은 크게 세 부분으로 이루어져 있다는 것을 정확히 전달한다.

- What to Say : ESG 보고서에 무엇을 담을 것인가?
- How to Present : ESG 활동의 결과를 어떻게 시각적으로 전달할 것인가?
- What Do I got to Do : 위의 ESG 활동을 어떻게 미래에 개선해 나갈 것인가?

그림 12-3 SED 프로그램으로 개별기업 ESG 평가항목개발 후 산출물 이미지 예시

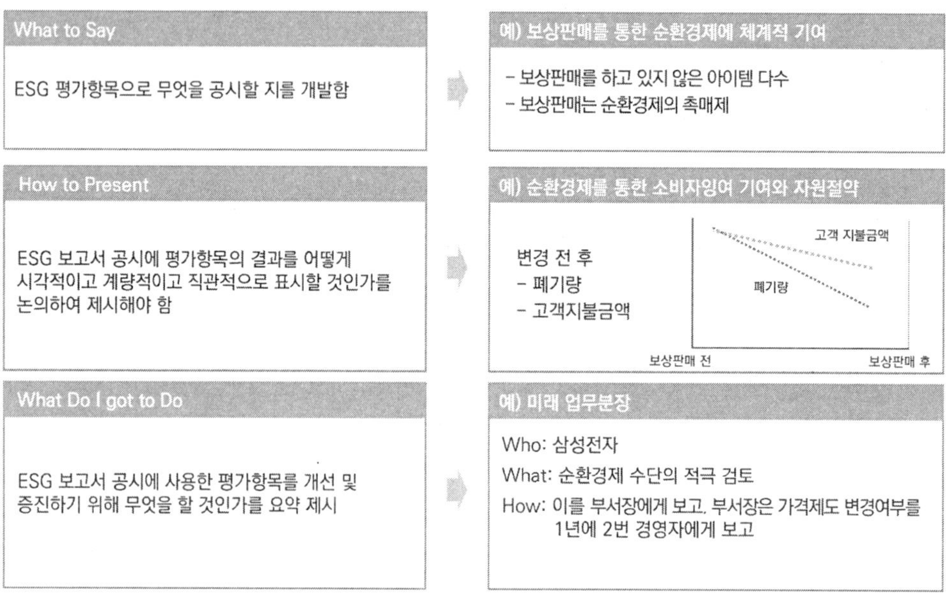

1.4. SED 프로그램의 구성과 절차

facilitator는 개별기업 ESG 평가항목 개발을 위한 SED 프로그램 구성과 절차를 참여자와 공유한다. [그림 12-4 참조]. facilitator는 아래 그림을 잠시 개괄적으로 설명한다. SCAN단계는 이번 SED 프로그램의 주제를 소개하고, 이 주제에 대한 기존 회사의 사례를 제공한다. 우리가 해결해야 할 과제를 설명하고, 팀을 조직한다.

EXPLORE 단계에서는 팀원별로 각자가 생각하는 과제해결책을 Who−What−How 분석틀에 의해 제시하고, 그것을 팀 안에서 조정하여 단일안을 만들어 낸다. DEVELOP 단계에서는 복수의 팀 간에 competition이 실시되고 이 중 가장 많은 공감을 얻는 안을 선택하는 과정을 거친다. 선발된 최종안을 가시적으로 돋보이게 하는 과정이 추가된다.

그림 12-4 개별기업 ESG평가항목 개발을 위한 SED 구성

1단계: SCAN	2단계: EXPLORE	3단계: DEVELOP
1.1. 특정 ESG 주제와 원리 소개 1.2. 주제별 기존 사례 소개 1.3. 가상적 기업상황 또는 factbook 소개 1.4. Grouping-consensus-searching information	2.1. Who, What, How 측면에서 미래 기회를 발견하고 수집하며 서로의 의견을 구체화 2.2. 단일안으로 정리 2.3. What to Say: activity identity 또는 조작적 정의 2.4. How to Present(시각화 작업)	3.1. 조별 Who-What-How 결과를 발표 3.2. Brutal Evaluation 3.3. 투표와 시상 3.4. What Do I got to Do 3.5. 평가항목과 조작적 정의, 시각화표현에 대한 decoration

2. SED Program의 1단계 SCAN

2.1. 특정 ESG 주제와 원리 소개하기

이번 SED 프로그램은 회사가 기존에 사용하고 있는 가격지불단위 중 특수가격지불단위인 보상판매를 추가함으로써 환경적으로 바람직한 방향으로 가격제도를 변경하는 일련의 절차를 보여주고 있다. 먼저 이 주제의 정의와 필요한 개념들을 나열하여 참여자에게 제시한다.

- 가격지불단위의 개념 중 특수가격지불단위의 종류
- 순환경제와 보상판매
- 보상판매와 알레아토릭(격자놀이)

2.1.1. 가격지불단위의 개념 중 특수가격지불단위의 종류

가격지불단위(pricing unit)란 가격을 매기는 기준이 되는 단위를 말한다. 가격지불단위을 구분하면 크게 두 가지로 나눌 수 있다. 첫째, 단순하게 가격지불단위를 도입하는 행위이다. 기존 가격지불단위를 유지한 채로 고객에게 새로운 가격지불단위를 선택할 수 있는 기회를 제공하는 경우이다. 비행기회사에서 거리별 일자별 요금과 연령대별 요금을 운임으로 하고 있는데, 비행이용횟수에 따라 운임을 지불할 수 있도록 추가하는 것이 그

그림 12-5 가격지불단위의 산업별 다양성

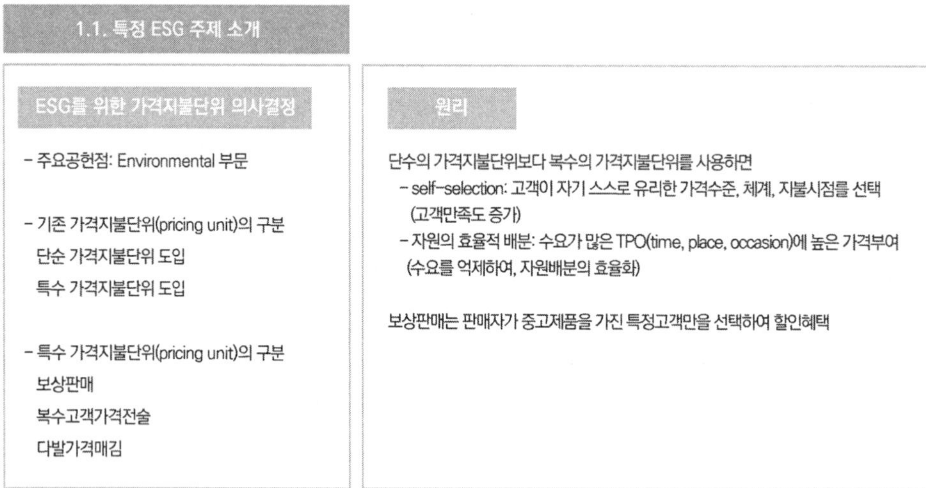

사례이다. 또는 기존 가격지불단위를 없애고 새로운 가격지불단위를 제시하는 경우이다. 커피 체인점에서 커피잔 크기에 따른 가격매김을 없애고 고객이 선택한 커피량에 따라 가격을 매기는 것이다.

둘째, 상품단위의 가격지불단위에서 벗어나 창의적으로 새로운 상품을 구성하여 가격지불단위를 추가하는 경우이다. 이런 경우를 특수 가격지불단위라 한다. 현재 판매상품과 과거에 이미 판매된 상품을 다발로 묶어서 중고제품을 신상품으로 교환해 주는 '보상판매(trade-in)'. 현재 판매상품과 다른 판매상품을 묶어서 2개 이상의 제품카테고리를 다발로 새로운 상품을 구성하여 판매하는 '다발가격매김(price bundling)', 사람과 사람이 묶여서만 특정상품을 살 수 있는 기회를 제공하는 '복수고객가격전술(multi-person pricing)'이 대표적이다. 이 장에서는 특수가격지불단위 중 보상판매를 통한 순환경제를 활성화하는 ESG 활동에 대해 다루게 된다.

2.1.2. 순환경제와 보상판매

Green Profit이란 기후위기를 어떻게 기회로 만들 수 있는지를 의미한다. 기존 ESG 활동이나 SDGs 활동의 Green Profit은 주로 장기적 이익이 가능하다고 주장한다. 하지만 이 장에서는 SDGs와 ESG를 실천하면서도 단기적 이익을 획득하는 방안 개발에 대해 논의 중이다. 그 중의 하나가 순환경제를 통한 단기적 이익의 획득과 ESG 활동의 병행이다.

지속가능한 순환경제(circular economy)란 자원절약과 재활용을 통해 지속가능성을 추구하는 친환경 경제모델이다. 기존의 순환경제에 맞대응하여 순환경제를 통해 자원의 재활용을 촉진하고 환경을 보전하면서도 이익을 창출할 수 있다고 주장한다.

- 선형경제(linear economy):자원채취(take) – 대량생산(make) – 폐기(dispose)
- 순환경제(circular economy): 자원채취(take) – 대량생산(make) – 폐기(dispose) 수집, 재생(재활용) – 처리(소각 및 매립) – 자연으로 돌아감

순환경제는 매우 큰 이슈로 다양한 산업에서 사례가 속출하고 있다.

- 내연기관 자동차의 노후 폐기에 따른 환경파괴
- 전기배터리의 짧은수명로 인한 처리문제의 대두
- 태양광전지의 환경파괴문제
- Fast fashion을 포함한 의류 미판매분에 대한 소각문제

그림 12-6 Green Profit과 순환경제

Green Profit과 순환경제

Green Profit : 기후위기를 어떻게 기회로 만들 수 있는지를 의미.
- 이 책에서는 SDGs와 ESG를 실천하면서도 단기적 이익을 획득하는 방안 개발에 대해 논의 중

지속가능한 순환경제(circular economy): 자원절약과 재활용을 통해 지속가능성을 추구하는 친환경 경제모델
- 선형경제(linear economy): 자원채취(take)–대량생산(make)–폐기(dispose)
- 순환경제(circular economy): 자원채취(take)–대량생산(make)–폐기(dispose) 수집, 재생(재활용)–처리(소각 및 매립)–자연으로 돌아감

순환경제 이슈를 만드는 사례 (중국 GEM: 거리메이. ZARA. H&M)
- 내연기관 자동차의 노후 폐기
- 전기배터리의 짧은 수명–처리문제
- 의류 미판매분에 대한 소각

그림 12-7 충분하지 않은 순환경제 속 국가별 폐기물 처리

충분하지 않은 순환경제

- 국가별 폐기물 처리현황 (2022, 미래에셋증권 공식블로그)
- 일본 (총 폐기물의 50%수준을 재활용)
  금속 스크랩: 재활용율 (90%)
  폐 플라스틱: 재활용율 (60%)
- 미국 (총 폐기물의 25%수준을 재활용)
  총 폐기물의 50%이상 매립, 소각 12.7%, 비료화 10%
- EU (총 폐기물의 38%수준을 재활용, 매립 39%)
- 한국 (총 폐기물의 87.4%수준을 재활용, 매립 5.1%, 소각 5.2%)
- 중국 (총 폐기물의 51.9%수준의 매립(2019), 45.1% 소각)

다양한 국가에서 폐기물처리에 대한 어려움에 봉착해 있음을 2022년 미래에셋증권 공식블러그에서 확인할 수 있다. 이를 해결하기 위한 노력도 계속되고 있다. 멋진 ESG 활동이자 SDGs를 달성하고 있는 사례를 보자.

- 일본 가전양판점 야마다전기는 중고가전을 구입하여 수리한 뒤 재판매하는 중고가전사업을 런칭하였다.
- Albert Heijin은 네덜란드에서 가장 큰 슈퍼마켓 체인이다. 이 회사는 자신이 판매하는 식품 중 유통기한 임박한 식품을 모아서 음식 전문판매 레스토랑 INSTOCK을 만들어서 식품이 버려지는 것을 막고 있다.

이런 폐기물의 지구 내 축적에 대응하기 위해 순환경제는 각광받는 대책으로 자리매김해 왔다. 기존 순환경제의 사업모델은 크게 4가지로 구분한다. 첫째, 순환공급망(circle supply-chain)이다. 그런데 이 모델의 활용에 걸림돌이 있는데, 바로 비용문제이다. 생산을 위해서는 공급망끼리 지리적으로 집접화되어 있거나 지리적으로 격리되어 있어도 운송비용이 저렴하면 순환공급망이 돌아가는데 문제가 없다. 그런데, 폐기물의 재활용 등이 순환경제에 접목되었을 때 비용이 추가발생하는 경우가 매우 많이 목격된다.

둘째, 공유플랫폼(sharing platform)이다. 비용부담을 분산하는 방법인 셈이다. 셋째, 제품수명연장(product life extension)이다. 처음부터 단단한 상품을 만들어서 제품의 사용연한

을 증가시키면 자원의 낭비를 줄일 수 있다는 단순한 생각이다. 넷째, 회수와 재활용(recovery and recycling)이다. 완제품을 회수하여 재판매하거나 회수된 완제품의 부품을 추출하여 재활용하는 것이 대표적이다. 마케팅가격의사결정 중 '회수 및 재활용'에 활용할 수 있는 제도가 '보상판매'이다.

그림 12-8 순환경제 사업모델의 분류

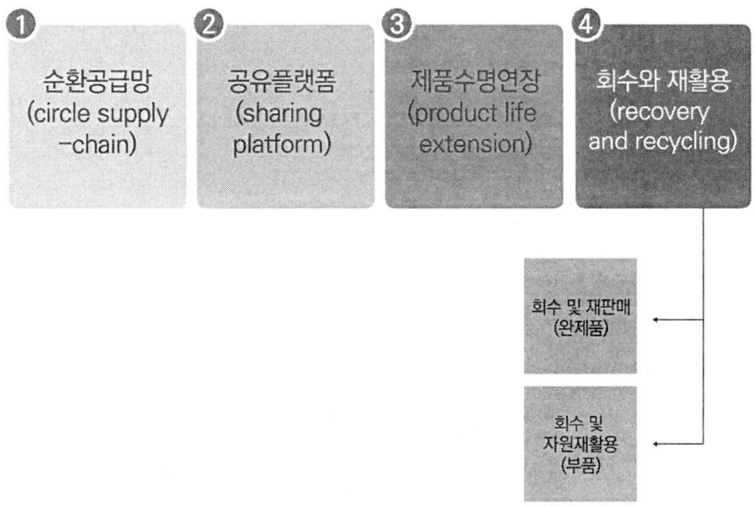

2.1.3. 보상판매과 알레아토릭(격자놀이)

보상판매란[1] 중고제품을 고객이 반환하는 조건으로 신제품의 가격을 할인하여 판매하는 기법이다. 즉, 보상판매(trade-in pricing)는 고객들이 이미 구입해서 사용하고 있는 구모델에 대한 가치 공제의 한 형태로, 신모델 구입시 구모델의 중고가치에 해당하는 금액만큼을 구모델로 대신 지급하도록 하는 것을 의미한다. 쉽게 말해, 고객이 구모델을 판매자에게 반납하는 조건으로 10만원짜리 신모델을 8만원에 살 수 있는 기회를 부여하는 것이다. 이를 통해 기업은 기존고객 중에서 신모델을 구매할 고객을 창출하는 기회를 가질 수 있고, 고객은 새로운 제품을 싼 가격에 살 수 있어서 가격할인의 혜택을 누리게 된다. 이런 목표를 달성할 수 있는 것이 바로 보상판매 가격책정이다.

1) 이 부분은 곽영식 · 홍재원 · 이윤경(2021), 마케팅가격전술. 서울: 피앤씨미디어에서 발췌.

그림 12-9 가격차별화의 한 수단인 보상판매 (time-based price differentiation)

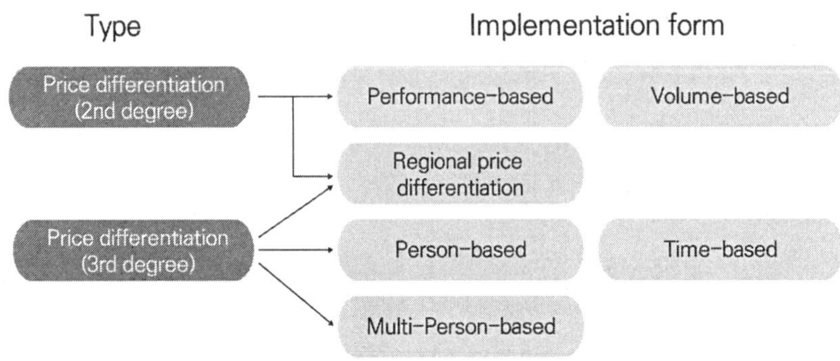

그림 12-10 보상판매의 효과

보상판매		
분류	단기적 효과	장기적 효과
고객측면 효과	Retention 전술 기존 구매자 고객: loyalty에 대한 보상 직전 구매고객에 대한 불만 최소화 전술	Positive affect index증가 (감정측면) Positive attitude index증가 (태도측면) Loyalty 보상 강력한 경쟁 Brand switch 자극
경쟁사 측면 효과	기존 경쟁제품 구매자에 대한 상표전환유도 기존 경쟁제품 충성도 약화 추구	
우리 회사 측면 효과	단기적 매출 증대 신규고객과 기존고객(단골)에게 차별화된 가격제공 (가격차별화) 교체주기 도래 자극	미래 신상품에 대한 판매 마중물 확대 - 신상품과 함께 판매되는 tie-in제품 판매기회 확대 - 미래 신상품에도 보상판매 적용시 현재 판매량이 미래판매량을 보장하는 도구

제품가격을 깎아 주는 기존의 가격할인정책은 모든 고객에게 동일한 할인가격을 적용함으로써 단기적인 이익을 높일 수는 있지만, 장기적으로는 브랜드 이미지에 손상을 가져올 수 있다. 그러나 보상판매는 고객의 구매행동에 따라 차별적으로 할인을 해 줌으로써 구매를 유발시키고, 브랜드 이미지를 향상시킬 수 있는 방법이다. [그림 12-10 참조]. 즉, 신모델을 사는 사람 중에서 구모델을 갖고 오는 사람에 한해서만 가격할인을 해 주기 때문에, 고객별로 가격차별화가 가능하다. 따라서 보상판매는 고객 스스로에게 가격할인 혜택 여부를 판단하게 하는 고객별 가격차별화의 한 형태가 된다. [그림 12-9 참조].

유럽, 미국, 중국, 일본 등에서 활발히 사용되는 마케팅전술이지만 우리나라에서는 상대적으로 많이 활성화되지 않은 가격전술이다. 매우 많은 산업에서 사용하고 있지만 절대 사용하지 않은 기업도 존재한다. [그림 12-11 참조]. 가격지불단위의 증가를 통해 이익을 향상시킬 수 있는 가격전술 기존 상품이나 경쟁사 상품을 갖고 있는 사람만 할인해 주므로 3차 가격차별화(판매자가 할인해 줄 사람을 선택)이다.

그림 12-11 보상판매의 다양한 활용

보상판매		
분류	비내구재	내구재
Public 사용상황상품	K-Pop 응원봉	중국의 상용자동차(트럭) 한국의 승용자동차
Private 사용상황상품	일본의 여성용 속옷 청주 청주고등학교 앞 그릇도매상 한국도로공사 노후 하이패스 단말기 미즈노 러닝화 다양한 산업, 제품카테고리에서 사용 중	삼성전자 QLED TV, LG TV 핸드폰 보상판매 블랙박스 로봇청소기 골프채 노트북 스피커 안마의자 재건축아파트 MC2

그림 12-12 상판매를 알레아토릭(격자놀이)하기

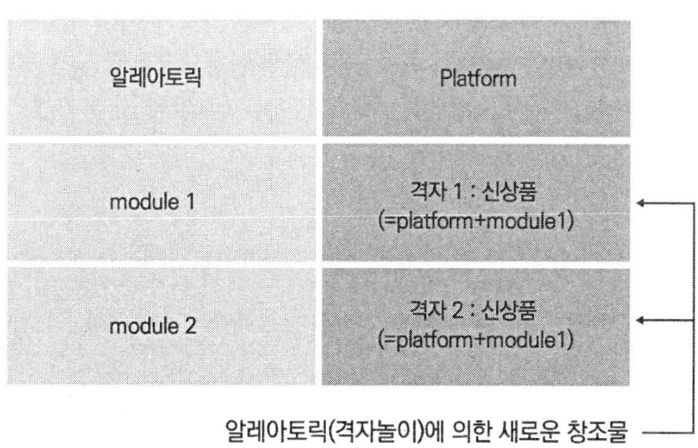

aleatorik은 라틴어로 미술, 음악, 따위의 예술작품을 창작할 때 우연성이나 즉흥성을 도입하는 작업을 의미한다. [그림 12-12]에서 보듯이 이 강의에서는 제품카테고리가 다른 두 가지 이상의 것이 한 개의 상품으로 합쳐져서 판매되는 경우를 aleatorik이라 부른다. 알레아토릭은 격자놀이라고 해석할 수 있다. platform에 해당하는 것과 module이 만나 새로운 상품을 만드는 것에 착안하여, platform에 새로운 모듈을 만나게 하는 격자놀이를 하면 된다. 그러면 보상판매라는 platform에 자동차, 골프채, 가전 등을 격자놀이해서 해당상품의 보상판매라는 이벤트를 만들었듯이, 중국에서 핸드폰을 module로 생각하고 보상판매와 격자놀이를 해 보면 삼성전자의 새로운 중국용 보상판매 상품이 된다.

그림 12-13 핸드폰과 보상판매의 격자놀이

알레아토릭	보상판매
자동차, 옷, 가전, 골프채, 재건축아파트	기존 보상판매 사례
중국에서 10여년 간 판매된 핸드폰	이 SED 프로그램의 위치

2.2. 보상판매가 가격지불단위의 추가형태로 ESG 활동 개발이 가능함을 보여주는 사례 (중국정부, 중국 삼성전자)

중국정부는 1990년대말부터 2020년대까지 몇 차례에 걸쳐 상용차, 승용차 등을 대상으로 주로 농촌지역에서 보상판매를 실시해오고 있다. 따라서 중국 내에서는 보상판매가 매우 흔한 마케팅활동이다. 한국정부도 노후 보일러를 교체할 때 보조금을 지급한다. 2023년의 경우에 기존 10만원에서 60만원으로 취약가구의 노후보일러 교체를 돕는다. 노후보일러를 교체해 주면서 60만원을 할인한 새로운 보일러를 설치해 주는 사업이다.

하지만 수억대의 핸드폰을 중국시장에 판매한 삼성전자는 공식적으로 보상판매를 실시한 적이 없다. 2010년 3월 23일 S1을 판매하기 시작한 이후에 S22까지 얼마나 많은 중국 고객이 삼성전자의 핸드폰을 구해하고 갖고 있을까? 시장점유율이 높았던 시기에 판매되었던 구형 핸드폰을 활용하여 신형핸드폰 출시 시에 보상판매를 실시했다면 지난 몇 년간 떨어지는 중국 내 삼성전자 시장점유율을 방어하는데 도움이 되지 않았을까?

그림 12-14 중국에서 활성화된 보상판매

1.2. 주제별 기존 사례 소개

- 중국은 정부와 기업에서 보상판매를 많이 하는 국가 중의 하나이다.
  경기가 침체할 때마다 자동차 등에 대한 대대적인 보상판매를 실시한다.
- 삼성전자의 핸드폰은 크게 1년에 두 차례, 애플은 1년에 1차례 신제품을 출시한다!
- 삼성전자는 중국에서 지금까지 공식적으로 보상판매를 실시한 적이 없다.
- 페르미추정에 의해 몇 개의 삼성전자 핸드폰이 중국시장에서 판매되었는지를 추정해 보자
  페르미 추정에 대한 사례를 학습
  페르미 추정을 위해 필요한 정보를 수집

먼저 페르미추정에 의해 이 SED 프로그램에 참여한 실무자들이 2010년부터 지금까지 몇 대의 삼성전자 핸드폰이 판매되었는지를 추정해 보자. 페르미문제(FermiProblem) 또는 페르미 추정(Fermi Estimate)란 어떠한 문제에 대해 기초적인 지식과 논리적 추론만으로 짧은 시간 안에 대략적인 근사치를 추정하는 방법이다. 이는 이탈리아의 물리학자 엔리코 페르미의 이름에서 따왔다. 게스티메이션(Guesstimation)이라고도 한다. 기업 채용 면접에도 종종 등장하고 경영(경쟁사 상황, 우리회사 상황의 불확실성)에 대한 직관력을 증가시키는 훈련 중의 하나로 실행된다.

가장 대표적인 사례가 시카고에는 몇 명의 피아노조율사가 필요한가라는 질문으로 페르미가 시카고대학 학생들에게 출제한 문제가 대표적이다.

먼저 다음 데이터를 가정한다.
시카고의 인구는 약 300만명이다.
가구당 구성원은 약 3명이다.
피아노 보유율을 10% 정도라 하면 10만 가구가 피아노를 갖는다.
피아노 조율은 일 년에 한 번 한다고 가정한다.
조율사가 조율에 걸리는 시간은 이동시간을 포함해 2시간 정도이다.
조율사는 하루 8시간, 주 5일, 1년에 50주간 일한다.

이러한 가정을 바탕으로 다음과 같이 대략적인 숫자를 추론할 수 있다.

시카고는 총 100만 가구 (300만/3)

피아노는 총 10만대 (100만/10)

피아노 조율은 연간 10만 건

피아노 조율사는 시간의 물리적 제약으로 1년간 최대 1000대를 조율가능(하루 4대 * 5일 * 50주)

따라서 조율사의 수는 100명(10만/1000)만 있으면 된다.

위의 페르미 추정의 방향대로 이 SED 프로그램 참가자들은 삼성전자 핸드폰의 중국 판매댓수를 추정해 보기 바란다. 얼마나 많은 양인지를 추정하고는 깜짝 놀랄 것이다.

2.3. ESG 평가항목 개발대상의 특정개별기업 상황의 팩트북 제시와 질의응답 (30분 소요)

이제 ESG 평가항목을 개발하기로 한 가상적이거나 실제기업의 기업상황의 factbook를 facilitator가 제시하고, 참가자가 탐색하는 시간이다. 이번 장에서는 참가자는 중국 내 삼성전자 관련 실무자나 한국에 있는 국제마케팅 담당자가 된다. 중국 삼성전자 핸드폰 보상판매에 대한 프로그램을 개발해 보자. 이 프로그램 참가지는 크게 5가지 이슈를 해결해야 한다.

그림 12-15 중국 삼성전자 ESG 및 마케팅담당자에게 제시되는 가상적인 과제

1.3. 가상적 기업상황 또는 factbook 소개

과제 : 당신은 중국 삼성전자 핸드폰 마케팅 담당자이다.

제일 먼저 페르미추정에 의해 중국에서 판매한 기존 삼성전자 핸드폰의 수량을 파악하자.
그리고 보상판매를 위해 아래의 질문에 답을 준비해 보자

- 이슈 1: 어느 범위의 기존 상품을 보상판매 할 것인가? (보상판매범위)
- 이슈 2: 얼마에 기존 상품을 보상해 줄 것인가? (보상판매 가격)
- 이슈 3: 얼마에 신상품의 가격을 제시할 것인가? (보상판매가 이루어질 때 신상품가격책정)
- 이슈 4: 재고처리 대책은 세워져 있는가? (재고처리대책)
- 이슈 5: 기대하는 성과는 얼마로 예측되는가? (이익, 판매량, 상표전환, 고객충성도 제고 등)

2.4. Grouping-consensus-searching information (2시간 소요)

이제 facilitator는 참가자 스스로 3명 또는 5명으로 팀을 만들게 유도한다. 반드시 홀수로 구성원의 수가 이루어져야 한다. 그리고 홀수의 팀이 구성되어야 한다. 팀이 구성된 후에 팀원들은 서로를 소개하고, 팀별로 '문제에 직면한 회사 상황인 factbook과 페르미추정결과'를 소리내지 않고 읽는 시간을 부여한다. 마지막으로 팀원끼리 평가항목개발 문제를 해결하기 위해 필요한 의사결정이 무엇인지를 다시 한 번 탐색하게 하는 시간이 부여된다.

그림 12-16 탐색해야 할 정보 또는 보상판매를 위해 필요한 의사결정 구분의 사례

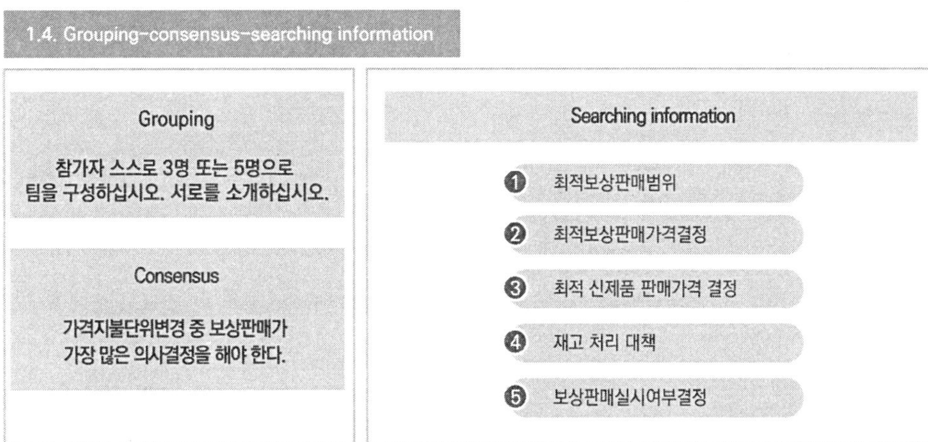

참가자 각자의 의사결정을 돕기 위해 [그림 12-16]의 각 이슈를 바탕으로 보상판매를 위해서 어떤 의사결정을 구체적으로 해야 하는 지를 표시해 보았다.

먼저, 첫째로 어느 범위(시간적 차원, 경쟁사 포함여부)까지 보상해 줄 것인가를 결정해야 한다. 시간적으로는 중고제품 중 어느 시기의 것까지 보상판매를 해 줄 것인가를 사전에 결정해야 한다. 너무 오래된 제품은 보상판매가격도 적을 것이므로 신상품 할인정도도 적어서 고객을 유인하고자 하는 회사의 목표를 달성할 수 없을 것이다.

둘째로 보상 범위 단위별로 보상판매 금액은 얼마로 할 것인가를 아주 세밀하게 작성해야 한다. 그 보상금액은 반드시 신상품을 구매할 때 차감형식으로 제공해야 한다. 또한 이 결제가 가능한 시스템이 개발되어 있어야 한다.

그림 12-17 최적보상판매범위 결정

❶ 최적보상판매범위

- 어느 범위(시간적 차원, 경쟁사 포함여부)까지 보상해 줄 것인가?
- 중국에서 핸드폰은 당연히 경쟁사 제품도 모두 보상판매 해 주는 관행이 있다.

경쟁사 제품 포함 여부

시간		경쟁사 제품 포함하지 않음	경쟁사 제품 포함
시간	비교적 가까운 과거 제품		
	비교적 먼 과거 제품		

그림 12-18 최적보상판매가격 결정

❷ 최적 보상 판매가격 결정

- 보상 범위 단위별 보상판매 금액은 얼마로 할 것인가?
- 그 보상금액은 반드시 신상품을 구매할 때 차감형식으로 제공해야 한다
- 이 결제가 가능한 시스템이 개발되어 있어야 한다

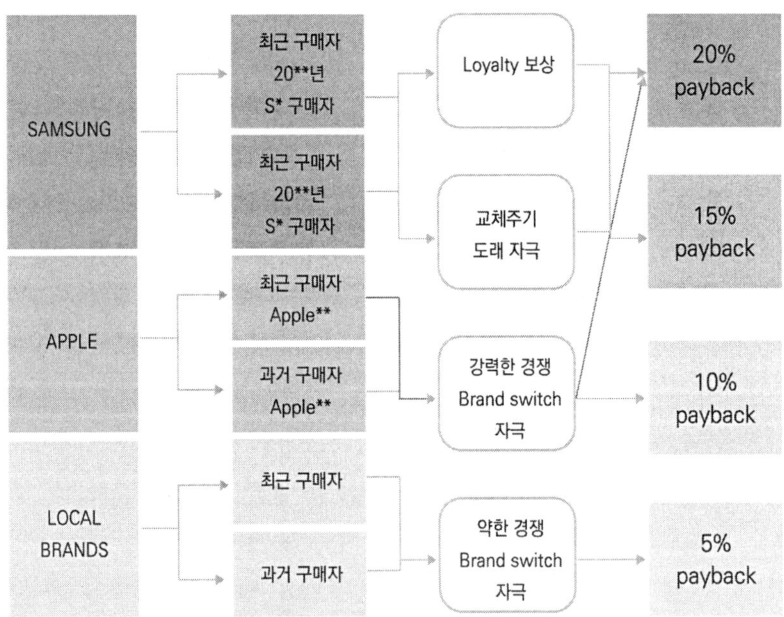

셋째로 보상판매를 하기로 했으면 신상품의 가격에서 할인해 주어야 하기 때문에 신상품의 가격을 보상판매를 하지 않았을 때보다 다소 높게 책정할 필요가 있다. [그림 12-19 참조].

그림 12-19 최적 신상품 판매가격 결정

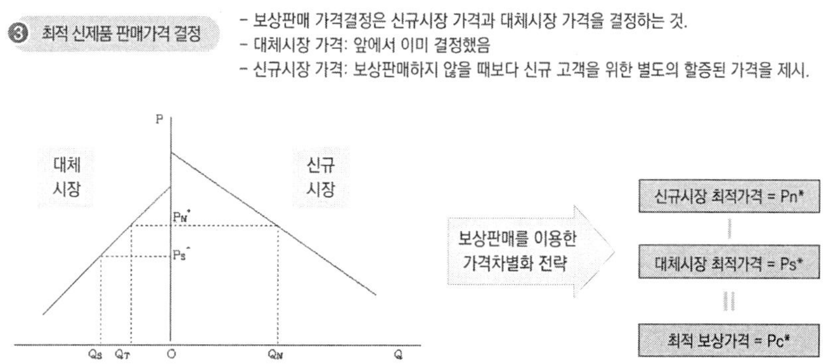

넷째로 보상판매 시 재고처리 대책이 가장 중요하다. 첫째, 보상판매 수거제품의 수거지를 결정해 놓아야 한다. 이곳의 연락처와 장소가 명확히 고객에게 전달되어야 한다. 수거서비스의 업무매뉴얼도 개발되어 있어야 한다. 매장직원과 고객 간의 보상판매율에 대한 마찰이 없도록 사전에 보상범위와 보상금액이 결정되어 공고되어야 한다. 둘째, 수거지에서 재고를 일시보관할 창고인 저장소까지 운반대책이 명시되어 있어야 한다. 수거지에서 누가 언제까지 또는 얼마간격으로 수거하여 어떤 운반도구를 사용하여 상품의 손괴를 최소화한 상태로 저장소까지 이동할 것인지를 명확히 해 놓아야 한다. 이 때 발생한 비용도 사전 계산되어 있어야 한다. 셋째, 저장소 정확한 위치와 저장용량이 명확히 계산되어 있어야 한다. 보상판매의 수요예측 시의 수거량이 충분히 저장되어야 한다. 넷째, 저장소에서 재고가 머무는 시간이 최소화되어야 한다. 저장소에서 재고구매처까지 누가 언제 어디서 얼마나 얼마의 비용으로 운반할지를 사전에 정해 놓는다. 다섯째, 재고를 구매해 줄 구매처의 리스트와 각 구매처별 판매단가를 통한 cash-inflow를 명시해야 한다. 사실 재고를 구매해 줄 구매처를 보상판매 이전에 결정해 놓고 계약도 해 놓는 것이 가장 안전한 대처법이다.

그림 12-20 4번째 재고처리 대책 중 수거문제

1. 수거지: 고객의 중고제품이 수거되는 장소 적기

부피가 큰 제품

냉장고 및 가구 등과 같이 부피가 큰 제품을 보상판매한다면,

고객의 중고제품에 대한 보상판매 액수를 확인하기 위해

- 고객의 중고제품의 위치를 확인해야
- 해당 중고제품이 고객의 것임을 확인해야
- 보상판매 금액 확인 후 제품수거 담당주체를 결정해 놓아야 (고객의 보상판매 요청 접촉 주체, 직영점 또는 대리점, 고객센터 등)
- 제품수거 담당자를 결정해 놓아야 (누가)
- 제품수거 일시를 제품보유자인 고객과 상의하여 결정해 놓아야 한다 (언제)

제품수거를 위해 사전에 결정해 놓아야 할 일을 나열하기

1. 고객이 매장 방문할 것인가? 고객과 중고제품이 있는 곳으로 우리가 가야 하나? 고객이 접촉할 전화나 인터넷 홈페이지 등의 접촉시스템 개발
2. 고객이 중고제품의 소유자라는 것을 확인하는 절차가 필요한가? 장물처리? 제품에 따라 해야 할 일이 다르다! 자동차는? 운동화는?
3. 고객의 중고제품을 수거하는 책임은 누구에게 부여할 것인가? 최초의 보상판매 요청을 접촉창구 일원화 실시 필요.
4. 고객이 중고제품를 수거하는 담당자는 누구로 하고 몇 명을 대기시켜야 하나? (업무분장 문제, 서비스 멘트 매뉴얼 작성 필요)
5. 고객이 중고제품를 수거하는 날짜와 시간을 고객과 상담을 누가하고, 이 상담시간을 어느 요일의 몇 시부터 몇 시까지 운영할 것인가?

그림 12-21 4번째 재고처리 대책 중 저장소까지 운반대책

2. 수거지에서 저장소까지 운반대책 적기

중고제품 수거지와 저장소가 다름

고객의 중고제품을 누가 언제 수거할 지는 정했음. 이제 어떤 수단으로 수거지에서 저장소로 중고제품을 운반할 것인가? (운송수단)

운반에 필요한 비용(유류비용 등 일반관리비)은 얼마이고, 누구에게 부담시킬 것인가?

수거된 중고제품의 저장소로 이동시키는 문제 나열하기

1. 우리 회사가 운송할 것인가? 제3자(택배, 화물 등)를 사용할 것인가? 제품확인, 운송시스템, 보험문제
2. 우리 회사가 운송을 할 경우에 운송 수단 확보문제
3. 효율적 효과적 운송 배차 시스템을 사전에 구축해 놓아야 한다
4. 운송 비용은 총 얼마가 발생하나?
5. 운송 비용의 부담을 본사가 부담해야 하나? 대리점이 있다면 대리점과 얼마의 비율로 나누어 분담해야 하나?

그림 12-22 4번째 재고처리 대책 중 저장소위치와 저장용량

3. 저장소 위치와 저장용량

수거된 중고제품의 보관필요성

최적의 중고제품 저장소의 위치는 어디인가?
재활용 및 재판매를 위한 최적의 장소는 어디인가?

저장용량은 얼마로 할 것인가?
즉, 보상판매에 의해 수거되는 중고제품의 양을 수요예측해야 한다

저장에 필요한 비용(유류비용 등 일반관리비)은 얼마이고, 누구에게 부담시킬 것인가?

저장소 위치와 저장용량에 관한 일을 나열하기

1. 수거될 보상판매 중고제품의 양은 얼마나 되나? (보관량 수요예측)
2. 보관해야 하는 양을 저장한 저장장소는 어디인가?
   재고 판매처 및 재활용활동과 연계할 수 있는 저장장소는 어디인가?
3. 얼마의 저장소 관리비용이 발생하나?
4. 저장소 관리비용은 본사의 어느 부서에서 부담해야 하나?

그림 12-23 4번째 재고처리 대책 중 저장소에서 재고구매자까지 운반문제

4. 저장소에서 재고구매처 운반대책적기

회수 및 재판매
(완제품)

회수 및 자원재활용
(부품)

수거된 중고제품의 재판매 주체자를 결정해야

완제품 및 부품의 재활용 주체자를 결정해야

위의 결정에 따라 저장소에서 수거된 중고제품 재활용 위치까지의 운반에 필요한 비용부담 문제가 결정됨

저장소에서 재고구매처 운반대책 나열하기

1. 재판매할 것인가? 재활용할 것인가? 완제품으로? 부품으로?
2. 수거된 보상판매 중고제품은 우리가 재판매할 것인가?
   제3자에게 재판매할 것인가? (재판매 주체 결정 문제)
3. 수거된 보상판매 중고제품은 우리가 재활용할 것인가?
   제3자에게 재판매할 것인가?
4. 제3자에게 재판매하기로 했다면, 저장소에서 재고구매처까지
   운반하는 수단과 비용은 어떻게 할 것인가?

그림 12-24 4번째 재고처리 대책 중 재고구매처 확보 및 cash-inflow계산

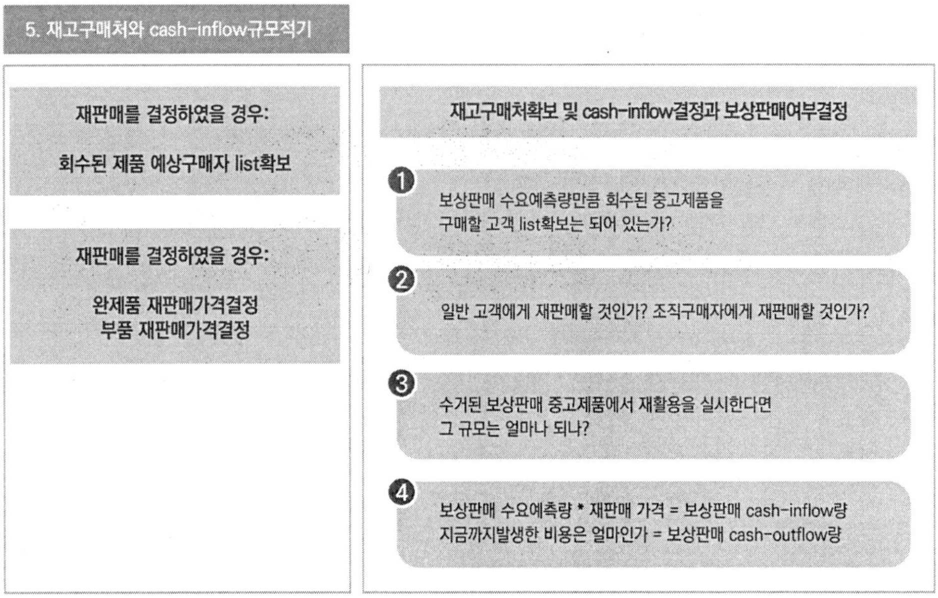

위의 과정을 통해 보상판매의 cash-inflow가 비용의 cash-outflow보다 많은 경우에만 보상판매가 실시되어야 한다.

3. SED Program의 2단계 EXPLORE

EXPLORE 단계도 크게 4개의 과정으로 이루어져 있다. 첫 과정에서는 Who-What(why)-How 분석 틀을 facilitator가 참가자에게 학습시킨다. ESG 평가항목을 개발했을 경우에 목표시장(Who)과 목표시장의 어느 욕구를 해결할 것인지를 발의하고(What 또는 why), 기업이 어떻게 그 욕구를 해결하는 해결책을 마련했는지(How)를 팀 안에서 다양한 기회를 발견하고 수집하며 팀원 각자의 의견을 구체화하는 과정이다.

두 번째 과정은 팀 내 개인이 제시한 의견(Who-What-How안)을 단일안으로 정리하는 과정이다. 세 번째 과정은 ESG 보고서에 어떤 평가항목을 제시할 것인가를 단일안에서 추출하여 정체성을 밝히는 단계이다. 'What to Say' 결정과정 또는 activity identity 정리과정이라고 말할 수 있다. 마지막 단계는 이 'What to Say' 항목을 시각화하는 작업으로 'How to Present' 과정이라고 정의한다. 이런 과정을 참가자들에게 facilitator가 설명하여 준다.

3.1. Who-What(why)-How 분석 틀 (2시간 소요)

3.1.1. Who-What(why)-How 분석

이 SED 프로그램의 목적은 보상판매를 실시할 것인데 어느 고객(Who)이 왜(Why) 새로운 보상판매를 선택하는지를 탐구하고 그 목표시장의 고객들이 좋아하는 보상판매 프로그램을 개발(How)하는 것이다. 따라서 facilitator가 Who－What－How 분석이라는 틀을 이용하여 참가자들이 자신의 생각을 구체화할 수 있도록 도와주어야 한다.

[그림 12－25]와 같이 x축에는 목표시장을 나열한다(Who). 이 목표시장이 왜 보상판매를 통해 제품을 구매하려하는지가 y축에 표시된다(Why or what). 그리고 구체적으로 보상판매 선택여부 등이 z축에 표시된다.

참가자들에게 부여된 과제의 결과를 보고할 때도 위와 같은 Who－What－How 분석에 의해 새로운 보상판매가 구체화 되어야 한다.

그림 12-25 보상판매를 Who-What-How 분석틀로 시각적으로 표현

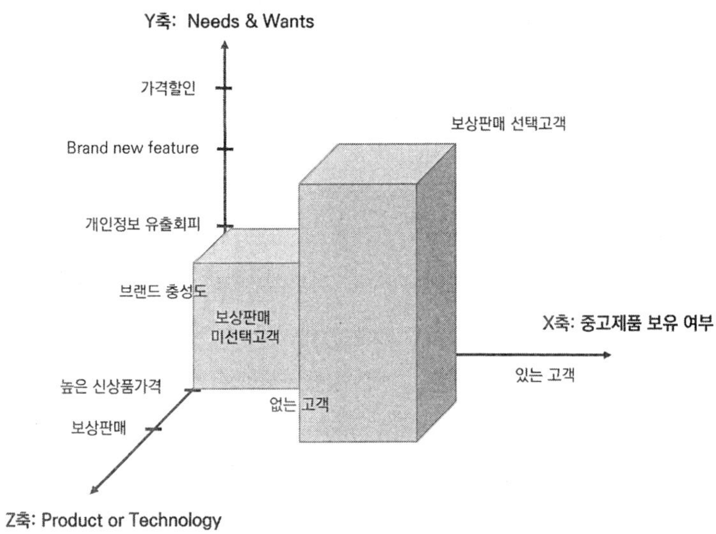

3.1.2. 'Explore White Space' 설명하기 (15분)

진행자인 facilitator는 팀원들에게 공백(white space)의 개념을 설명한다 (15분). 공백이란 아직 시장참여자가 진입하지 않은 공간을 말한다. 이 공간을 찾아내는 작업을 'explore white space!'라고 부른다. 이 공간을 찾아내면 새로운 ESG 활동의 상품을 안착시킬 공간

을 확보하는 셈이다. facilitator는 참가자인 팀원들에게 'white space'라는 공간창출을 요구한다. [그림 12-25]를 2022년 이전의 중국 삼성전자에게 적용한다면 보상판매 영역은 공백으로 표시되어 있을 것이다. 왜냐하면 보상판매를 실행한 적이 없기 때문이다.

3.1.3. 기업상황에 걸맞는 Who-What-How 분석

이제 facilitator는 참가자에게 2.3. ESG 평가항목 개발대상의 특정개별기업 상황에 대한 factbook을 중점적으로 상기시킨다. 참가자들은 ESG 평가항목 개발을 Who-What-How 분석을 통해 실시하게 된다. 팀원 각자가 x, y, z축에 무엇이 들어가고 새로운 상품(ESG 활동)이 어떻게 포지셔닝해야 하는 지를 작성하게 된다. 즉, 주어진 회사상황 과제에서 white space를 탐색(explore)하는 시간을 부여하게 된다. (1시간 30분 소요). 이것을 [그림 12-26]에 넣도록 유도한다.

그림 12-26 팀원별 Who-What-How 분석 (새로운 보상판매를 선호하는 집단표시)

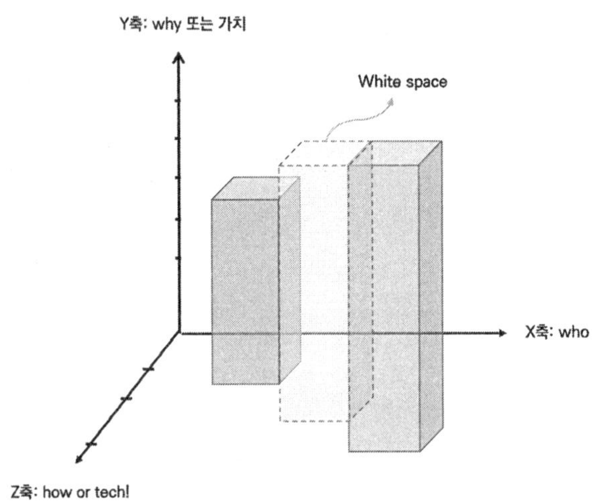

3.2. 팀 내 단일 Who-What-How안을 결정하기 (1시간 소요)

두 번째 과정은 팀 내 개인이 제시한 의견(Who-What-How안)을 팀의 단일안으로 정리하는 과정이다. 팀 내 개인이 개발한 기존 대안(option) 중 하나를 선택하던지 또는 개발된 기존 대안의 각 구성요소를 조합하여 새로운 대안을 개발하여 단일안으로 정리하도록 유도하게 된다.

그림 12-27 팀의 단일안으로 가격지불단위 적용집단을 찾는 분석 틀 사례

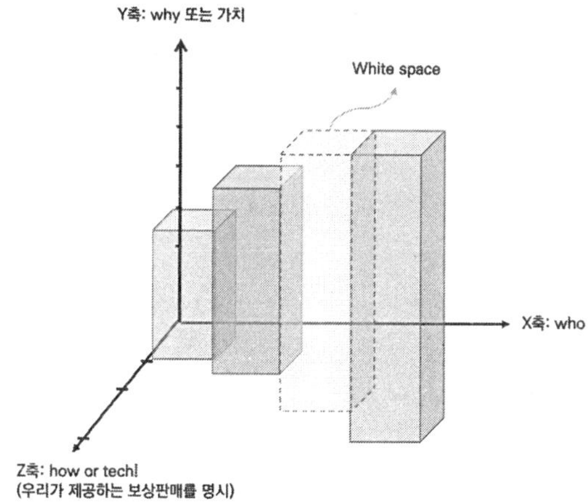

3.3. What to Say(activity identity)를 정하는 단계 (30분 소요)

세 번째 과정은 ESG 보고서에 평가항목을 무엇이라고 제시할 것인가를 단일안를 기초로 정체성을 밝히는 단계이다. 기억하기 쉽고 직관적인 결과일수록 좋다. [그림 12-28]처럼 이름과 목표시장, 사용 TPO, 고객가치, 경쟁우위를 적으면 더욱 좋다.

그림 12-28 ESG 활동 정리하기

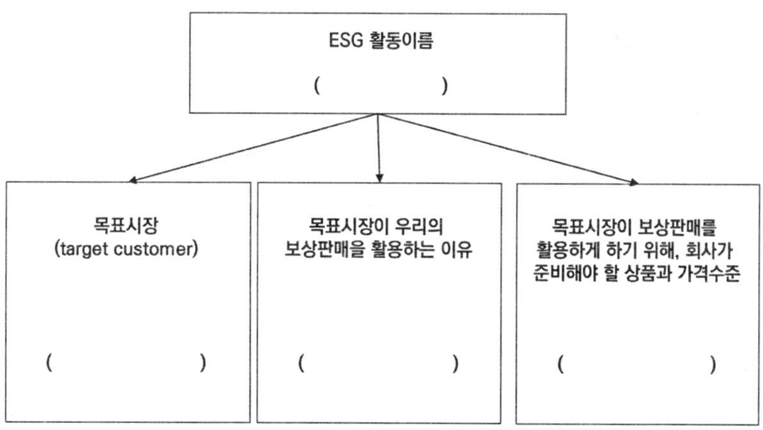

3.4. How to Present과정 (1시간 30분 소요)

마지막 단계는 앞의 'What to Say' 항목을 시각화하는 작업으로 'How to Present' 과정이라고 정의한다. [그림 12-29 참조].

그림 12-29 ESG 활동 정리하기

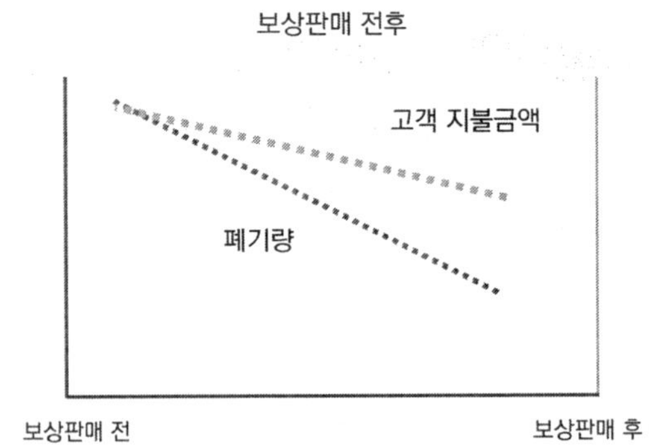

4. SED Program의 3단계 DEVELOP

DEVELOP 단계도 크게 5개의 과정으로 이루어져 있다. 첫번째 과정에서는 팀별로 Who－What(why)－How 분석 결과를 발표하는 단계이다. 두 번째 과정은 개별팀 발표에 대해 다른 팀에서 질의응답을 실시하는 brutal evaluation이 실행된다. 세 번째 과정은 팀별 발표안에 대해 제일 실행가능하고 효과적 효율적인 안에 투표를 실시한다. 여기에서 가장 좋은 평가를 받은 팀에 대한 시상이 진행된다. 네 번째 과정은 선정된 ESG 평가항목을 기업이 미래에 통제하고 관리하기 위한 업무분장을 토론하는 시간(What Do I got to Do)이다. 마지막 단계는 우승한 팀이 자신의 ESG 평가항목(What to Say)과 시각화 결과(How to Present)를 더욱 가다듬는 시간이다.

4.1. 팀별 'Who-What-How 안' 발표 (발표 10분씩 x 팀 수)

첫 번째 과정에서는 팀별로 자신들이 정리한 Who－What(why)－How 분석 결과를 발표하는 단계이다. 발표 중 질의응답은 실시하지 않는다.

4.2. Brutal evaluation과정 (질의응답 5분 x 팀 수)

두 번째 과정은 개별팀 발표에 대해 다른 팀에서 질의를 하고 질문을 받은 팀에서 팀장이 응답을 실행된다. 비판적인 질문을 하지 않고, 궁금한 것만을 질문하도록 facilitator가 사전에 통제한다. 마지막으로 facilitator가 전체발표자의 결과물에 대한 총평을 실시한다.

4.3. 투표 및 시상 (소요 30분)

세 번째 과정은 개별팀 발표에 대해 모든 facilitator와 참가자가 가장 좋은 결과물에 대해 투표를 실시한다. 최다득표를 얻은 결과물에 대해 시상을 실시한다.

4.4. What Do I got to Do (30분 소요)

DEVELOP 단계의 네 번째 과정은 전체 구성원을 대상으로 앞으로 우리 회사가 이 평가항목을 유지 및 발전시키기 위해서 해야 할 일을 정리하는 것이다(What Do I got to Do). 주로 업무분장을 실시하게 된다. 어느 부서의 어느 직급 레벨에서(Who), 무엇을(What), 어떻게 관리하고, 보고하고, 의사결정해야 하는 지(How)를 정리하게 된다. ESG 전략부서에서 정리된 아래 사항을 실행부서에 공문으로 시행하게 한다. facilitator는 모든 참가자들을 모아 놓고 [그림 12-31]을 함께 채워가는 시간을 갖게 된다.

그림 12-30 DEVELOP 단계 중 'What Do I got to Do' 단계 사례

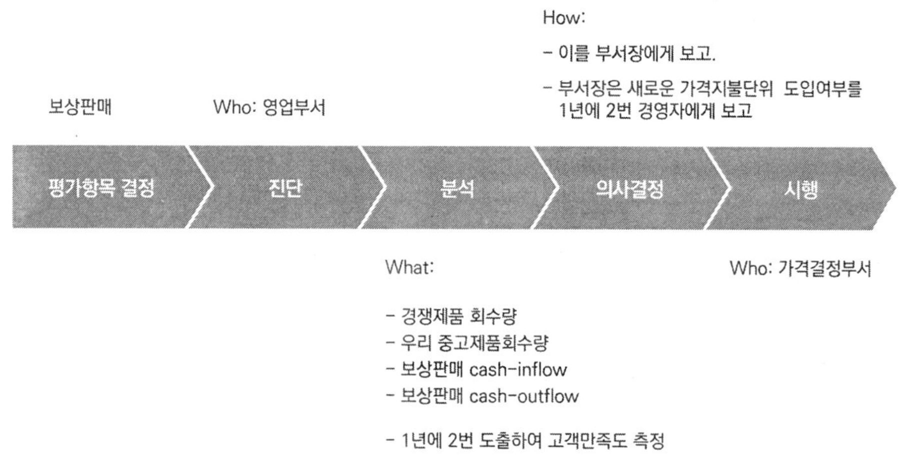

그림 12-31 SED 참여자가 채워야 할 'What Do I got to Do' 단계 과제 장표

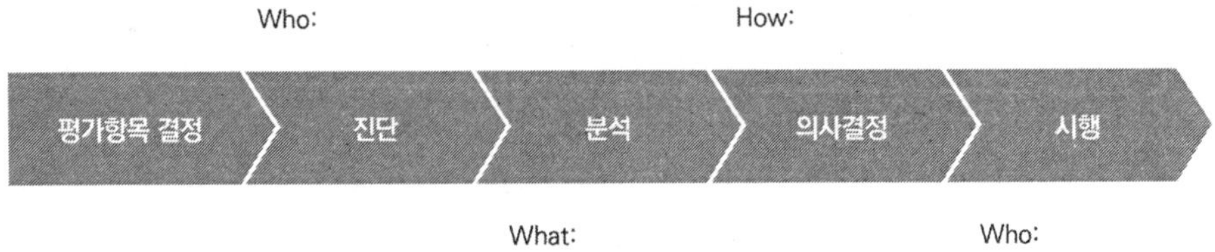

4.5. Decoration 또는 visual improvement (별도 24시간부여)

다섯 번째 과정은 담당자가 최종선택안을 ESG 보고서에 담기 위해 결과물을 decoration하는 과정이다. 평가항목의 정확한 identity, 조작적 정의, 시각적 표현을 decoration하여, 공시보고서에 직접 사용할 수 있는 상태로 정리하는 단계이다. 주로 우승팀이 이를 담당하게 된다. facilitator는 별도로 1일의 시간을 우승팀에게 부여하여 우승으로 당선된 산출물을 향상시킬 수 있는 시간을 부여한다. 이상으로 SED 프로그램을 마치게 된다.

4.4와 4.5의 순서를 바꾸어 실행해도 된다. 참가자들에게 최종 ESG 활동보고서 산출물을 공유하고 나서, 미래에 무엇을 할 지를 고민하게 해도 된다.

그림 12-32 가상적인 회사의 가격지불단위 변경 ESG 보고서 산출물 이미지 사례

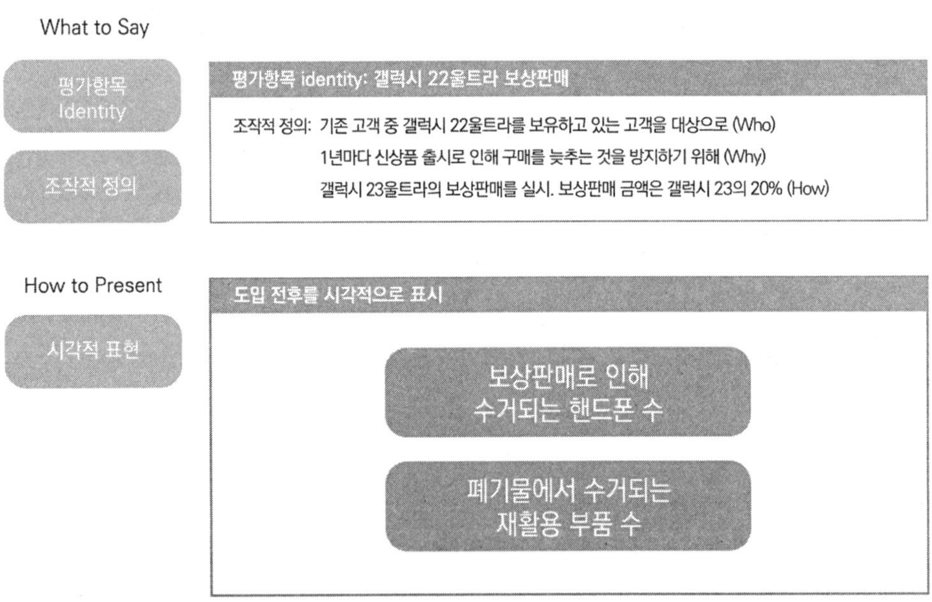

그림 12-33 과제완성을 위해 정리한 ESG 보고서 산출물 이미지 사례

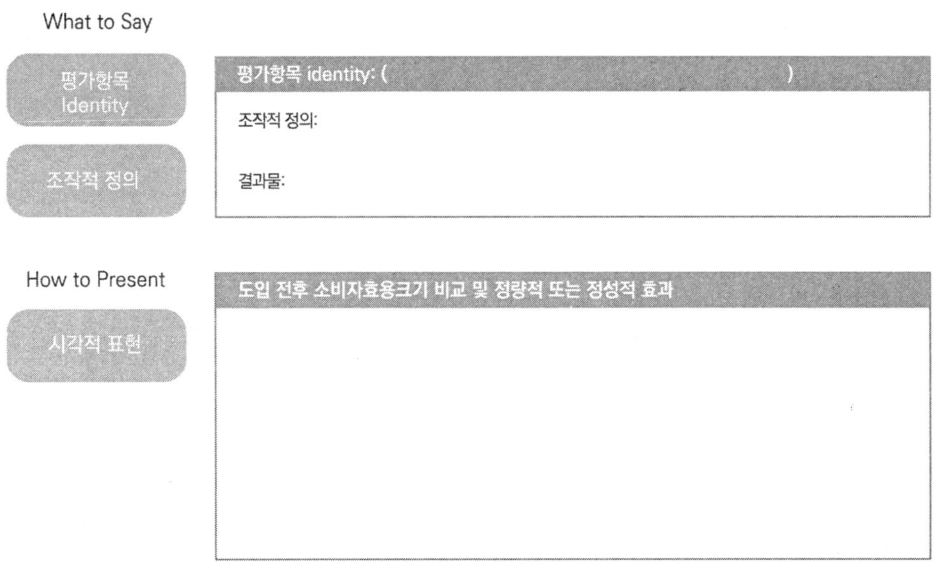

5. 마무리

보상판매는 순환경제의 효율적 효과적 수단임에도 많은 상품군(product category)에서 실행되지 않고 있는 것이 현실이다. 회사는 판매한 상품의 회수 및 재활용에 판매자인 회사가 적극 개입함으로써 ESG 활동에 큰 성과을 남길 수 있다.

참고문헌

곽영식 (2016), 창업을 위해 미학에서 배우는 신상품개발, 서울: 피앤씨미디어.

곽영식 · 홍재원 · 이윤경 (2021), 마케팅가격전술, 서울: 피앤씨미디어.

[저자 약력]

곽영식 (Kwak, Youngsik, 郭荣植教授)

현재 한국 韓國 경상국립대학교(慶尚國立大学校) 경영학부(经营学) 教授(2003~)
Benet Pricing 대표이사(代表理事)
Eigenmax 이사 理事
중국 中國 Opentide China 자문교수 諮問教授
중국 中國 Cheil Pentai 자문교수 諮問教授
대우경제연구소(大宇经济研究所) 시장전략팀(市场战略部门) 연구위원
missmr line merchandiser
성균관대학교 경영학과 경영학사 成均馆大学经营学学士
성균관대학교 경영학과 일반대학원 경영학석사 成均馆大学经营学硕士
Texas Tech University: Clothing, Textile and Merchandising, Master of Science
성균관대학교 경영학과 일반대학원 경영학박사 (마케팅) 成均馆大学经营学博士(marketing)

홍재원 (Hong, Jaewon, 洪在元教授)

현재 韓國 경상국립대학교(慶尚國立大学校) 국제통상학부(國際通商学) 教授(2015~)
韓國 동서대학교(東西大学校) 경영학과(经营学)教授(2008~2015)
대우경제연구소(大宇经济研究所) 시장전략팀(市场战略部门) 연구위원
Benet Pricing 이사 理事
Eigenmax 이사 理事
성균관대학교 경영학과 경영학사 成均馆大学经营学学士
성균관대학교 경영학과 일반대학원 경영학석사 成均馆大学经营学硕士
성균관대학교 경영학과 일반대학원 경영학박사 (마케팅) 成均馆大学经营学博士(marketing)

이윤경 (Lee, Yunkyung, 李允慶)

한국문화관광연구원(韓國文化觀光研究院) 문화산업연구센터(2005~)
부총리 사회정책자문위원회 위원
Benet Pricing 이사 理事
Eigenmax 이사 理事
대우경제연구소(大宇经济研究所) 시장전략팀(市场战略部门) 연구위원
성균관대학교 의상학과 의상학사 成均馆大学服装学学士
성균관대학교 의상학과 일반대학원 의상학 석사 成均馆大学服装学硕士
성균관대학교 의상학과 일반대학원 의상학 박사(패션마케팅) 成均馆大学服装学博士
San Jose State University: Visiting Scholar

숨겨진 이익도 찾는 고객중심 ESG 활동
- 개발에서 실행까지 -

초판발행 2023년 3월 2일

지은이 곽영식 · 홍재원 · 이윤경
펴낸이 박노일

총괄기획 최준규
편 집 이상민

펴낸곳 pnc publishing and culture 피앤씨미디어
경기도 고양시 일산동구 강송로 153 310-1501
등록 제396-2012-000203호
전 화 070)7550-3758 팩 스 02)718-8554
홈페이지 www.pncmedia.co.kr 이메일 pnc@pncmedia.co.kr
ISBN 979-11-5730-887-3 93320

정 가 20,000원